Die erste Ausgabe des «Deutschen Weinführers» weist den Weg zu den hoch qualifizierten deutschen Weingütern und Winzergenossenschaften und macht vertraut mit der Tradition und den Menschen, die den großen deutschen Weinen zu ihrem Rang verhelfen.

Dieses Buch ist eine Sammlung von 287 Betriebsporträts aus Winzerkreisen – lauter erste Adressen, von denen viele noch zu entdecken sind. Sie haben 1985, 1986 und 1987 an der offiziellen Bundesweinprämierung mit einer Auswahl ihrer Weine teilgenommen. Auf diesem höchsten aller deutschen Weinwettbewerbe treten jährlich annähernd 1000 Weingüter und Genossenschaften mit ihren «Erzeugerabfüllungen» auf Bundesebene an. Doch nur ein Teil von ihnen hat den langen Atem, über mehrere Jahre hinweg hochwertige Weine zu präsentieren. Nur eine Minderheit schaffte es am Ende, drei Jahre hintereinander die höchste Auszeichnung für ihre Weine zu erringen – den «Großen Preis der DLG». Diese Besten der Bundesweinprämierung werden im «Deutschen Weinführer» in Wort und Bild vorgestellt.

Mit seinen farbigen Abbildungen, einer Etikettenkunde und der Anleitung zur eigenen Weinprüfung wird dieser Band zu einem praktischen Einkaufsführer.

Winzer, Weine, Große Preise

Deutscher Weinführer

Die besten Betriebe
aus der Bundesweinprämierung

Harenberg

Die bibliophilen Taschenbücher Nr. 520

Printed in Germany

Inhalt

Einleitung 7

Die Anbaugebiete

Baden 18
Württemberg 98
Franken 160
Hessische Bergstraße 184
Rheingau 190
Ahr 206
Mittelrhein 214
Mosel-Saar-Ruwer 222
Nahe 252
Rheinhessen 278
Rheinpfalz 314

Anhang

Rund um das Weinetikett 405
Glossar 416
Register der Prämierungsbetriebe 422
Ortsregister 433

Einleitung

Für die deutschen Anbaugebiete gibt es keine festen Regeln, wo die besten Weine wachsen. Ebensowenig haben einzelne Betriebe ein ungeprüftes Dauerrecht auf Sitz und Stimme im Kreis der Besten.

Im oft launischen Wechselspiel des Wetters sind je nach Jahrgang unterschiedliche Gebiete, Weinbergslagen oder Rebsorten von der Natur zur Erzeugung von Spitzenqualitäten besonders bevorzugt. Neben der Gunst der Natur sind das fachliche Können und die Sorgfalt von Winzer und Kellermeister für das Gelingen von Spitzenqualitäten entscheidend. Deshalb wird auch ein hochwertiger deutscher Wein nicht bereits als solcher «geboren». Und deshalb gibt es auch kein Verzeichnis bestimmter Weinlagen oder Betriebe, die das Privileg zur Erzeugung von Spitzenweinen hätten. Statt dessen gilt für deutsche Weine allein die individuelle Qualitätsleistung, die «Qualität im Glase». Jeder Erzeuger muß sich mit seinen Weinbergslagen in jedem Jahr aufs neue durch Leistung bewähren, jeder Wein wird ohne Rücksicht auf Rang und Namen allein nach seiner Qualität neutral bewertet.

Das Streben nach Höchstleistung in der Weinqualität hat seinen Maßstab in der jährlichen Weinprämierung. Hier geht es um die Prüfung, ob und wieweit der einzelne Wein dem Idealtyp seines Gebietes, seiner Rebsorte und seines Prädikates nahekommt. Dabei ist dieses Ideal beispielsweise für einen Riesling von Gebiet zu Gebiet unterschiedlich. Auch von Rebsorte zu Rebsorte wechselt das Ideal: Ein Silvaner ist eben anders als ein Riesling und ein Spätburgunder anders als ein Portugieser. So kann aber auch ein schlichter Kabinettwein die höchste Bewertung erringen, während eine Trockenbeerenauslese leer ausgeht. Es stellt sich also nie die Frage nach dem «besten» deutschen Wein und nach einem einzigen Sieger, sondern bei der Bewertung können durchaus mehrere Weine das beste Ergebnis erzielen.

Das Einzelergebnis – mag es gut oder weniger gut sein – wird von einem Prüfer weder in einer blumenreichen Sprache noch in einer einzigen Zahl ausgedrückt. Vielmehr setzt der Prüfer sachkundig mehrere Merkmale wie Mosaiksteine zu einem Gesamtbild zusammen – natürlich erst nach mehrfachem Riechen und Schmecken. Seine Wertung ist nuancenreich: Geruch, Geschmack und Harmonie (also das Zusammenspiel aller erlebbaren Komponenten) werden einzeln mit Noten zwischen Null und Fünf bedacht (auch halbe Punkte sind erlaubt). Erst dann wird daraus die Qualitätszahl errechnet, die für einen prämierten Wein mindestens 3,50 sein muß. Außerdem müssen die sechs Vorbedingungen* – wie schon bei der Amtlichen Prüfung – erfüllt sein. Das gilt besonders für den Gebiets- und Rebsortentyp. Das DLG-5-Punkte-Schema ist die ideale Meßlatte für den erfahrenen Prüfer. Pro Wein «arbeiten» stets mehrere Prüfer damit. Erst die Zusammenfassung aller Urteile entscheidet über die Zuerkennung einer Auszeichnung, also über «Platz und Rang».

Weinprämierungen werden jährlich zunächst regional auf der Ebene der Anbaugebiete durchgeführt, um schon in einer ersten Stufe Prämierungserfolge herauszustellen. Weine, die in einem bestimmten Gebiet erfolgreich waren, können dann in einer zweiten Stufe national zur Bundesweinprämierung der DLG gemeldet werden. Der DLG-Wettbewerb ist einmal im Jahr, und die Teilnahme ist freiwillig. Es ist also jedem Betrieb – ob Winzer, Weingut oder Winzergenossenschaft – freigestellt, an der Bundesweinprämierung teilzunehmen.

Bei dem DLG-Wettbewerb stehen die Weine aller elf Anbaugebiete im Vergleich und werden von besonders qualifizierten Prüfern bewertet, die ebenfalls aus allen Anbaugebieten kommen. Die Weine können je nach Qualitätszahl eine der drei Auszeichnungen erhalten:

Bronzener DLG-Preis	(Qualitätszahl 3,50 und mehr)
Silberner DLG-Preis	(Qualitätszahl 4,00 und mehr)
Großer DLG-Preis	(Qualitätszahl 4,50 bis 5,00)

Natürlich müssen wieder die Vorbedingungen des Bewertungsschemas ebenfalls erfüllt sein.

Doch nicht nur die Weine bekommen eine Auszeichnung, sondern auch einige wenige Betriebe. Der Bundesminister für Ernährung, Landwirtschaft und Forsten verleiht den Ehrenpreis denjenigen, die aufgrund ihrer angemeldeten Weine die beste betriebliche Gesamtleistung aufweisen.

Die Objektivität des DLG-Wettbewerbs beginnt bereits im Keller des Erzeugerbetriebes. Dort holen sich unangemeldet Beauftragte der DLG die Proben direkt aus dem Flaschenstapel. Die Objektivität ist natürlich besonders bei der Prüfung entscheidend. Jeder der ausge-

* Vgl. die ausführliche Darstellung des DLG-5-Punkte-Schemas im Anhang Etikettenkunde

wählten Fachleute hat im Laufe einer Woche Weine aus mehreren Gebieten, verschiedener Prädikate und wechselnder Rebsorten zu verkosten. Am Ergebnis sind mindestens vier Prüfer beteiligt: So sitzen sie auch gruppenweise zusammen. Nur einer von ihnen kommt jeweils daher, wo auch der Wein gewachsen ist, damit die anderen am Tisch Besonderheiten von ihm erfahren können. Mit Auge, Nase und Zunge zu prüfen ist anstrengend. Deshalb verkostet ein Prüfer nicht mehr als 90 Weine am Tag. Seine Wertung macht übrigens jeder Prüfer unabhängig von seinen Nachbarn. Trotzdem differieren die Ergebnisse nur selten stark. Sind die Meinungen aber einmal zu gegensätzlich, so tritt eine Sondergruppe in Aktion: Deren Urteile zählen am Ende ebenfalls mit.

Die Frage, ob denn eine solche sensorische Prüfung überhaupt gerecht sein kann, ist leicht beantwortet: Die Prüfer testen «blind». Sie wissen lediglich Anbaugebiet, Bereich, Jahrgang, Rebsorte und Prädikat. Maßstab für die Güte deutscher Weine sind weder Alkoholgehalt noch Süße, sondern das Zusammenspiel von dezentem Geruch, Aroma, Reintönigkeit und Frische, kurz ihre Eleganz. Mehr als ein Drittel der Weine schmecken herb. Diese Herben stehen in der Prüfung gesondert. Jeder Prüfgruppe werden zuerst die trockenen Weine vorgestellt. Danach folgen die Halbtrockenen. Erst dann werden die zahlreichen Weine mit höherer Restsüße verkostet, darunter viele Spätlesen und Auslesen.

Gleich also, welcher Geschmacksrichtung ein Wein angehört, die Auszeichnungen der DLG-Bundesweinprämierung bedeuteten Spitzenqualität.

Das vorliegende Buch beschreibt Betriebe, die bei den Bundesweinprämierungen 1985, 1986 und 1987 außergewöhnliche Erfolge errungen haben. Die Anerkennung gilt nicht nur den prämierten Weinen, denn Betriebe mit Jahr für Jahr erworbenen Auszeichnungen lassen auch bei ihren nicht zur Prämierung angestellten Weinen einen hohen Qualitätsstandard erwarten. In diesem Sinne ist es ein Führer für Freunde des Weines, die das Besondere suchen.

Baden – trotz Größe viel Individualität

Das Anbaugebiet Baden erstreckt sich etwa 400 Kilometer lang vom Bodensee bis hinauf zum badischen Frankenland, das heißt bis an den Main. Es versteht sich dadurch fast von selbst, daß Baden nicht einen Weintyp als Aushängeschild hat, sondern daß auf den unterschiedlichsten Böden und in verschiedenen Klimazonen eine Vielzahl von Rebsorten gedeihen. Doch fast jeder der diversen badischen Bereiche hat seine Spezialität. Am Bodensee ist dies beispielsweise der fruchtig-frische Weißherbst aus der Spätburgunderrebe. Das Markgräflerland südlich von Freiburg ist berühmt für seinen herzerfrischenden Gutedel. Im Bereich Kaiserstuhl/Tuniberg wachsen auf Vulkanfelsen feurige, inhaltsreiche Spätburgunder und beachtliche Weißburgunder. Außerdem wird hier in größerem Umfang Ruländer zunehmend leichter und säurebetonter ausgebaut. Ein alter Name für diese Sorte bekommt dabei verstärkt Geltung: Grauburgunder. Der Breisgau südlich von Offenburg wartet unter anderem mit erfrischendem Müller-Thurgau auf; die Stärke der Ortenau ist der Riesling. In den nördlicheren Regionen Badische Bergstraße/Kraichgau und im Badischen Frankenland (wo der fränkische «Bocksbeutel» Verwendung finden darf) dominiert wieder der Müller-Thurgau. 80% der badischen Weine kommen aus Genossenschaften, die ebenfalls so individuell und auf Qualität bedacht wie die leistungsfähigen privaten Weingüter arbeiten. Sie alle pflegen die klassischen Sorten, wozu außer den bereits genannten auch Silvaner und Traminer gehören. Neuzüchtungen sind in Baden nicht gefragt. Dafür aber setzt man konsequent auf «trocken». Rund die Hälfte der badischen Weine zählen zu dieser Geschmacksrichtung.

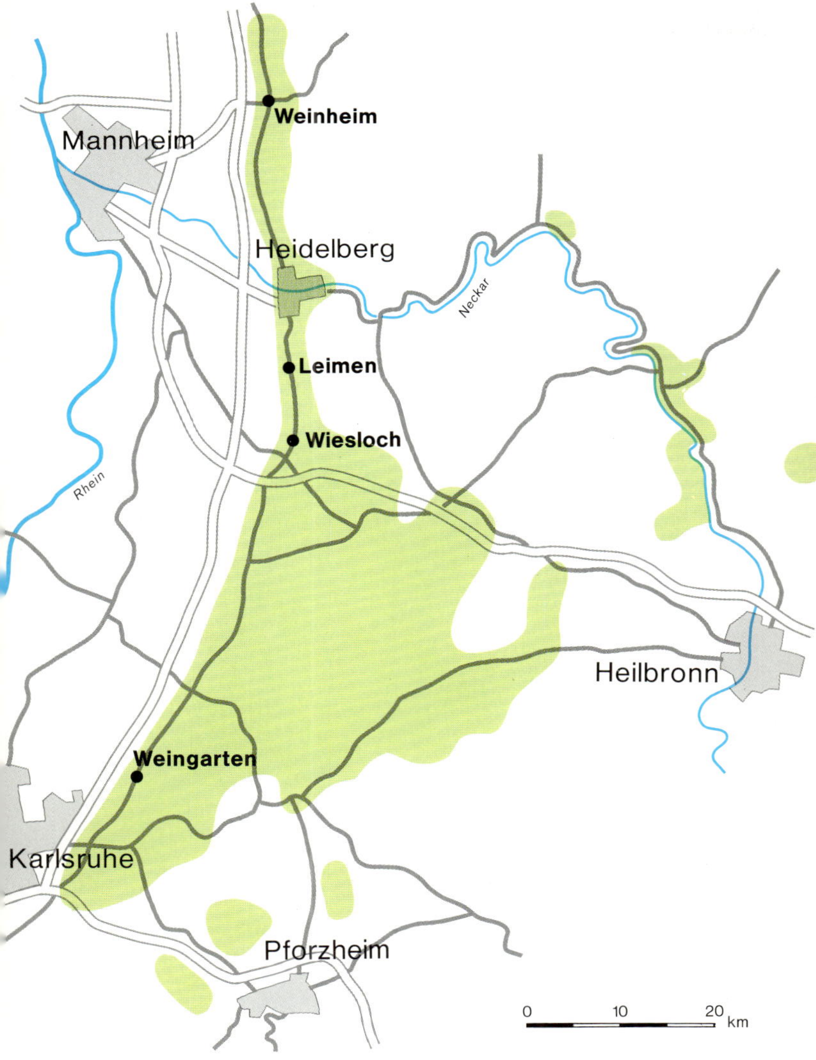
Weinheim
Mannheim
Heidelberg
Neckar
Leimen
Wiesloch
Rhein
Heilbronn
Weingarten
Karlsruhe
Pforzheim
0
10
20
km

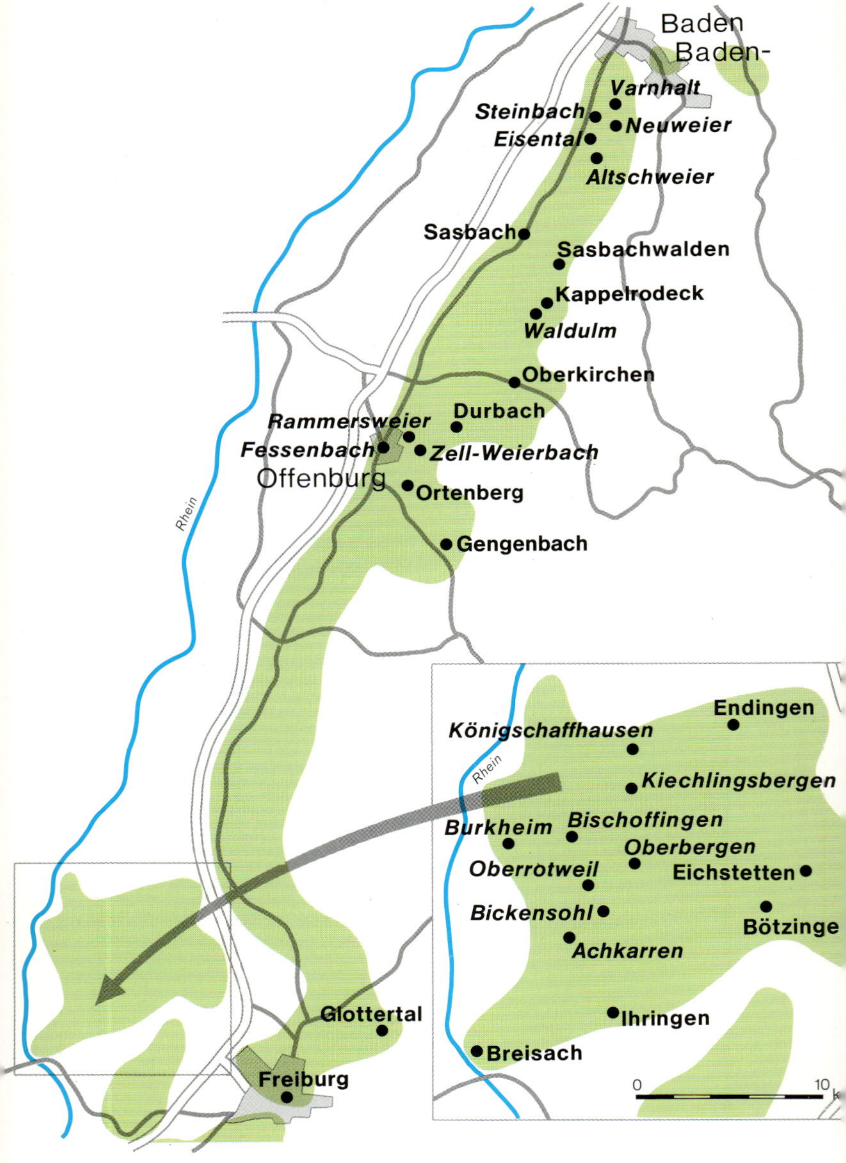

Baden
Baden-
Varnhalt
Steinbach
Neuweier
Eisental
Altschweier
Sasbach
Sasbachwalden
Kappelrodeck
Waldulm
Oberkirchen
Durbach
Rammersweier
Fessenbach
Zell-Weierbach
Offenburg
Ortenberg
Rhein
Gengenbach
Glottertal
Freiburg
Endingen
Königschaffhausen
Rhein
Kiechlingsbergen
Burkheim
Bischoffingen
Oberbergen
Oberrotweil
Eichstetten
Bickensohl
Bötzinge
Achkarren
Ihringen
Breisach
0
10

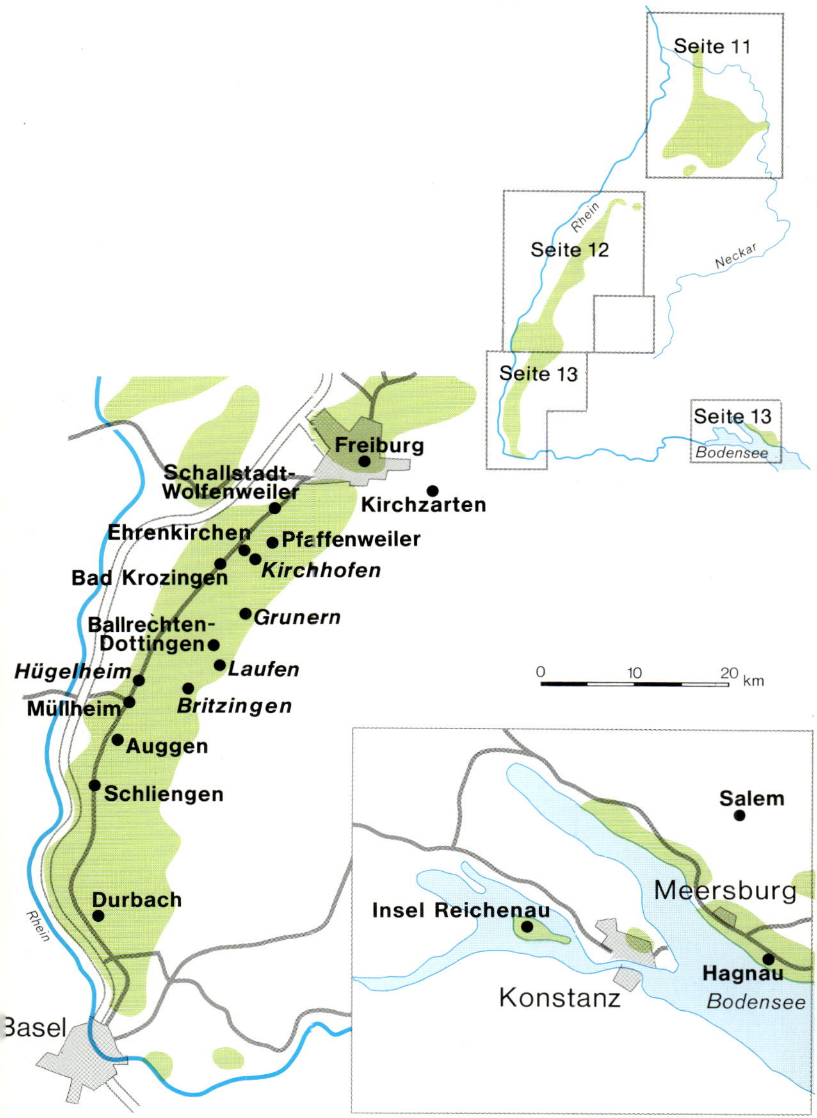
Seite 11
Rhein
Seite 12
Neckar
Seite 13
Seite 13
Bodensee
Freiburg
Schallstadt-
Wolfenweiler
Kirchzarten
Ehrenkirchen
Pfaffenweiler
Kirchhofen
Bad Krozingen
Grunern
Ballrechten-
Dottingen
Laufen
Hügelheim
Müllheim
Britzingen
Auggen
Schliengen
Durbach
Rhein
Basel
0
10
20 km
Salem
Meersburg
Insel Reichenau
Hagnau
Konstanz
Bodensee

Seite	Prämierungs-Betrieb	Bundes-Ehrenpreise seit 1961	Erzielte DLG-Preise 1985–87			
			insges.	Groß	Silber	Bronze
17	Auggen, Fritz Bolanz, Weingut	–	14	36%	36%	28%
18	Auggen, Winzergenossenschaft Auggen eG	–	58	55%	35%	10%
19	Bad Krozingen, Hugo Glöckler, Weinbau – Weinkellerei	–	18	33%	56%	11%
20	Baden-Baden-Neuweier, Winzergenossenschaft Neuweier-Bühlertal eG	–	43	65%	30%	5%
22	Baden-Baden-Steinbach, Winzergenossenschaft Steinbach und Umweg eG	–	38	29%	55%	16%
23	Baden-Baden-Varnhalt, Winzergenossenschaft Varnhalt eG	–	30	33%	37%	30%
24	Ballrechten-Dottingen, Winzergenossenschaft eG Ballrechten-Dottingen	–	44	36%	43%	21%
26	Breisach, Zentralkellerei Badischer Winzergenossenschaften eG	8	108	67%	23%	10%
28	Bötzingen, Winzergenossenschaft Bötzingen am Kaiserstuhl eG	–	57	47%	46%	7%
29	Bühl-Altschweier, Paul Huber, Weinbau – Weinkellerei	–	17	29%	42%	29%
30	Bühl-Eisental, Affentaler Winzergenossenschaft Bühl eG	1	47	55%	34%	11%
32	Durbach, Gräfl. Wolff Metternich'sches Weingut	3	34	68%	20%	12%
33	Durbach, Andreas Laible, Weingut	4	14	64%	14%	22%
34	Durbach, Heinrich Männle, Weingut	4	20	90%	10%	–
36	Durbach, Andreas Männle, Weingut, Inh. Alfred Männle	–	17	41%	35%	24%
37	Durbach, Markgräflich Badisches Weingut Schloß Staufenberg	–	32	47%	41%	12%
38	Durbach, Franz Schwörer, Inh. H. Schwörer, Weinbau – Weinkellerei	–	26	54%	35%	11%
39	Durbach, Winzergenossenschaft Durbach eG	6	43	67%	30%	3%
40	Efringen-Kirchen, Bezirkskellerei Markgräflerland eG	–	57	49%	33%	18%
41	Ehrenkirchen, Winzergenossenschaft Ehrenstetten eG	–	40	65%	30%	5%
42	Ehrenkirchen-Kirchhofen, Winzergenossenschaft Kirchhofen eG	–	43	67%	28%	5%
43	Eichstätten, Kaiserstuhl-Kellerei Friedrich Kiefer KG	–	42	40%	55%	5%
44	Endingen, Leopold Schätzle, Weingut	1	22	55%	27%	18%

Seite	Prämierungs-Betrieb	Bundes-Ehrenpreise seit 1961	Erzielte DLG-Preise 1985–87			
			insges.	Groß	Silber	Bronze
46	Endingen-Kiechlinsbergen, Winzergenossenschaft Kiechlinsbergen eG	–	41	51%	34%	15%
47	Endingen-Königschaffhausen, Winzergenossenschaft Königschaffhausen am Kaisertuhl eG	1	39	72%	23%	5%
48	Freiburg, Staatliches Weinbauinstitut	2	16	38%	44%	18%
49	Freiburg, Staatliches Weinbauinstitut, Versuchsrebgut Durbach	2	16	75%	25%	–
50	Gengenbach, Vorderes Kinzigtal eG, Winzergenossenschaft	–	45	51%	42%	7%
51	Glottertal, Winzergenossenschaft Glottertal eG	–	26	62%	34%	4%
52	Hagnau am Bodensee, Winzerverein Hagnau eG	–	45	67%	22%	11%
53	Ihringen, Kaiserstühler Winzergenossenschaft Ihringen eG	1	51	76%	24%	–
54	Insel Reichenau, Winzerverein Reichenau eG	–	9	78%	22%	–
55	Kappelrodeck, Winzergenossenschaft eG	6	30	83%	17%	–
56	Kappelrodeck-Waldulm, Winzergenossenschaft Waldulm/Baden eG	3	35	74%	26%	–
58	Kirchzarten, Willi Metzger, Weinkellerei	1	28	61%	36%	3%
59	Lauda-Königshofen, Staatliches Weinbauversuchsgut Lauda	–	13	39%	46%	15%
60	Lauda-Königshofen-Beckstein, Winzergenossenschaft Beckstein eG	1	59	51%	44%	5%
61	Leimen, Adam Müller, Weingut/Weinkellerei	1	40	20%	35%	45%
62	Müllheim, Markgräfler Winzergenossenschaft Müllheim	–	41	71%	17%	12%
63	Müllheim-Britzingen, Winzergenossenschaft Britzingen/Markgräflerland eG	3	33	70%	27%	3%
64	Müllheim-Britzingen, Ernst und Adolf Behringer oHG, Weingut – Weinkellerei	–	25	52%	36%	12%
65	Müllheim-Hügelheim, Winzergenossenschaft Hügelheim eG	–	26	31%	50%	19%
66	Oberkirch, Renchtäler Winzergenossenschaft	1	55	67%	31%	2%
67	Offenburg-Fessenbach, Winzergenossenschaft Fessenbach eG	–	28	68%	21%	11%
68	Offenburg-Rammersweier, Winzergenossenschaft Rammersweier eG	–	30	63%	27%	10%
69	Offenburg-Zell-Weierbach, Winzergenossenschaft Zell-Weierbach eG	3	38	60%	32%	8%
70	Ortenberg, Weinbauversuchsgut Schloß Ortenberg des Ortenaukreises	4	24	50%	38%	12%

Seite	Prämierungs-Betrieb	Bundes-Ehrenpreise seit 1961	Erzielte DLG-Preise 1985–87			
			insges.	Groß	Silber	Bronze
71	Ortenberg, Winzergenossenschaft Ortenberg eG	–	30	50%	33%	17%
72	Ortenberg-Käfersberg, St. Andreas Hospital Fonds, Weingut Stadt Offenburg	2	43	35%	47%	18%
74	Pfaffenweiler, Winzergenossenschaft Pfaffenweiler eG	–	39	21%	56%	23%
75	Salem, Markgräfl. Badische Landwirtschaftsverwaltung, Weingüter Max Markgraf v. Baden	2	43	56%	40%	4%
76	Sasbach, Winzergenossenschaft Sasbach am Kaiserstuhl eG	1	44	80%	18%	2%
77	Sasbach-Jechtingen, Winzergenossenschaft Jechtingen eG	1	47	77%	19%	4%
78	Sasbachwalden, Winzergenossenschaft Sasbachwalden eG	3	36	86%	14%	–
80	Schallstadt-Wolfenweiler, Winzergenossenschaft Wolfenweiler eG	–	43	33%	56%	11%
81	Schliengen, Erste Markgräfler Winzergenossenschaft	–	43	28%	60%	12%
82	Staufen-Grunern, Gerd Köpfer, Weingut	–	9	33%	45%	22%
83	Sulzburg-Laufen, Winzergen. Laufen eG	3	40	68%	25%	7%
84	Vogtsburg-Achkarren, Winzergenossenschaft Achkarren am Kaiserstuhl eG	8	42	62%	21%	17%
85	Vogtsburg-Bickensohl, Winzergenossenschaft Bickensohl eG	7	39	72%	26%	2%
86	Vogtsburg-Bischoffingen, Albert Abril, Weingut	–	24	33%	50%	17%
87	Vogtsburg-Bischoffingen, Winzergenossenschaft Bischoffingen am Kaiserstuhl eG	4	52	56%	35%	9%
89	Vogtsburg-Burkheim, Winzergenossenschaft Burkheim am Kaiserstuhl eG	3	30	73%	20%	7%
90	Vogtsburg-Oberbergen, Winzergenossenschaft Oberbergen im Kaiserstuhl eG	–	54	46%	43%	11%
92	Vogtsburg-Oberrotweil, Kaiserstühle Winzerverein Oberrotweil eG	7	60	80%	18%	2%
93	Weingarten, Winzergenossenschaft Weingarten eG	–	29	21%	55%	24%
94	Weinheim, Carl Freudenberg, Weingut	–	21	48%	33%	19%
95	Wiesloch, Winzerkeller Südliche Bergstraße/Kraichgau eG	4	88	42%	42%	16%
96	Wertheim-Reicholzheim, Winzergenossenschaft Badisches Frankenland eG	–	50	36%	46%	18%

Weingut Fritz Bolanz, Auggen

Besitzer:
Familie
Kretschmer-
Bolanz

7841 Auggen
Hauptstr. 32
☎ 0 76 31/26 40

Bestockte
Rebfläche
6,5 ha

Ausschank im
hauseigenen
Gasthaus
Rebstock

Anfahrt:
A 5, Abfahrt
Neuenburg

Erstmals bei der
DLG-Bundes-
weinprämierung
1957

Nach guter badischer Art gehören hier Essen und Wein zusammen: Im Weingut und im eigenen (verpachteten) Gasthaus «Rebstock» gibt es das gleiche Weinprogramm. Typisch für das Markgräflerland ist natürlich auch die Leitsorte «Gutedel», die auf den Lehm- und Lößböden des 6,5 Hektar großen Reblandes mit 40% Anteil vertreten ist. Daneben wird in kleineren Anteilen angepflanzt, was in Baden Rang und Namen hat. Die Ausbauvariationen «Weißherbst» und «Badisch Rotgold» ergänzen das Angebot.

Die sehr lebendige und tüchtige Chefin heißt, wie das Schweizer Goldstück, «Vrenele» – und liebt vor allem Muskateller. Ehemann Fritz-Günter bevorzugt Traminer, während die Gäste im Restaurant zur badischen Hausmannskost sehr viel Gutedel trinken. Im Weingut kostet die Flasche Kabinett um 7 DM. Dort gibt es auch den eigenen Weinhefebrand mit strammen 52 Volumenprozent gleich literweise.

Winzergenossenschaft Auggen eG, Auggen

Geschäftsführer:
Ulrich Wangerin,
weiterer
Ansprechpartner:
Kellermeister
Reinhard Zollin

7841 Auggen
An der B 3
☏ 0 76 31/40 45

Bestockte
Rebfläche
230 ha

Spezialität:
60% der Weine
sind trocken

Anfahrt:
A 5, Abfahrt
Neuenburg

Erstmals bei der
DLG-Bundes-
weinprämierung
1956

Auggen liegt ideal nahe Frankreich und der Schweiz, ist schön anzusehen und wirkt wohlhabend. Der Wohlstand ist jung – und wesentlich auf die Arbeit der Winzergenossenschaft zurückzuführen. Sie wurde 1922 in höchster Not von 230 Auggenern gegründet, schaffte erst 1952 den Schritt zum eigenen Betriebsgebäude, begann ihren eingentlichen Aufstieg in den 60er Jahren und kann heute eine stolze Bilanz ziehen: 400 Mitglieder. 230 Hektar Rebfläche. Beide Ortslagen, «Schäf» und «Letten», sind zu über 90% im Eigenbesitz. Hoher Anteil der Markgräfler Idealsorte Gutedel (64%, Kaninett zu 6,50 DM – daneben Müller-Thurgau, Weißburgunder, Nobling, Spätburgunder und andere). Noch steigender Trocken-Anteil von 60% (nur 10% «lieblich»). Bis zu 160 Personen können wochentags (bis Samstag mittags) im Haus an der B 3 nach der klar gegliederten Preisliste aussuchen und probieren – auch Schatzkammer-Weine!

Weinbau/Weinkellerei Hugo Glöckler, Bad Krozingen

Besitzer:
Hugo Markus Glöckler,
weitere Ansprechpartner:
Hugo Glöckler,
Renate Glöckler

7812 Bad Krozingen
Westring 7
☏ 0 67 33/ 1 48 86

Bestockte Rebfläche
6 ha

Spezialität:
individuelle Beratung im eigenen Weinfachgeschäft

Anfahrt:
A 5, Abfahrt Bad Krozingen

Erstmals bei der DLG-Bundesweinprämierung 1973

Bad Krozingen scheint in einen Park hineingebaut zu sein, neben Wald und Wiesen gehören auch kleine Rebflächen zu diesem schönen Bild. Wer hier als Winzer begütert ist, hat nicht nur das Landschafts-Plus, sondern auch den Vorteil, daß für die Kurgäste Wein Teil der Kurentspannung bedeutet. – Die Glöcklers sind der einzige Selbstmarkter des Ortes und mit 6 Hektar Rebland der typische Familienbetrieb, in dem neben Hugo Markus Glöckler, dem Weinküfer und Kellermeister, Ehefrau Renate und Vater Hugo, der Firmengründer, «schaffen». Nachdem die Familie ein Weinfachgeschäft eröffnet hat, werden fast alle Gutedel (40% Anteil), Spätburgunder (20%), Müller-Thurgau, Nobling, Gewürztraminer, Ruländer, Riesling, Weißburgunder und Muskateller am Ort vermarktet. Gäste (Weinproben bis 35 Personen) sind jederzeit – in familärer Atmosphäre – willkommen. Preisorientierung: Müller-Thurgau Kabinett 5,20 DM.

Winzergenossenschaft Neuweier-Bühlertal eG, Neuweier

Geschäftsführer: A. Schuler, weiterer Ansprechpartner: Kellermeister Strunck

7570 Baden-Baden-Neuweier
Mauerbergstr. 32
☎ 0 72 23/ 5 20 71

Bestockte Rebfläche 230 ha

Spezialität: 62% Riesling

Erstmals bei der DLG-Bundesweinprämierung 1951

Neuweier und Bühlertal gelten als den leiblichen Genüssen recht aufgeschlossene Gemeinden, was sich auch in der hervorragenden Gastronomie dieser Orte zeigt. Für den flüssigen Teil des Vergnügens sorgt die Winzergenossenschaft. Die Weine werden nicht nur in der Region, sondern in ganz Deutschland vertrieben und sind auch an Bord internationaler Fluglinien zu finden. Wer vom badischen Riesling spricht, denkt zuerst an das «Baden-Badener Rebland». Neuweier, heute ein Stadtteil des Weltbades, gehört zu den drei Orten des Landes, die das «Bocksbeutel-Privileg» haben. Eine zweite Flaschenform hat ebenfalls lange Tradition: die Affenflasche. Noch heute werden darin Spätburgunder als «Affentaler» ohne zusätzliche Orts- oder Lagebezeichnung angeboten.

Der Spätburgunder wird hauptsächlich in Bühlertal angebaut. Bei der Gründung der viert-

Neben dem Bocksbeutel auch die «Affenflasche»…

… auch Sekt probieren, von «trocken» bis «brut»

Anfahrt: A 5, Abfahrt Bühl oder Baden-Baden, B 3 über Steinbach

ältesten «WG» des Weinlandes wurde der Begriff «Affentaler» mit in den Firmennamen übernommen: Affentaler Winzervereinigung Bühlertal – Naturweinbau-Verein.

So, wie der «Affentaler» grundsätzlich Spätburgunder vom Granitverwitterungsboden ist, so wächst auf dem Porphyr-Verwitterungsboden des «Mauerberges» ausschließlich Riesling. Der Riesling mit 62% Anbaufläche und der Spätburgunder mit 22% stellen die zwei wichtigsten Rebsorten der Genossenschaft. Die Preise beider Sorten liegen bei 9 DM. Daneben wird noch etwas Müller-Thurgau, Traminer und Kerner angebaut. Alle Weine (230 ha) der rund 750 Mitglieder gedeihen in Steil- oder Hanglagen. Sie kommen zu rund 60% trocken, zu 35% halbtrocken und zu 5% lieblich auf die Flasche. Zum Probieren sind bis zu 200 Personen an Werktagen (außer Samstagnachmittag) willkommen. Zum Probenerlebnis können hier auch einige Sekte gehören, rot und weiß und von «trocken» bis «brut».

Winzergenossenschaft Steinbach und Umweg eG, Steinbach

Geschäftsführer:
Heinz Birnbreier

7570 Baden-Baden-Steinbach
Umweger Str. 59
☏ 0 72 23/53 75

Bestockte Rebfläche 110 ha

Spezialität: Abfüllung in Bocksbeuteln

Anfahrt: A 5, Abfahrt Baden-Baden, weiter über B 3 Richtung Offenburg

Erstmals bei der DLG-Bundesweinprämierung 1961

Gut, daß Markgraf Karl von Baden 1474 seinem Meisterkoch Hans StichdenBuben Rebland in Umweg zum Lehen gab. Aus dem Gutsnamen wurde ein attraktiver Lagename. Lobenswert auch, daß ein späterer Markgraf vier Gemeinden seines Landes die Weinabfüllung in Bocksbeuteln erlaubte. Zwei davon, Steinbach und Umweg, sind seit 1976 mit nun 400 Mitgliedern und 110 Hektar Rebfläche in einer «WG» zusammengeschlossen, und einige ihrer feinen Rieslinge tragen den berühmten Namen. Weil es so schön paßt, kommt Müller-Thurgau auch als «Pique Dame» in den Bocksbeutel.

Die Preisliste bietet neben den normalen Größen (Riesling Kabinett zu 8 DM) auch 0,25, 0,375, l- und 3 l-Füllungen. Die Weine sind zu zwei Dritteln trocken – vorwiegend Riesling (80% Anbauanteil, Rest: Müller-Thurgau, Spätburgunder und andere). – Proben: Montag bis Freitag in kleinen Gruppen.

Winzergenossenschaft Varnhalt, Varnhalt

Geschäftsführer:
Hubert Klenk,
weiterer
Ansprechpartner:
Günter Janssen

7570 Baden-
Baden-Varnhalt
Weinsteige 11
☏ 0 72 23/53 59

Bestockte
Rebfläche
100 ha

Spezialität:
halbtrockene
Rieslingweine

Anfahrt:
A 5, Abfahrt
Baden-Baden

Erstmals bei der
DLG-Bundes-
weinprämierung
1951

Der Innenstadt am nächsten gelegen, ist Varnhalt der Bäderstadt als Weinort des «Baden-Badener-Reblandes» sehr eng verbunden. Die Großstadt setzt sich hier als Gartenstadt fort, die Weinberge greifen mit ihrem Grün weit zwischen die Häuser. Was dort reift, wird über die Winzergenossenschaft vermarktet. Deren 380 Mitglieder repräsentieren die gesamt Winzerschaft des Ortes, bearbeiten genau 100 Hektar – und sind damit die Nachfolger der hier früher tätigen Mönche.

Riesling ist mit 80% die «Nummer 1» – weit vor Müller-Thurgau und Spätburgunder. Er kommt ausschließlich mit dem Lagenamen «Klosterbergfelsen» auf den Bocksbeutel (0,7, 0,25, 3 l) und kostet als Kabinett 9 DM für die 0,7-l-Flasche (auch andere Flaschenformen). Mit 70% Anteil ist die WG auf «halbtrocken» spezialisiert (nur 5% «lieblich»). Proben: höchstens 22 Personen – von Montag bis Freitag.

Winzergenossenschaft eG, Ballrechten-Dottingen

Geschäftsführer: Leo Helfesrieder, weiterer Ansprechpartner: Kellermeister Erich Ehret

7801 Ballrechten-Dottingen Franz-Hess-Straße 2
☎ 0 76 34/82 33

Ballrechten-Dottingen ist schön und «gemütlich» – und dabei nicht weit von der «Baseler Autobahn» entfernt. Vor allem aber ist der Doppelort ein rechtes Winzerdorf. Fast alle Weinerzeuger sind Genossenschaftsmitglieder (140 genau) und bewirtschaften 125 Hektar ausschließlich auf dem sandigen und sehr stark kalkhaltigen Lehmboden des «Castellbergs». Dort wachsen vor allem Gutedel (40% Anbauanteil), Müller-Thurgau (35%), Spätburgunder (15%) und Nobling (7%). Die Liste weist auch den aus Grau- und Spätburgunder gekelterten «Badisch Rotgold» aus. Die eigentliche Spezialität des Hauses sind jedoch die trockenen Spätlesen,

Bestockte Rebfläche 125 ha

Spezialität: kräftige, trockene Spätlesen

Anfahrt: A 5, Abfahrt Bad Krozingen über Staufen in Richtung Bad Sulzburg

kräftige Weine auch vom Nobling, Ruländer (Grauburgunder) und Gewürztraminer.

Bis zu 90 Personen sind jederzeit zu Weinproben willkommen. Jederzeit – das heißt hier auch am Wochenende, und der Grund für soviel Verfügbarkeit einer Winzergenossenschaft liegt einfach im starken Engagement für Weinproben verschiedenster Art: Vom gemütlichen Weinprobieren bis zu kulinarischen Weinproben mit kalten Buffetts oder festlichen Essen. Eine dieser Proben haben sie gar zum festen Programm gemacht: Jeden Mittwoch lädt die WG zum Weinspaziergang über den Weinlehrpfad und zur anschließenden Probe der «vor Ort» erläuterten Weine. Nur noch 10% davon kommen «lieblich» auf die Flasche, 30% sind «halbtrocken» und nun schon 60% «trocken». Als preislicher Leitwein kann der Müller-Thurgau Kabinett gelten. Die Normalflasche kostet 5,80 DM. Die WG liefert über eigene Auslieferungslager bundesweit.

Erstmals bei der DLG-Bundesweinprämierung 1956

Zentralkellerei Badischer Winzergenossenschaften eG, Breisach

Kellereidirektor: H. Trogus, weiterer Ansprechpartner: A. Göring

7814 Breisach
Postfach 12 49
☏ 0 76 67/ 8 22 02

großzügig – mit rechtem menschlichen Augenmaß

50 liefern voll ab, 45 nur zum Teil, und ein «Privater» ist auch dabei

Erstmals bei der DLG-Bundesweinprämierung 1956

Sie ist groß, sehr groß und sehr modern. Sie steht bei Breisach «in der Landschaft» und paßt trotz ihrer Größe dahin. Daß man hier immer vorausgedacht hat, versinnbildlicht sich für den Besucher weniger in den zum Beispiel für die Weinqualität oder den Umweltschutz erforderlichen, neuesten Maßnahmen, sondern am ehesten an der – mit rechtem menschlichen Augenmaß – großzügigen Bauweise und geschmackvollen Ausstattung des Verwaltungsgebäudes.

1952 gegründet, um lokale und regionale Genossenschaften vor allem vom Zwang des Preisdumpings nach großen Ernten zu entlasten, nimmt die ZBW heute die Weinerzeugung von 50 voll-anliefernden und 45 teil-anliefernden Genossenschaften des badischen Raumes sowie einem Weingut auf. Ein Teil der Weine geht nach dem Ausbau zum Eigenverkauf an die Erzeuger

Spezialität:
80% der Weine werden trocken oder halbtrocken ausgebaut

Anfahrt:
A 5, Abfahrt Freiburg-Süd, weiter auf der B 31

zurück, einen großen Teil aber vermarktet die ZBW selber.

30% der ZBW-Weine werden «trocken», 50% «halbtrocken» angeboten; beide Anteile sind steigend. Müller-Thurgau (45%), Spätburgunder (20%), Ruländer (10%), Riesling und Gutedel (6 bzw. 5% Anteil) sind die Hauptrebsorten, die sortenrein – und zu 100% auf Flaschen – das Haus verlassen, um über Großabnehmer in die Regale des Handels zu kommen.

Dennoch: Auch private Besucher sind zu Weinproben an allen Werktagen willkommen (Weinmarkt im Haus).

Winzergenossenschaft Bötzingen eG, Bötzingen

Geschäftsführer und Vorstandsvorsitzender: Erich Zimmerlin

7805 Bötzingen
Postfach 11 52
☏ 0 76 63/20 66

Bestockte Rebfläche 300 ha

Spezialität: Müller-Thurgau aus dem Steilhang

Anfahrt: A 5, Abfahrt Riegel, Richtung Breisach

Erstmals bei der DLG-Bundesweinprämierung 1964

Die Bötzinger stehen gern zu ihrem Müller-Thurgau und pflegen ihn. Mit 36% Anbauanteil ist er nicht nur ihre verbreitetste Sorte, sondern auch eine ihrer drei Spezialitäten. Deren andere sind der rote (30%) und der weiße Burgunder (7%). Ruländer (Grauer Burgunder) und Silvaner ergänzen das Spektrum der Weine, die auf den tiefgründigen Löß-, Lehm- und Vulkanverwitterungsböden der drei Ortslagen wachsen.

80% dieser Weine werden noch lieblich ausgebaut, der «Trocken»-Anteil steigt jedoch schon seit Jahren.

Die 1935 im urkundlich ältesten Weinort des Kaiserstuhls gegründete Genossenschaft hat heute 580 Mitglieder, die rund 300 Hektar bestockter Rebfläche bewirtschaften und für ihren Müller-Thurgau-Kabinett, der, wie alle anderen Weine, aus Hang- oder Steillage kommt, 5,70 DM erzielen. – Weinproben bis 80 Personen werden nach Vereinbarung durchgeführt.

Weingut/Weinkellerei Paul Huber, Bühl-Altschweier

Besitzer:
Paul Huber,
weiterer Ansprechpartner:
Gerhard Huber

7580 Bühl-Altschweier
Bühler Seite 59
☎ 0 72 23/ 2 46 68

Bestockte Rebfläche
17 ha

Spezialität:
im Holzfaß gereifter Spätburgunder-Edelbrand

Anfahrt:
A 5, Abfahrt Bühl

Erstmals bei der DLG-Bundesweinprämierung 1975

«Wenn man einen so guten Wein erzeugt, trinkt man ihn auch gern selbst» – nach diesem Motto lebt die Familie Huber. Von 1829 bis heute haben die Holz- und Weinküfermeister bei den Hubers Tradition, der Sohn wird sie in der nächsten Generation weiterführen.

Neben dem Traubengut, von den eigenen 17 Hektar Rebland, liefern etwa 100 Winzer aus Bühl und Umgebung hinzu. Die Weine werden im Holzfaß, in Stahl- und Kunststofftanks zu 50% lieblich, 10% halbtrocken und 40% trocken ausgebaut. Die Hauptrebsorten sind Riesling (40%), Spätburgunder (30%) und Müller-Thurgau (10%), Durchschnittspreise für einen Kabinett: um 8 DM. «Mark», ein Edelbrand aus Spätburgunder-Trester, drei Jahre im Rotwein-Holzfaß gereift, ist eine hochprozentige Spezialität des Hauses. Weinproben bis 60 Personen, kein Ruhetag.

Affentaler Winzergenossenschaft, Eisental

Geschäftsführer: Urban Lamprecht, weiterer Ansprechpartner: Kellermeister Georg Huschle

7580 Bühl
Eisental
An der B 3
☎ 0 72 23/ 2 43 76

Bestockte Rebfläche 280 ha

Bei den Rebsorten wird auf Tradition gesetzt

Direkt an der Bundesstraße von Baden-Baden nach Bühl liegt das moderne Gebäude der Genossenschaft. Dahinter Weinberge, am Schwarzwaldhang schließlich das Dorf Affental, gleichnamig dem ganzen Tale, dem Wein aus diesem Tal und der Winzervereinigung, die 1908 als «Naturweinbauverein Affental» begann und heute 980 Winzerbetriebe aus Eisental und Affental, Altschweier und Kappelwindeck repräsentiert. 280 Hektar Buntsandstein- und Granitverwitterungsböden werden vor allem mit Riesling (60% Anteil) und Spätburgunder (25%) bebaut. Auch bei den Ergänzungssorten konzentrieren sich diese Ortenauer Winzer auf bewährte Traditionsreben.

Ansonsten aber sind sie gern bereit, neue Wege zu gehen. Das gilt nicht nur für die modernen baulichen Anlagen oder die Versuche mit der

Erstmals bei der DLG-Bundesweinprämierung 1960

Spezialität: Barrique-Ausbauversuche für Riesling und Spätburgunder

Ausbauart im frischen Holzfaß («Barrique» – für Riesling und Spätburgunder), sondern vor allem für das Glasgefäß, in dem die besten Weine auf den Markt kommen. Dieses Gefäß ist nicht einfach eine Flasche, sondern tatsächlich eine «Buddel»: d. h. bauchig, kantig und griffig – und seit 1971 das geschützte Kennzeichen der «Affentaler». Natürlich wird auch noch die eher dem Souvenirbereich zuzuordnende «Affenflasche» geführt. Dieses, auch von anderen Erzeugern genutzte Glasbehältnis ist hier jedoch nur originelle

. . . der beste Affentaler kommt in die «Buddel»

Randerscheinung; die Buddelflasche hat sich – auch in 0,25 l-Größe – durchgesetzt.

Was darin abgefüllt wird, ist heute schon zur guten Hälfte trocken (immer vollkommen durchgegoren!). Auch der Anteil der halbtrockenen Weine steigt weiter (jetzt 30%). – Probengäste (bis 120 Personen) sind von Montag bis Freitag – auch zur Probe der eigenen Sekte – willkommen. Eine «Buddel» Riesling Kabinett kostet um 8,50 DM.

Anfahrt: A 5, Abfahrt Bühl

In dieser Genossenschaft wird Besuchern deutlich, wie, vor allem in der Person des weinfrohen Geschäftsführers, alte Weintradition und das Nutzen neuer Chancen im Weinmarketing verfolgt und genutzt werden. – Eine gelungene und erfolgreiche Allianz!

Gräfl. Wolff Metternich'sches Weingut, Durbach

Besitzer:
Paul Joseph Graf Wolff Metternich,
Ansprechpartner:
Ottmar Schilli

7601 Durbach
Girohl 117
☏ 07 81/4 27 79

Bestockte Rebfläche
36 ha

Spezialität:
sortenreiner Ausbau in kleinen Gebinden mit Faßnummer

Anfahrt:
A 5, Abfahrt Offenburg

Erstmals bei der DLG-Bundesweinprämierung 1955

Unter der Erde gibt es noch den alten Schloßkeller zum Weinausbau; über der Erde einen sehr schönen, stilreinen Weinprobier- und Verkaufsraum (bis 40 Personen nach Anmeldung). Im Weinberg fallen der weite Standraum und die Dauerbegrünung besonders auf; im Weinangebot ist der hohe Anteil trockener Weine (60%, 30% «halbtrocken») bemerkenswert. Trocken heißt hier immer: ganz durchgegoren.
Als eines der ältesten Weingüter Badens pflegt man die Individualität mit sortenreinem Weinausbau in kleinen Gebinden und mit Angabe von Faßnummer und Flaschennumerierung. Drei Einzellagen (Durchbacher Schloß Grohl, Durbacher Schloßberg und Lahrer Herrentisch) sind im Alleinbesitz. Die Haupt-Rebsorten: Riesling, auch «Klingelberger» genannt (30%), Spätburgunder (22%), Müller-Thurgau (19% – ein Kabinett für 6,75 DM), Weißer – und Grauer Burgunder (15%), Traminer/Gewürztraminer (10%). Sekte aus eigenem Lesegut.

Weingut Andreas Laible, Durbach

Besitzer:
Andreas Laible

7601 Durbach
Am Bühl 71
☏ 07 81/4 12 38

Bestockte Rebfläche 3,8 ha

Spezialität: maischevergorene Rotweine, eigene Edelbrände

Anfahrt: A 5, Abfahrt Offenburg

Erstmals bei der DLG-Bundesweinprämierung 1973

Ein Farbfoto bezeugt die originelle Tatsache, daß der Dackel des Gastgebers bei einer Probe aus 60 auf dem Boden stehenden Flaschen mit Probenresten zielsicher den Laible-Gewürztraminer herausgesucht – und vorsichtig geleert hat. Der «Gewürztraminer-Dackel» entschied sich damit für die neben Riesling (30% Anteil – Kabinett zu 9,50 DM) und Spätburgunder (18%) besonders gepflegte Rebsorte.

Gewürztraminer und Traminer haben zusammen 28% Anbauanteil in den 3,8 Hektar Verwitterungsgranitboden der meist steilen Lagen des Familienweingutes.

Selbstgebackene Holzofenbrote gehören hier als Probenbegleiter ebenso zum guten Brauch wie die Edelbrände aus der eigenen Hausbrennerei. Rotweine sind auf der Maische vergoren, der Anteil trockener (40%) und halbtrockener (25%) Weine steigt. – Proben bis 60 Personen sind jederzeit möglich.

Weingut Heinrich Männle, Durbach

Besitzer:
Heinrich und
Wilma Männle,
weitere
Ansprechpartner:
Heinrich
Männle jr.,
Silvia Männle

7601 Durbach
Sendelbach 86
☏ 07 81/4 11 01

Bestockte
Rebfläche
5 ha

. . . kernige
Essensbegleiter,
auch als
Weißburgunder

Spezialität:
traditioneller,
gerbstoffbetonter
Rotweinausbau –
Maischegärung,
Holzfaß

Erstmals bei der
DLG-Bundes-
weinprämierung
1969

Das um 1600 entstandene Weingut ist seit 1820 im Familienbesitz – und wird heute, ebenso treffend wie zur besseren Unterscheidung der Männles in Durbach, von Kennern häufig einfach «Rotwein-Männle» genannt. Tatsächlich hat der Spätburgunder in diesem Weingut mit 38% den größten Anbauanteil. Rechnet man die Weißen und Grauen Burgunder dazu, die in Durbachs «Burgunder-Speziallage» «Kochberg» zusammen mit den «Roten» gedeihen, dann könnte es auch «Burgunder-Männle» heißen, denn fast zwei Drittel des Angebots bestehen aus diesen Rebsorten.

Ein Teil der Rotweine wird in offener Maischegärung zu gerbstoffreichen, kernigen Essenbegleitern ausgebaut. Mit der gleichen Zielrichtung erzeugt Winzermeister Heinrich Männle regelmäßig einen Weißburgunder.

Die Weißweine liegen in Stahltanks, während die Rotweine nach wie vor weitgehend in Holzfässern reifen.

Kontrast zu den Burgundern ist die Scheurebe des Hauses mit ihrem betont fruchtigen, typischen Bukett. Ruländer, Riesling und Traminer runden das Angebot der Traditions-Rebsorten ab, wobei letztere der Durbacher Tradition gemäß als «Klingelberger» und «Clevner» auf der Weinliste stehen. Die Weine werden auch durchweg steilen Parzellen in drei Durbacher Lagen und von insgesamt 5 Hektar Rebland geerntet. Ihr Geschmacksspiegel weist jeweils etwa ein Drittel Anteil für «trocken», «halbtrocken» und «mild» aus. Zur Preisorientierung muß in diesem Hause selbstverständlich der Spätburgunder dienen: Die Flasche Kabinett kostet um 9 DM.

„Ferien auf dem Winzerhof" für die, die länger bleiben möchten

Bis zu 40 Personen sind – nach Anmeldung – zu Weinproben im schönen Seitental des «Sendelbachs» willkommen. Als Ergänzung gibt es Brände von eigenem Obst aus der alten Hausbrennerei. Wer länger bleiben möchte: Es gibt Ferienwohnungen für die «Ferien auf dem Winzerhof».

Anfahrt:
A 5, Abfahrt Offenburg

In diesem Zusammenhang muß auch der Ort selbst erwähnt werden. Durbach liegt in einem «Täler-Tal», im Schnittpunkt mehrerer Täler also, und es gibt wenige Orte in Baden, die eine ähnliche landschaftliche Vielgestaltigkeit aufzuweisen haben. Es gibt aber auch nur wenige Gemeinden in dieser Region, denen man ihre gleichsam «aristokratische» Weintradition so augenfällig ansieht – gemeint ist hier die Prägung durch edelsten Riesling.

Weingut Andreas Männle, Durbach

Besitzer:
Alfred Männle

7601 Durbach
Heimbach 12
☏ 07 81/4 14 86

Bestockte Rebfläche
6,2 ha

Spezialität:
Durbacher Bienengarten im Alleinbesitz

Anfahrt:
A 5, Abfahrt Offenburg

Erstmals bei der DLG-Bundesweinprämierung 1975

Wer «Durbacher Bienengarten» möchte, kann ihn nur aus dem Hause Andreas Männle beziehen. Auf den 6,2 Hektar Granitverwitterung- und Gneisböden wachsen zu gleichen Anteilen Riesling und Spätburgunder (je 30%), Müller-Thurgau (18%), Traminer (15%) sowie einige andere bewährte Sorten.

Sie werden zu 70% «trocken» (grundsätzlich durchgegoren) und zu jeweils 15% «halbtrokken» und «lieblich» angeboten. Der «Trocken»-Anteil steigt weiter. Die Flasche Riesling Kabinett kostet 8,50 DM. Riesling wird hier noch als «Klingelberger» bezeichnet. Die Männles verkaufen fast ausschließlich an Endverbraucher.

Bis zu 45 Personen sind zur Probe jederzeit willkommen; die Möglichkeit besteht, hauseigene Edelbrände zu kosten – vom «Hefen» über das «Schwarzwälder Kirschwasser» bis zum «Schwarzwälder Haferpflaumenwasser».

Markgräflich Badisches Weingut Schloß Staufenberg, Durbach

Besitzer:
Max Markgraf von Baden,
weiterer Ansprechpartner:
Bernhard Ganter

7601 Durbach
Staufenberg 1
☏ 07 81/4 27 78

Bestockte Rebfläche
27 ha

Ausschank in der hauseigenen Weinstube

Anfahrt:
A 5, Abfahrt Offenburg

Erstmals bei der DLG-Bundesweinprämierung 1957

Vorfahre Markgraf Carl Friedrich pflanzte 1776 die ersten Rieslingreben in der Ortenau. Er war auch Pionier der Traminerrebe, die er damals als «Clevner» kannte. «Clevner» und «Klingelberger» (Riesling) stehen immer noch auf der Weinkarte – und bezeugen durch ihre überlieferten Namen bis heute die enge Verbundenheit mit der Historie. Zur Tradition gehört das Schloß (Ursprung im 11. Jahrhundert); das Weingut besteht seit 1832. Rotwein lagert hier im Holzfaß.

Bewährte Rebsorten: Riesling mit 45% Anteil, Spätburgunder und Müller-Thurgau mit jeweils 20%. 27 Hektar sind bestockt, und was da, vorwiegend im Steilhang, wächst, kommt (mit steigender Tendenz) «trocken» (60%) auf die Flasche («lieblich» noch 15% und fallend). – Riesling Kabinett 8,70 DM. Proben: nach Anmeldung. Weinstube mit 160 Plätzen von April bis November geöffnet.

Weingut/Weinkellerei Schwörer, Durbach

Besitzer:
Hermann Schwörer

7601 Durbach
Grol 113
☏ 07 81/4 23 62

Bestockte Rebfläche
24 ha

Spezialität:
holzfaßgereifte Spätburgunder-Rotweine

Anfahrt:
A 5, Abfahrt Offenburg

Erstmals bei der DLG-Bundesweinprämierung 1966

Das Haus der Familie Schwörer liegt inmitten von Weinbergen. Das gemütliche Probierstübchen in der Kellerei ist täglich geöffnet. Die Winzertradition geht bis auf das Jahr 1812 zurück. Im Angebot der Schwörers (jedes Familienmitglied hat seinen Favoriten, was Rebsorte und Geschmacksrichtung betrifft!), ist für jeden Geschmack etwas enthalten: Burgunder (35%), Müller-Thurgau (25%), Riesling (17%), Traminer (14%), Ruländer (7%) und in geringen Anteilen andere Rebsorten. Alle Weine, die auf 24 Hektar eigenen und Weinbergen von 60 zuliefernden Winzern wachsen, werden zu 50% lieblich, zu 40% trocken und zu 10% halbtrocken ausgebaut.

Die Spätburgunder-Rotweine sind, neben Weißherbst und Traminer (Clevner), eine Spezialität des Hauses und reifen im Holzfaß. Die Weine werden in ganz Deutschland verkauft, ein Spätburgunder Kabinett für 8 DM.

Winzergenossenschaft Durbach, Durbach

Geschäftsführer:
Konrad Geppert

7601 Durbach
Nachtweide 1
☏ 07 81/
3 10 61-62

Bestockte Rebfläche 330 ha

Spezialität: größter Traminer-Erzeuger Deutschlands

Anfahrt: A 5, Abfahrt Offenburg

Erstmals bei der DLG-Bundesweinprämierung 1951

320 Winzer bearbeiten 330 Hektar Rebfläche. Davon sind über 30 Hektar mit Traminer bestockt; damit ist die WG zweifelsfrei der größte Traminer-Erzeuger Deutschlands. Über 120 Hektar Spätburgunder sichern ihr ebenso beim Rotwein einen Spitzenplatz in der erzeugten Menge sortenreiner Qualitätsweine. Ebenfalls im Angebot: Müller-Thurgau und Riesling mit 25 beziehungsweise 20% Anteil. Der langjährige Hektarertrag auf den über 80% Steillagen liegt unter 60 hl/ha.

Die Spätburgunder und die weißen Prädikatsweine reifen in Holzfässern. Der Anteil an trokkenen (40%) und halbtrockenen (35%) Weinen steigt stetig.

Ein Traminer Kabinett wird für etwa 9 DM angeboten; im neuen, rustikalen Probierraum können neben den Weinen auch eigene Sekte sowie ein «Marc vom Riesling» (Trester) verkostet werden. (Auch Viertelflaschen und Rotwein in Doppelmagnum.)

Bezirkskellerei Markgräflerland eG, Efringen-Kirchen

Geschäftsführer:
Gerhard Rüdlin,
weiterer
Ansprechpartner:
Kellermeister
Günter Ehret

7859 Efringen-
Kirchen
Postfach 44
☏ 0 76 28/7 78

Bestockte
Rebfläche
320 ha

Spezialität:
Weine von den
südlichsten Reb-
hängen Badens

Anfahrt:
A 5, Abfahrt
Efringen-Kirchen
oder über die B 3

Erstmals bei der
DLG-Bundes-
weinprämierung
1963

Dies ist die große Erzeugergemeinschaft des Gutedels. Über die Hälfte der 320 Hektar Rebfläche ist mit der typischen Markgräfler Rebsorte bestanden. 28% Müller-Thurgau und 12% Spätburgunder sind die weiteren Standardrebsorten, die von den 700 Mitgliedern der früheren Einzelgenossenschaften im Einzugsbereich von 26 Ortschaften gepflanzt werden. – Und weil man hier im Schlaraffenland der anspruchsvollen Genießer, im «Dreiländereck», lebt, wird der Wein seit langem mit Blick auf seine Essenseignung ausgebaut: 75% sind heute schon trocken, 15% halbtrocken, und beide Anteile steigen weiter. Als typischer Essenbegleiter wird auch der Weißburgunder angeboten. Eine Flasche Kabinett kostet 6,50 DM – und findet, ebenso wie die Gutedel, auch in der nahen Schweiz viele Abnehmer. – Weinproben (bis 100 Personen) im Gebäude an der B 3 von Montag bis Freitag.

Winzergenossenschaft Ehrenstetten, Ehrenkirchen

Geschäftsführer: Georg Hog, weiterer Ansprechpartner: Kellermeister Fritz Steinle

7801 Ehrenkirchen
Postfach 24
☏ 0 76 33/54 28

Bestockte Rebfläche 135 ha

Spezialität: regionaltypische Gutedelweine

Als die Genossenschaft 1952 gegründet wurde, stand die Gemeinde Ehrenstetten Pate; die Taufgabe war ein neues Kellereigebäude. Heute ist die Verbindung zum Ort immer noch sehr eng, aber die Genossenschaft steht gut auf eigenen Füßen, hat das Kellereigebäude längst gekauft – und zweimal kräftig erweitert. Die jetzt 275 Mitglieder bewirtschaften 135 Hektar Lehm- und Kalkböden.

Noch vor wenigen Jahren standen darauf mehr Müller-Thurgau-Reben, aber inzwischen hat der Gutedel als typische Markgräfler Sorte Boden zurückgewonnen und bedeckt nun 45% der Fläche (Müller-Thurgau 25%, Burgundersorten zusammen 15%).

35% der Weine werden trocken, 45% halbtrocken ausgebaut. («Trocken»-Anteil steigt.) Weinfreunde sind jederzeit willkommen – in Gruppen bis zu 40 Personen nach Anmeldung. Zur Preisorientierung: ein Gutedel Kabinett kostet 5,80 DM.

Anfahrt: A 5, Abfahrt Bad Krozingen

Erstmals bei der DLG-Bundesweinprämierung 1954

Winzergenossenschaft Kirchhofen, Ehrenkirchen-Kirchhofen

Geschäftsführer:
Karl Sunner

7801 Ehrenkirchen-Kirchhofen
Herrenstr. 11
☏ 0 76 33/70 27

Bestockte Rebfläche
110 ha

Spezialität:
Badisch Rotgold aus Ruländer und Spätburgunder

Der Batzenberg ist nicht nur wegen seines Weines allein so berühmt geworden. Er liegt als kräftiger, wohlgerundeter Erdbuckel in schöner Markgräfler Landschaft, ist über und über mit Reben bestanden und dank einer vorzüglichen Flurbereinigung so etwas wie ein Modell-Weinberg. Aus dieser Lage kommt fast aller Wein der 280 Kirchhofener Genossenschaftswinzer.

110 Hektar Lehm- und Lößböden werden insgesamt bebaut. Gutedel ist mit 50% Anteil die Sorte Nummer 1, gefolgt von Müller-Thurgau (30%) und Ruländer, Weißer Burgunder, Spätburgunder sowie Gewürztraminer mit etwa jeweils 5% Anteil. Schon über die Hälfte wird trocken ausgebaut. 30% halbtrocken. Gutedel und Müller-Thurgau Kabinett kosten um 6 DM. Probengäste (bis 50 Personen) sind an allen Wochentagen im gemütlichen Probenraum und zum Anschauen der prachtvollen Holzfässer willkommen.

Erstmals bei der DLG-Bundesweinprämierung 1960

Kaiserstuhl-Kellerei Friedrich Kiefer KG, Eichstetten

Besitzer:
Familien Grafahrend, Hammer und Körner,
Ansprechpartner:
Lutz Grafahrend, Goswin und Vera Hammer

7837 Eichstetten
Postfach 13
☏ 0 76 63/12 07

Bestockte Rebfläche
130 ha

Spezialität:
säurebetonte Weine

Anfahrt:
A 5, Abfahrt Nimburg

Erstmals bei der DLG-Bundesweinprämierung 1974

1851 gegründet, ist diese Kellerei einer jener Familienbetriebe, die sich ganz der Individualität und den Besonderheiten der von ihnen ausgebauten Weine verschrieben haben.

Durch die «Kaiserstühler Winzergemeinschaft» werden Trauben von insgesamt 130 Hektar Rebland angeliefert. Müller-Thurgau (42%), Spätburgunder (23%) und Ruländer/Grauburgunder (16%) stellen bei der vielfältigen Weinauswahl die größten Anteile. Die Hälfte wird trocken (meist ganz durchgegoren!) ausgebaut.

Maischevergorene, trockene Spätburgunder Spätlesen können als Spezialität durchaus 12,5 Alkohol erreichen, und ein Grauburgunder Kabinett trocken (6 DM) hat als Essensbegleiter ebenfalls die Wucht und Fülle, die jenseits der nahen Grenze üblich ist. – Probengäste (bis 50 Personen) sind nach Vereinbarung jederzeit willkommen.

Weingut Leopold Schätzle, Endingen

Besitzer:
Leopold Schätzle,
weitere
Ansprechpartner:
Margarete und
Cäcilia Schätzle

7833 Endingen
Wilhelmshöfe 1
☎ 0 76 42/33 61

Als Landwirtschaftsminister Ertl und Winzer Leopold Schätzle sich als Gratulant und Beglückwünschter gegenüberstanden, waren da zwei gewichtige – und humorige Herren zusammen. Bei letzterem zeigt sich das schon im Wahlspruch des – noch recht jungen – Weingutes: «Willst Du gesund und fröhlich sein, so trink vom guten Schätzle-Wein.»

Diese Art, das Leben und den Wein zu verstehen, zeigt sich auch in den Weinproben, bei denen Frau und Kinder den Hausherrn fleißig unterstützen. Daß die Weinprobierstube im Aussehen der hier gepredigten, gediegenen Lebensfreude entspricht, paßt gut ins Gesamtbild ge-

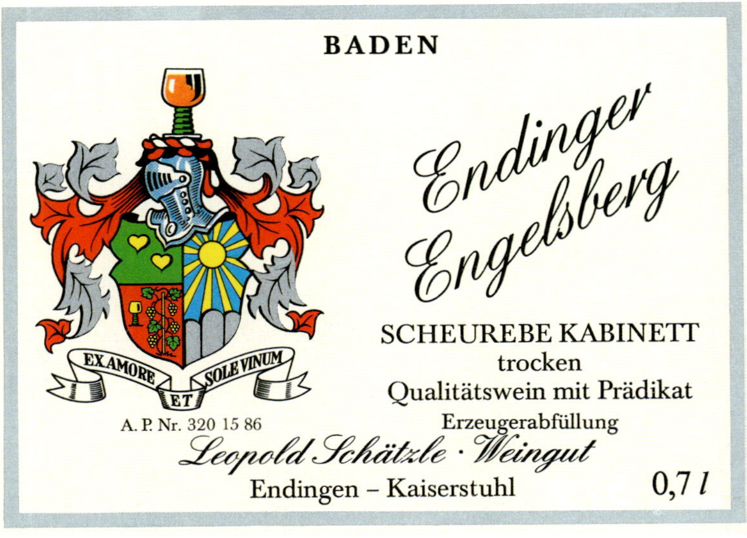

Bestockte Rebfläche 8,5 ha

Der Spätburgunder führt im Sortenspiegel

Spezialität: Vom Besitzer «zelebrierte» humoristische Weinproben

Anfahrt: A 5, Abfahrt Riegel

Erstmals bei der DLG-Bundesweinprämierung 1972

nausc wie die Tatsache, daß bis zu 100 Gäste jederzeit willkommen sind, um die weitgehend trocken (65%) ausgebauten Weine zu probieren.

Kernige, gerbsäurebetonte Spätburgunder aus dem Barrique-Faß sind ebenso dabei wie wuchtige Eisweine von hohen Öchsle-Graden.

Die auf 8,5 Hektar Löß, Lößlehm und Basalt gewachsenen Weine kommen nicht nur aus Endinger, sondern auch aus anderen bekannten Lagen der Umgebung. Spätburgunder führt den Rebsortenspiegel mit einem Anteil von 36% an. Müller-Thurgau, Scheurebe, Kerner und Ruländer/Grauburgunder folgen mit Anteilen zwischen 15 und 9%. Eine Flasche Scheurebe oder Riesling Kabinett kostet 9,20 DM.

Der 1970 ohne eigene Hofstelle und mit nur einem Hektar Weinbergsfläche gegründete Betrieb vermarktet seinen gesamten Wein auf Flaschen – und weitgehend an Endverbraucher. Winzer Schätzle ist auch als Ausbilder des Winzernachwuchses, als Rebenveredler – und für die Produkte seiner Hausbrennerei bekannt: «Topinambur» und verschiedene Obstbrände.

Winzergenossenschaft Kiechlinsbergen, Endingen-Kiechlinsbergen

Geschäftsführer: Gerhard Walliser, weiterer Ansprechpartner: Kellermeister Alfons Späth

7833 Endingen-Kiechlinsbergen
Herrenstraße 35
☏ 0 76 42/10 80

Bestockte Rebfläche 155 ha

Spezialität: Spätburgunder aus dem Holzfaß

Anfahrt: A 5, Abfahrt Riegel

Erstmals bei der DLG-Bundesweinprämierung 1957

Kiechlinsbergen liegt mitten im Kaiserstuhl, und seit weit über 1000 Jahren ist dort Wein angebaut worden – zu einem guten Teil von den Mönchen des örtlichen Klosters. Ihre Nachfolge haben heute die 300 Mitglieder der Genossenschaft angetreten – auch baulich, denn im ehemaligen Klosterkeller liegen nun die großen Holzfässer der WG, in denen vorwiegend Spät- und Grauburgunder ausgebaut werden. (Andere Weine in Beton-, Stahl- und Kunststoff-Gebinden.) Spätburgunder ist mit 23% neben dem Müller-Thurgau (50%) Haupt-Rebsorte. Silvaner, Weiß- und Grauburgunder haben Anteile zwischen 6 und 10%. (Weißburgunder Kabinett 6,50 DM).

155 Hektar auf Vulkanverwitterungs- und Lößböden sind bestockt. 40% dieser Weine werden trocken (steigend), 20% lieblich, 40% halbtrocken ausgebaut. Bis 150 Personen sind wochentags zu Weinproben willkommen.

Winzergenossenschaft Königschaffhausen, Endingen-Königschaffhausen

Geschäftsführer:
Willi Merkle,
weitere
Ansprechpartner:
Kellermeister
Helmut Staiblin

7833 Endingen-Königschaff-hausen
☏ 0 76 42/10 03

Bestockte Rebfläche
170 ha

Spezialität:
Grauburgunder trocken in frischer Art

Anfahrt:
A 5, Abfahrt Riegel

Erstmals bei der DLG-Bundes-weinprämierung 1962

Der Ort ist in das Grün seiner Obstbäume und Weingärten gebettet, und Grün ist auch der Bewuchs des Winzergebäudes an der langgestreckten Dorfstraße. Die Trauben der hier angebotenen Weine werden von 330 Mitgliedswinzern auf 170 Hektar Löß- und Lößlehmböden erzeugt und – mit steigender Tendenz – zu 35% trocken ausgebaut. Auch der ohnehin schon hohe Anteil von 50% halbtrockenen Weinen steigt noch.

Mit Müller-Thurgau (40%), Spätburgunder (30%), Ruländer (20% – neuerdings auch als «Grauburgunder trocken» in frischerer Art angeboten) und Weißburgunder (6%) beherrschen vier bewährte Rebsorten die Weinliste. Zur Preisorientierung: Spätburgunder Weißherbst kostet zur Zeit 7,40 DM. Zur Besichtigung des alten Gewölbekellers wie auch des modernen Edelstahl-Lagers und zur Probe werden bis zu 40 Weinfreunde an Wochentagen gern erwartet.

Staatliches Weinbauinstitut, Freiburg

Besitzer:
Land Baden-Württemberg,
Referatsleiter:
Erich Weiss

7800 Freiburg
Merzhauser Straße 119
☏ 07 61/ 40 90 26

Bestockte Rebfläche
12,5 ha

Anfahrt:
A 5, Abfahrt Freiburg-Mitte, Richtung Merzhausen

Erstmals bei der DLG-Bundesweinprämierung 1951

Keine Frage, daß eine Versuchs- und Forschungsanstalt für Weinbau und Weinbehandlung auch selbst in die Praxis gehen muß. So werden im Freiburger Institut die Weine von drei Rebgütern (Freiburg, Müllheim und Hecklingen) mit zusammen 12,5 Hektar Fläche ausgebaut. (Weitere Güter in Ihringen-«Blankenhornsberg» und Durbach). Das Besondere des Freiburger Weinausbaus: Es gibt nur trockene (70%) und halbtrockene (30%) Weine.

Die vorwiegend in Stahl, aber auch in Beton- und Holzgebinden gelagerten Weine kommen zwangsläufig aus zahlreichen Rebsorten, wobei trockene Spätburgunder und Rieslinge als Spezialität des Instituts gelten. (Spätburgunder Kabinett kostet pro Flasche 8,50 DM.)

Da das Institut wie ein normales Weingut wirtschaftet und der Endverbraucher Hauptkunde ist, sind Besucher (max. 40 Personen) an Arbeitstagen zu Proben willkommen.

Staatliches Weinbauinstitut, Freiburg, Versuchsrebgut Durbach

Besitzer:
Land Baden-Württemberg,
Referatsleiter:
Erich Weiss

Postanschrift
7800 Freiburg
Merzhauser Straße 119
☎ 07 81/4 22 41

Bestockte Rebfläche
2,7 ha

Spezialität:
Auslesen, Beerenauslesen und Eisweine

Anfahrt:
A 5, Abfahrt Offenburg

Erstmals bei der DLG-Bundesweinprämierung 1953

Das Durbacher Gut gehört, wie einige andere in Baden, zum Staatlichen Weinbauinstitut in Freiburg. Es wird mit seinen 2,7 Hektar Granitverwitterungsböden wie ein normales Weingut geführt und setzt seinen Wein zu 90% an Endverbraucher ab.

Haupt-Rebsorten sind mit jeweils rund 18% Anteil Traminer (Clevner), Riesling und Spätburgunder sowie Müller-Thurgau mit einem 10-Prozent-Anteil. Während man sich in Freiburg selbst auf trockene Weine spezialisiert hat, wird hier um hohe Öchsle-Grade gekämpft, damit aus der Spitzenlage «Steinberg» möglichst Spitzenweine ab Auslese aufwärts erzielt werden können. Ausbau in «Holz» und «Stahl» (75%). Der «Lieblich»-Anteil liegt bei 70%. Halbtrokkene Weine gibt es nicht, der «Trocken»-Anteil steigt.

Riesling Kabinett zu 9 DM. Proben in kleinem Kreis (maximal 15 Personen) an Arbeitstagen.

Vorderes Kinzigtal Winzergenossenschaft eG, Gengenbach

Geschäftsführer:
Nikolaus Haas

7614 Gengenbach
Börsiglachen-
weg 2
☏ 0 78 03/20 36

Bestockte
Rebfläche
150 ha

Spezialität:
Halbliter- und
Doppelmagnum-
flaschen

Anfahrt:
A 5, Abfahrt
Offenburg

Gengenbach ist einer der Ortenauer-Bilderbuchorte, hochgelegen schon in den Schwarzwald-Vorbergen, aber nach Norden durch das «Hausgebirgsmassiv» namens «Moos» geschützt. Nach Süden öffnet sich das Kinzigtal, das dem Weinbau der Genossenschaft mit ihren 330 Mitgliedern und den, ebenso auf mehrere Orte verteilten, 150 Hektar Rebfläche Weinbaumöglichkeit – und Namen gegeben hat. Müller-Thurgau, Spätburgunder, Ruländer und Riesling sind die wichtigsten Rebsorten, die hier an den Hängen (70% Steillage!) gedeihen. Sie werden in Stahltanks und Holzfässern zu 30% trocken, zu 50% halbtrocken und zu 20% lieblich ausgebaut.

Seit der Umsiedlung an den Ortsrand ist auch für große Besuchergruppen bis 120 Personen ausreichend Platz (kein Ruhetag). Halbliter- (Trockenbeerenauslese und Eiswein) und Doppelmagnum-Flaschen gehören zum Angebot. Riesling Kabinett kostet 7,50 DM.

Erstmals bei der
DLG-Bundes-
weinprämierung
1955

Winzergenossenschaft Glottertal eG, Glottertal

Geschäftsführer:
Edgar Scherzinger

7804 Glottertal
Winzerstr. 2
☏ 0 76 84/3 39

Bestockte Rebfläche 60 ha

Spezialität: qualitätsorientierter Anschnitt

Anfahrt: Über B 3 und B 294 nach Denzlingen, dann Richtung Glottertal

Erstmals bei der DLG-Bundesweinprämierung 1958

Das Glottertal ist nicht erst seit der Fernsehserie «Schwarzwaldklinik» sehenswert, – die Freunde badischer Rotweine kannten auch lange vorher den «Roten Bur». Dieser Lagenname paßt sehr fein zum Spätburgunder, der rund 80% der 60 Hektar Genossenschafts-Rebfläche bedeckt.

Die 147 Mitglieder bewirtschaften auch den «Eichberg» und pflanzen neben ihrem Rotwein Ruländer (13%), Müller-Thurgau, Gewürztraminer und Riesling. Die Erträge sind mit rund 60 hl/ha recht niedrig.

Besonders bekannt ist der Weißherbst aus dem Glottertal, der jetzt 8 DM je Flasche Kabinett kostet – zum guten Teil «trocken». Der «Trokken»-Anteil (jetzt 30%) steigt zuungunsten der «Lieblichen» (10%).

Gäste sind zu Weinproben – bis 100 Personen – jederzeit willkommen.

Winzerverein Hagnau eG, Hagnau

Geschäftsführer:
Franz Gutemann

7759 Hagnau
Im Hof 3
☏ 0 75 32/62 17

Bestockte Rebfläche 130 ha

Spezialität: höchstgelegener Weinbau in Deutschland

Anfahrt: B 31, zwischen Überlingen und Friedrichshafen

Erstmals bei der DLG-Bundesweinprämierung 1963

Er war Pfarrer und Volksschriftsteller, berühmt aber wurde er als Weinbauförderer. Sein Wahlspruch: «Wer den Bodenseewein nicht trinkt, kennt ihn nicht.» Dr. Heinrich Hansjakob suchte nach neuen Wegen, um diesen Wein besser zu vermarkten, und der wichtigste Schritt dazu war die Gründung einer Winzergenossenschaft im Jahre 1881. Er beließ es nicht dabei, sondern reiste auch als Weinverkäufer durch die Lande.

Heute bewirtschaftet dieser Winzerverein als älteste Genossenschaft Badens 130 Hektar Rebland; ihr Wein verkauft sich dank des guten Tourismus fast von selbst. Es sind vorwiegend Müller-Thurgau (65% Anteil) und Spätburgunder (30% – weitgehend als «Weißherbst»), die zu 35% «trocken», zu 45% «halbtrocken» (steigend) und zu 20% «lieblich» verkauft werden. Eine Flasche Spätburgunder Weißherbst Kabinett kostet 8,20 DM. Proben an Werktagen für maximal 50 Personen.

Kaiserstühler Winzergenossenschaft eG, Ihringen

Geschäftsführer: Walter Fotteler, weiterer Ansprechpartner: Manfred Herlan

7817 Ihringen 1
Postfach 60
☏ 0 76 68/6 22

Bestockte Rebfläche 420 ha

Spezialität: Holzfaßkeller mit 1,2 Millionen Liter Kapazität

Anfahrt: A 5, Abfahrt Riegel, Richtung Breisach

Erstmals bei der DLG-Bundesweinprämierung 1951

Die «Ihringer» haben einen sehr schön anzusehenden Holzfaßkeller, der 1,2 Millionen Liter Wein faßt und mit Spätburgunder und Ruländer – (als «Grauburgunder» trocken, frisch) – gut genutzt wird. Beeindruckender bei dieser großen WG ist jedoch die Vielzahl der kleinen und kleinsten Edelstahltanks, die auf individuellen Ausbau hindeuten. Ähnlich begeisternd die sehr erfolgreiche «Winzerstube», ein Hotel-Restaurant mit bester Regional-Küche im WG-Besitz.

Die Kenndaten der WG: 420 Hektar Löß-, Lößlehm- und Vulkanverwitterungsböden im Besitz von 930 Mitgliedern. Haupt-Rebsorten: Silvaner (37% Anteil), Spätburgunder (23%), Müller-Thurgau (22%), Ruländer (15%). Preisorientierung: Silvaner Kabinett 6,20 DM. Geschmacksrichtung: Trocken 40% (steigend), halbtrocken 40%, lieblich 20% (fallend). Weinproben im «wärmsten Ort Deutschlands» an Werktagen – bis 80 Personen.

Winzerverein Reichenau eG, Insel Reichenau

*Geschäftsführer:
Alfons Beck,
weiterer
Ansprechpartner:
Hubert Sättele*

*7752 Insel
Reichenau
Münsterplatz 4
☏ 0 75 34/2 93*

*Bestockte
Rebfläche
11 ha*

*Spezialität:
80% trocken
ausgebaute
Weine*

*Anfahrt:
Über Konstanz*

*Erstmals bei der
DLG-Bundes-
weinprämierung
1985*

Sie wirtschaften als einzige ausschließlich auf einer Insel, gehören mit nur elf Hektar bestocktem Rebland (50% Müller-Thurgau, 35% Spätburgunder, Ruländer 5%) zu den kleinsten Genossenschaften – und haben eine große Tradition. Das gilt nicht nur für den Verein, der 1896 gegründet wurde, sondern noch mehr für den Weinbau auf der Insel, den Abt Ermenrich von Ellwangen schon im neunten Jahrhundert reimend pries. Den ehemaligen Klosterkeller nutzen heute die 53 Genossenschaftsmitglieder – und bauen dort in Holz und Stahl alle Weine trocken (80%) und halbtrocken aus.

Die vergleichsweise kleine Weinmenge aus der Lage «Hochwart» wird von den Inselgästen entweder in der ansässigen Gastronomie oder zu Hause getrunken. Dennoch sind Proben des Inselweins auf Anfrage möglich. Es handelt sich weitgehend um Qualitätswein, die Flasche Müller-Thurgau zum Preis von 7,50 DM.

Winzergenossenschaft Kappelrodeck eG, Kappelrodeck

Geschäftsführer:
Walter Oberle,
weiterer
Ansprechpartner:
Kellermeister
Robert Schnurr

7594 Kappelrodeck
Waldulmer Straße 41
☏ 0 78 42/ 17 15/35

Bestockte Rebfläche 127 ha

Spezialität: Ausbau in kleinen Holzfässern

Anfahrt: A 5, Abfahrt Achern

Erstmals bei der DLG-Bundesweinprämierung 1951

Den heute 260 Genossenschaftsmitgliedern hat ein freundliches Winzerschicksal einige wichtige Marketingvorteile geschenkt: Die herrliche Lage ihres Ortes; die Tatsache, daß sie nur einen Lagennamen haben, der zudem dank einer Sage sehr griffig ist: «Hex vom Dasenstein»; und schließlich 127 Hektar Granitverwitterungsboden, ideal für den Spätburgunder.

Für andere Pluspunkte hat die WG selber gesorgt: 70% Anteil der Haupt-Rebsorte Spätburgunder und daneben mit Müller-Thurgau, Ruländer, Traminer, Kerner und Riesling fünf bewährte Rebsorten. Der «Trocken»-Anteil hat sich in fünf Jahren auf 40% verdoppelt (40% halbtrocken – beide Anteile weiter steigend). Klare Weinkartengliederung nach Rebsorten, erfreuliche Jahrgangsauswahl, rote Beerenauslese und trockener Barrique-Wein. Probenmöglichkeit nach Anmeldung – und bis zu 150 Personen.

Winzergenossenschaft Waldulm/Baden eG, Kappelrodeck-Waldulm

Geschäftsführer: Hubert Zimmermann, weiterer Ansprechpartner: Ludwig Müller

7594 Kappelrodeck-Waldulm
☏ 0 78 42/4 66

Bestockte Rebfläche 110 ha

Spezialität: 85% des Anbaus Blauer Spätburgunder

Erstmals bei der DLG-Bundesweinprämierung 1954

Das Rotweindorf Waldulm ist für seine Hauptsorte Blauer Spätburgunder bekannt, den die Genossenschaft zu 85% (!) anbaut, ein – auch in Baden – ungewöhnlich hoher Anteil. Das Vorgebirge des Schwarzwaldes mit seinen steilen Hängen aus granitenen Urgesteinsböden bietet ideale Voraussetzungen für den «Waldulmer Roten». Weißweinreben im Anbau sind Müller-Thurgau (10%) und Ruländer (4%).

Die erste urkundliche Erwähnung des Ortes ist für das Jahr 1244 als «Gemeinde Walulma in der Diözese Strassburg» belegt. Die 1928 vom Dorfpfarrer Wilhelm Fichter und 46 Winzern gegründete Genossenschaft zählt heute 195 Mitglieder und verfügt über eine Kellerei mit 2,6 Millionen Liter Lagerkapazität und modernsten Anlagen, die die Ernten von Waldulm und Mösbach erfaßt. Seit 1971 werden die Weine unter der Ortsbezeichnung Waldulm und den Einzellagenbezeichnungen Pfarrberg und Kreuzberg als Fla-

Ausbau hauptsächlich in Holzfässern, Rotweine im Drucktankverfahren

Boden: Urgesteinsverwitterung

Anfahrt: A 5, Abfahrt Achern

schenweine vermarktet. Die namengebende alte Lage Pfarrberg ist heute noch im Besitz der erzbischöflichen Verwaltung und gilt seit langem als eine der besten Burgunderlagen Deutschlands. Der Spätburgunder Rotwein wird von Kellermeister Ludwig Müller hauptsächlich im Drucktankverfahren gewonnen und überwiegend in Holzfässern ausgebaut. Die Genossenschaft liefert Weine aller Geschmacksrichtungen (je 30% trocken und lieblich, 40% halbtrocken). Abnehmer sind vorrangig Handel und Gastronomie, ein Viertel des Weines geht direkt an Verbraucher. Hauptabsatzgebiete sind Baden-Württemberg, Hessen und Nordrhein-Westfalen.

Eine Flasche Spätburgunder Rotwein Kabinett kostet 8,90 DM, ebenso ein Spätburgunder Weißherbst Kabinett.

Weinproben sind, außer am Samstagnachmittag und am Sonntag, für bis zu 50 Personen möglich. Anfahrt über die Autobahn Karlsruhe – Basel, Abfahrt Achern.

Weinkellerei Willi Metzger, Kirchzarten

Besitzer:
Jürgen Metzger,
weiterer
Ansprechpartner:
Conrad Isele

7815 Kirchzarten
Hauptstr. 43
☏ 0 76 61/8 40

Bestockte
Rebfläche
25 ha

Spezialität:
Spätburgunder
Rotweine

Kirchzarten ist zwar als Schwarzwald-Erholungsort bekannt, aber in keinem Weinatlas zu finden. Dennoch gibt es dort eine der größeren badischen privaten Weinkellereien, deren Weine als Erzeugerabfüllung auf die Flasche kommen. Das nach dem Krieg gegründete Weinhaus hat Abnahmeverträge mit 28 Winzern aus dem Gebiet Kaiserstuhl/Tuniberg und dem Markgräflerland, die von 25 Hektar Rebfläche ihre Trauben zum Ausbau nach Kirchzarten liefern.

Die Weine werden dort sortenrein und entweder trocken oder lieblich ausgebaut. Halbtrokkene Weine sind bisher nicht im Programm, der «Trocken»-Anteil von jetzt 60% steigt weiter. Im vielfältigen Lagen- und Sorten-Angebot gibt es zwei Besonderheiten: Der Spätburgunder-Rotwein wird Maische vergoren und, ebenso wie der Graue Burgunder, im Holzfaß ausgebaut. Gutedel Kabinett um 7 DM. Proben bis 35 Personen nach Anmeldung.

Anfahrt:
A 5, Abfahrt
Freiburg-Mitte,
Richtung
Titisee-Neustadt

Erstmals bei der
DLG-Bundes-
weinprämierung
1973

Staatliches Weinbauversuchsgut, Lauda

Besitzer:
Land Baden-Württemberg,
Verwalter:
Werner Vögtin

6970 Lauda-Königshofen
Rebgutstr. 80
☏ 0 93 43/12 10

Bestockte Rebfläche
6 ha

Spezialität:
Badische Weine im Bocksbeutel

Anfahrt:
A 81, Abfahrt Bad Mergentheim

Erstmals bei der DLG-Bundesweinprämierung 1961

Lauda gehört zum Badischen Frankenland, wo es badische Weine in Bocksbeuteln gibt. Die schöne Stadt liegt am Rande des Weinbaugebietes, und wenn der dort geborene, letzte badische Staatspräsident Dr. Josef Schmitt 1930 seiner Heimatstadt nicht das Versuchsgut beschert hätte, gäbe es dort möglicherweise keinen Weinbau mehr.

Heute bewirtschaftet das Gut etwa die Hälfte der 12 Hektar örtlichen Reblandes (Muschelkalk), baut vorwiegend Müller-Thurgau (30%), Kerner (20%), Bacchus (15%) und Weißen Burgunder (10%) an, arbeitet sehr intensiv auf den Gebieten Sortenprüfung und Frostresistenz – und verkauft fast alle Weine an den Endverbraucher. (Kerner Kabinett zu 8 DM.)

Die in Stahl und Kunststoff ausgebauten Weine können im Haus probiert werden (bis 45 Personen).

Winzergenossenschaft Beckstein eG, Lauda-Königshofen-Beckstein

Geschäftsführer:
Bernhard Stahl

6970 Lauda-
Königshofen
Weinstraße 30
☏ 0 93 43/6 11

Bestockte
Rebfläche
320 ha

Spezialität:
vier verschiedene
Bocksbeutel-
größen

Anfahrt:
A 81, Abfahrt
Tauberbischofs-
heim

Erstmals bei der
DLG-Bundes-
weinprämierung
1959

Die Becksteiner Genossenschafter dürfen im Bocksbeutel abfüllen und können sich auch sonst gut sehen lassen – mit ihrer feinen Gebäudefront, ihrer gediegenen Eingangshalle, ihrem gemütlichen Ort natürlich, und mit den Weinbergen, die buchstäblich ringsum im lieblichen Taubertal liegen und weitgehend von ihnen bearbeitet werden.

320 Hektar Muschelkalkböden haben die 550 Mitglieder bestockt, meist mit Müller-Thurgau (75%) und Kerner (10%). Als Rotwein pflanzen sie den Schwarzriesling (Müllerrebe). Aus dem Kerner wird auch flaschenvergorener Sekt hergestellt, die beiden Leitsorten gibt es in vier verschiedenen Bocksbeutelgrößen von 0,25 bis 3 Liter (0,7 l-Flasche Müller-Thurgau Kabinett zu 7,30 DM). 60% aller Weine sind trocken, 30% halbtrocken. – Proben nach Anmeldung jederzeit.

Weingut/Weinkellerei Adam Müller, Leimen

Besitzer:
Dr. Erich Müller und Helmut Müller

6906 Leimen
Postfach 11 27
☏ 0 62 24/ 7 10 44/45

Bestockte Rebfläche
15 ha

Spezialität:
Muskat Ottonel und Portugieser

Anfahrt:
A 5, Abfahrt Heidelberg-Schwetzingen, weiter über L 600

Erstmals bei der DLG-Bundesweinprämierung 1954

Der Traditionsbetrieb (Weinbau seit 1735) hat 15 Hektar Rebland auf verwittertem Kalkstein- und Lößlehmboden in Besitz, erzeugt und vermarktet aber darüber hinaus Weine, die aus den 100 Hektar Weinbergen der Erzeugergemeinschaft «Winzergilde Badische Bergstraße/Kraichgau» kommen. Die Eigengewächse reifen in Leimen und Heidelberg, Nussloch und Mühlhausen. Sie tragen – mit Anteilen zwischen 25 und 10% – die Sortennamen Riesling und Müller-Thurgau, Weißburgunder und Ruländer, Silvaner und Spätburgunder. Als Spezialitäten für die Region stehen jedoch auch Muskat Ottonel und Portugieser ebenso auf der Weinliste wie zwei Brut-Sekte aus Leimener Lagen, aus den Rebsorten Riesling (Flaschengärung) und Weißburgunder. Die Weine werden in Holz- und Stahlgebinden zu 40% trocken, zu 50% halbtrocken und zu 10% lieblich ausgebaut. Weinproben sind jederzeit für bis zu 35 Personen möglich.

Markgräfler Winzergenossenschaft eG, Müllheim

Geschäftsführer:
Peter Gries

7840 Müllheim
Werderstr. 51
☎ 0 76 31/40 74

Bestockte Rebfläche 110 ha

Spezialität: Markgräfler Gutedel

Anfahrt: A 5, Abfahrt Müllheim-Neuenburg

Die 153 Mitglieder der Winzergenossenschaft haben alles vom Feinsten: Den Keller mit seinen Gewölben, seinen Holzfässern und seinem Probenraum, die Küferwerkstatt zum Anschauen und Anfassen, den Verkaufsraum, den traumschönen Innenhof. 1976 hatte die WG das Glück, den «Lindenhof», Stammhaus der bekannten Winzerfamilie Blankenhorn, kaufen zu können. Sie hat diesen Glücksfall genutzt, stilrein Historisches erhalten und behutsam solides Neues hinzugefügt. Daß bei 110 Hektar Weinbergen auch eine moderne Kellerei dazugehört, ist ebenso selbstverständlich wie die Tatsache, daß hier, mitten im Markgräfler Land, der Gutedel mit 32% Anteil den Rebsortenspiegel anführt. Es folgt der Müller-Thurgau (25%) vor Spätburgunder (17%), Nobling (9%) und Ruländer (8%). Etwa 60% der Weine werden trokken ausgebaut. Ein Gutedel Kabinett kostet um 6,50 DM. Besucher sind, nach Anmeldung, auch samstags und sonntags willkommen.

Erstmals bei der DLG-Bundesweinprämierung 1957

Winzergenossenschaft Britzingen/Markgräflerland eG, Müllheim-Britzingen

Geschäftsführer:
Bernhard
Renkert

7840 Müllheim-
Britzingen
Markgräfler
Straße 25–27
☏ 0 76 31/
40 11/12

Bestockte
Rebfläche
180 ha

Spezialität:
im Holzfaß
ausgebaute
Weißburgunder

Anfahrt:
A 5, Abfahrt
Bad Krozingen,
B 3 Richtung
Müllheim

Erstmals bei der
DLG-Bundes-
weinprämierung
1956

Die 232 Genossenschaftswinzer aus Britzingen, Dattingen und Zunzingen bieten ihren Kunden vom Landwein bis zur Trockenbeerenauslese ein breites Rebsorten- und Geschmacksspektrum. Zu den Rebsorten: Auf den 180 Hektar Löß-, Lehm- und sandigen Lehmböden wächst mit 40% Anteil der Gutedel, zu 22% der Müller-Thurgau und zu 15% der Spätburgunder, der seinen Anteil in den zurückliegenden fünf Jahren auf 15% verdoppeln konnte. Er wird als Rotwein mit der traditionellen Maischegärung erzeugt, und, wie die Weißburgunder, im Holzfaß ausgebaut (ansonsten Stahlgebinde). Der Betrieb liegt günstig im Ort; die Besucher, vor allem aus den umliegenden Kurorten, sind außer an Sonntagen häufig zur Weinprobe im Hause (Platz für 200 Personen!). Sie verlangen zunehmend trokkene Weine (Anteil heute bei fast 60% – «halbtrocken» 20%) und zahlen zum Beispiel für eine Flasche Gutedel Kabinett 6,40 DM.

Weingut/Weinkellerei Ernst und Karl-Friedrich Behringer, Müllheim-Britzingen

Besitzer:
Ernst Behringer und Karl-Friedrich Behringer

7840 Müllheim-Britzingen
Markgräfler Straße 43
☎ 0 76 31/29 68

Bestockte Rebfläche 13 ha

Spezialität: trockene Weißburgunder Spätlese

Anfahrt: A 5, Abfahrt Müllheim-Neuenburg

Erstmals bei der DLG-Bundesweinprämierung 1957

Für den Ausbau der Weine sorgt Karl-Friedrich Behringer. Sein Bruder Ernst ist – zusammen mit den beiden Ehefrauen – vor allem für die Arbeit in den Weinbergen zuständig. Im Rahmen einer Erzeugergemeinschaft erfassen die Behringers 33 Hektar, ein gutes Drittel davon sind eigene Weinberge. Auch in der Familie wird viel Wein getrunken, Favorit ist dabei ein trockener Gutedel (45% Anbauanteil); Karl-Friedrich empfiehlt ihn besonders zu Fisch und leichten Speisen. Als Begleiter zu kräftigen Gerichten rät er zu einer trockenen Weißburgunder Spätlese oder einem im Holzfaß ausgebauten Spätburgunder (28% Anbauanteil).

Die Familie ist seit Jahrhunderten dem Weinbau verbunden. In den 200 Jahre alten Gebäuden sind interessierte Weinfreunde zu Weinproben willkommen. Für eine Flasche Gutedel Kabinett müssen sie 6,40 DM anlegen.

Winzergenossenschaft Hügelheim eG, Müllheim-Hügelheim

Geschäftsführer und Kellermeister: Werner Bromberger

7840 Müllheim-Hügelheim
Basler Str. 12
☎ 0 76 31/40 20

Bestockte Rebfläche 62 ha

Spezialität: hoher Prozentsatz Ausbau im Holzfaß

Anfahrt: A 5, Abfahrt Müllheim-Neuenburg

Erstmals bei der DLG-Bundesweinprämierung 1960

Während andere Weinerzeuger das zwischenzeitlich weitgehend zur Dekoration genutzte Holzfaß erst in jüngster Zeit für bestimmte Rebsorten und Ausbauarten beziehungsweise Geschmacksakzente wiederentdecken, haben die rund 100 Hügelheimer Genossenschaftsmitglieder ihren großen Holzfaßbestand ohne Unterbrechung genutzt. Neben anderen Sorten werden nach wie vor der Rotwein und der Weißherbst aus Spätburgunder-Trauben grundsätzlich im Holzfaß ausgebaut – sehr häufig trocken, denn die Nachfrage steigt deutlich. Aktueller Stand: 38% Trokken, 42% Halbtrocken, 20% Lieblich. Gutedel (38%), Müller-Thurgau (34%) und Spätburgunder (13%) sind die Hauptsorten auf den 62 Hektar Löß- und Lößlehm-Böden. Nobling, Ruländer, Silvaner, Weißburgunder und Gewürztraminer haben kleine Anteile. Ein Gutedel-Kabinett kostet 6,40 DM. Proben jederzeit – bis 50 Personen.

Renchtäler Winzergenossenschaft eG, Oberkirch

Geschäftsführer:
Otto Wiegert

7602 Oberkirch
Renchener
Str. 42
☏ 0 78 02/30 44

Bestockte
Rebfläche
430 ha

Spezialität:
«Klingelberger»
(örtliche
Bezeichnung
für Riesling)

1951 setzten sich 21 Winzer aus einigen Orten rund um Oberkirch zusammen und gründeten eine Winzergenossenschaft. Die Gemeinschaft erwarb im Jahr darauf ein ehemaliges Brauereigebäude und nahm darin einen ungewöhnlich steilen Aufschwung: 640 Winzer aus 12 Orten bringen jetzt ihe Trauben von 430 Hektar Granitverwitterungsböden in die WG ein. Der größte Anteil (32%) kommt vom Spätburgunder, der zweitgrößte (28%) vom Müller-Thurgau, und auf Platz drei folgt der Riesling mit 25% Anteil und stetigem Zuwachs. Ruländer (9%), Traminer («Clevner» – 5%) und Gewürztraminer (1%) ergänzen den Sortenspiegel.

Jeweils 40% der Weine werden trocken und halbtrocken angeboten, 20% lieblich. Eine Flasche Riesling – als «Klingelberger» – Kabinett kostet 8 DM. Weinproben werden für Gruppen von mindestens 12 Personen (maximal 70) nach vorheriger Anmeldung durchgeführt.

Anfahrt:
A 5, Abfahrt
Appenweier

Erstmals bei der DLG-Bundesweinprämierung 1954

Winzergenossenschaft Fessenbach, Offenburg-Fessenbach

Geschäftsführer:
Paul Bächle,
weiterer
Ansprechpartner:
Alfred Bär

7600 Offenburg-
Fessenbach
Am
Winzerkeller 2
☏ 07 81/3 20 06

Bestockte
Rebfläche
55 ha

Spezialität:
Ruländer

Anfahrt:
A 5, Abfahrt
Offenburg

Erstmals bei der
DLG-Bundes-
weinprämierung
1954

Zum «Fünfzigsten» der Genossenschaft machten sich die Winzer selbst ein Geschenk. Sie ernteten eine Ruländer-Trockenbeerenauslese des Jahrgangs 1979 mit einem Mostgewicht von 168 Grad Öchsle, Rekord des Bereichs Ortenau in jenem Jahr.

Tatsächlich sind die lieblichen Weine auch in den anderen Qualitätsstufen «Spezialität des Hauses»: 65% des Weinangebotes wird so ausgebaut, 20% halbtrocken und 15% trocken.

Größter Kunde ist die Gatronomie; verbreitetste Rebsorte mit 45% Anteil der Müller-Thurgau. Auf den 55 Hektar Granitverwitterungsböden bauen die 182 Mitgliedswinzer außerdem Ruländer (20%), Spätburgunder, Riesling, Silvaner und einige weitere Rebsorten an. Als Spezialität aus der Lage «Bergle» gilt der Ruländer (Kabinett 7,25 DM). – Proben bis 40 Personen jederzeit möglich.

Winzergenossenschaft Rammersweier eG, Offenburg-Rammersweier

Geschäftsführer:
Franz Schülle

7600 Offenburg-
Rammersweier
Weinstraße 87
☏ 07 81/3 14 24

Bestockte
Rebfläche
52 ha

Spezialität:
regionaltypische
Müller-Thurgau-
Weine

Anfahrt:
A 5, Abfahrt
Offenburg

Erstmals bei der
DLG-Bundes-
weinprämierung
1955

Als der spätere Ortsbürgermeister von Rammersweier 1926 für die Gründung einer Genossenschaft im Dorf sorgte, mußten die ersten 29 Mitglieder ihre Weine noch in vier verschiedenen Privatkellern einlagern. Ein wenig von der dörflichen Idylle jener Zeit ist auch heute noch zu spüren; inzwischen ist Rammersweier jedoch Ortsteil von Offenburg, und die WG hat längst ihr eigenes Gebäude. 130 Mitglieder bewirtschaften jetzt 52 Hektar Löß- und Lehmböden.

Müller-Thurgau – Stahl – halbtrocken: mit diesen Kennworten kann man das Programm der Genossenschaft charakterisieren: 63% der Anbaufläche sind mit Müller-Thurgau bestanden (Spätburgunder 18%, Riesling 12%). Alle Weine werden im Stahltank ausgebaut. 60% sind halbtrocken (30% trocken, 10% lieblich). Der Müller-Thurgau Kabinett kostet 6,60 DM; zur Weinprobe sind bis zu 70 Personen immer willkommen.

Winzergenossenschaft Zell-Weierbach eG, Offenburg-Zell-Weierbach

Geschäftsführer:
Max Härtenstein,
weiterer Ansprechpartner:
Kellermeister Willi Litterst

7600 Offenburg-Zell-Weierbach
Schulstraße 5
☏ 07 81/3 47 73

Bestockte Rebfläche 104 ha

Spezialität:
sehr hoher Anteil Spätburgunder

Anfahrt:
A 5, Abfahrt Offenburg

Erstmals bei der DLG-Bundesweinprämierung 1960

Eine «Spätburgunder-WG»? – Mit Sicherheit ja, wenn im deutschen Sortenspiegel von dieser Rebsorte nur 4% verzeichnet sind, hier aber 45%. Darüber hinaus: 38% Müller-Thurgau, 10% Riesling, 5% Ruländer, klassische Rebsorten also. Von Hängen kommen sie alle, Flaches gibt es rund um Zell-Weierbach nicht. «Abstberg» heißt die Lage und ein «Abstberger» ist urkundlich seit 1245 schon als Rotwein bekannt. Heute also «Spätburgunder». Der Kabinettwein kostet um 9 DM.

Älteste Rotweinlage, älteste Genossenschaft der Ortenau (1923 gegründet). Jetzt hat sie 308 Mitglieder, die 104 Hektar bewirtschaften. Ausbau: 80% Trocken und Halbtrocken. Der Riesling heißt traditionell «Klingelberger», und «Ruländer» wird in seiner trockenen Version als «Grauburgunder» angeboten. Weitere Besonderheiten, wie die «Weißherbst Beerenauslese», werden gern gepflegt.

Weinbauversuchsgut Schloß Ortenberg des Ortenaukreises

Besitzer:
Ortenaukreis,
Betriebsleiter:
Herbert Dresel

7601 Ortenberg
Burgweg 19a
☎ 07 81/3 48 48

Bestockte Rebfläche 7,5 ha

Spezialität:
Rotwein-Ausbau im Holzfaß

Integrierter Pflanzenschutz, Versuche mit Dauerbegrünung oder Klonenzüchtung sind einige der Aufgaben dieses Versuchsgutes mit dem ungewöhnlichen Besitzer namens «Ortenaukreis». Daß es dabei letztlich um eine gute Weinqualität geht, ist selbstverständlich. Die Erzeugung von überdurchschnittlich vielen Prädikatsweinen bedeutet aber eine besondere Zielsetzung des Gutes. 7,5 Hektar Granitverwitterungsboden, vorwiegend im Steilhang, bieten dazu gute Voraussetzungen. Spätburgunder reift im Holzfaß, ansonsten wird vorwiegend im Stahltank ausgebaut. Neben dem «Roten» haben Riesling, Müller-Thurgau und Traminer/Gewürztraminer wesentliche Anbauanteile zwischen 14 und 20%. 60% dieser Weine kommen mit deutlicher Restsüße «lieblich» auf die Flasche, 35% trocken. Hauptkunde ist der Endverbraucher. Der Riesling Kabinett kostet 9 DM. Proben sind für Gruppen bis 80 Personen nach Voranmeldung möglich.

Anfahrt:
A 5, Abfahrt Offenburg, B 33 Richtung Gengenbach

Erstmals bei der DLG-Bundesweinprämierung 1956

Winzergenossenschaft Ortenberg eG, Ortenberg

Geschäftsführer:
Alfred Idelhauser

7601 Ortenberg
Postfach 50
☏ 07 81/3 12 82

Bestockte Rebfläche 65 ha

Spezialität:
Freudentaler Gewürztraminer, fünf Flaschengrößen

Anfahrt:
A 5, Abfahrt Offenburg, B 33 Richtung Gengenbach

Erstmals bei der DLG-Bundesweinprämierung 1958

Eine Lage («Freudental»), ein Boden (verwitterter Granit), eine Gebindeart (Stahl), ein selbständiges Dorf, 226 Winzer mit 65 Hektar Rebland, fünf Flaschengrößen (1,0, 0,7, 0,5, 0,35 und 0,25 l) sowie vier führende Rebsorten, die mit Erfolg weitgehend lieblich ausgebaut werden.

Die Genossenschaft hat sich auf Müller-Thurgau, Deutschlands verbreitetste Rebsorte mit hier 40%, Spätburgunder mit 20%, Riesling (in der Ortenau «Klingelberger») und Ruländer (trocken als «Grauburgunder») mit je 10% konzentriert. Daneben gibt es Silvaner, Kerner, Scheurebe und Traminer, den man in der Ortenau als «Clevner» kennt. Der «Stolz des Hauses» aber ist der opulent aromatische Gewürztraminer.

Gäste probieren – außer sonntags – im kleinen, hauseigenen Weinmuseum (Müller-Thurgau Kabinett um 7 DM). Bis zu 50 Personen haben dort Platz; der Trend geht merklich zum «Trockenen», der bisher 23% Umsatzanteil hat.

St. Andreas Hospital Fonds Weingut Stadt Offenburg, Ortenberg-Käfersberg

Besitzer:
Stadt Offenburg,
Betriebsleiter:
A. Decker

7601 Ortenberg-Käfersberg
Steingrube 7
☏ 07 81/3 11 11

Bestockte Rebfläche
30,5 ha

Ausbau:
in Stahlgebinden

Boden:
Urgestein-verwitterungs-boden,
Löß-Lehm-Böden

Erstmals bei der DLG-Bundes-weinprämierung 1955

Offenburg gehört zu den wenigen Städten Deutschlands, die ein eigenes Weingut besitzen: Schön zum Anschauen, mitten in den Weinbergen, und eine geschichtträchtige Vergangenheit. Im Jahre 1300 gründete die Offenburger Bürgerschaft ein Krankenhaus für die Armen, das «St. Andreas Hospital». Es übernahm auch die Aufgabe eines Altenheims und wurde, dank zahlreicher Stiftungen, mit wachsendem Grundbesitz zu einem wichtigen Wirtschaftsfaktor der Stadt. So entstand auch das Weingut, dessen Kellerordnung aus dem Jahre 1829 zeigt, mit welcher Sorgfalt schon damals die «Andreastropfen» erzeugt wurden.

Heute gehören dem Stiftungs- und Stadtweingut 30 Hektar Weinberge mit Granitverwitterungsböden im «Andreasberg» und Löß-Lehm-Böden im «Fürsteneck». Flachlagen gibt es dort nicht; jeweils die Hälfte der Fläche ist steil und hängig. Darauf wachsen Müller-Thurgau (35%

Anteil), Riesling (17%), Spätburgunder (17%), Kerner (6%), Gewürztraminer (5%), Scheurebe (2%) und auch der in Deutschland seltene Muskateller (2%).

Das Ziel für alle Sorten – Müller-Thurgau sehr bewußt eingeschlossen – heißt «Prädikatswein»; die Damen und Herren vom Stadtrat haben offenbar streng die Devise «Güte vor Menge» vorgegeben. Das macht sich im geradezu sensationell großen Angebot höherer Qualitäten auf der Weinpreisliste bemerkbar – bis hin zur Trockenbeerenauslese.

Spezialität: viele Prädikatsweine bis zur Trockenbeerenauslese

Bei aller Tradition, die sich unter anderem in der historischen Presse aus dem Jahr 1772 versinnbildlicht: Im Kelterhaus-Neubau aus dem Jahr 1974 wird sehr modern gearbeitet und der Wein ausschließlich in Stahltanks ausgebaut – zu 35% trocken und zu 50% lieblich. Man kann ihn nach Voranmeldung in der geräumigen Probierstube kosten (als Riesling Kabinett für 9,15 DM).

Anfahrt: A 5, bis Offenburg, B 3 bis Ortenberg

Winzergenossenschaft Pfaffenweiler, Pfaffenweiler

Geschäftsführer: Kurt Eckerle, weiterer Ansprechpartner: Kellermeister Hermann Pfunder

7801 Pfaffenweiler
☏ 0 76 64/ 70 81/93

Bestockte Rebfläche 135 ha

Weinlehrpfad

Anfahrt: A 5, Abfahrt Freiburg-Süd, B 5 nach Pfaffenweiler

Erstmals bei der DLG-Bundesweinprämierung 1956

1950 wurde die Genossenschaft gegründet. Schon im ersten Jahr traten 154 Winzer ein. Heute sind es 285 Mitglieder, die zusammen 135 Hektar Rebland bewirtschaften. Gutedel und Müller-Thurgau sind im Rebsorgenspiegel mit jeweils einem Drittel vertreten. Spätburgunder erreicht 17%, Ruländer (Grauburgunder) 6% und Weißburgunder 5%. Gewürztraminer und Freisamer liegen bei 2%. Diesem – bis auf Freisamer – hier durchaus üblichen Rebsorten-Angebot steht eine Sensation bei der Geschmacksrichtung gegenüber: – 70% «trocken»! Nur 2% «halbtrocken», nur 28% «lieblich». Der Preis für einen Spätburgunder Kabinett liegt bei 7,20 DM. Die Probierstube, mit alten Faßdauben und schweren Holzmöbeln gemütlich eingerichtet, ist immer für Gäste offen (Proben bis zu 100 Personen, sonntags Ruhetag). Auf Wunsch Kellerbesichtigungen mit fachmännischer Führung im Holz- und Stahltank-Keller.

Weingüter Max Markgraf von Baden, Markgräfl. Landwirtschaftsverwaltung, Salem

Geschäftsführer:
Baron von Herzogenberg,
Ansprechpartner:
Kellermeister Herbert Senft

7777 Salem
☎ 0 75 53/ 8 12 72

Bestockte Rebfläche 77 ha

Spezialität: Blauer Spätburgunder Rotwein

Anfahrt: A 8, Abfahrt Überlingen

Erstmals bei der DLG-Bundesweinprämierung 1961

Bodensee-Besucher genießen das Bild des ländlich-intakten Gutshofes auf der Birnau gegenüber der Kirche. Er liegt mit den umgebenden Weinbergen wie auf einer gewaltigen Terrasse über dem See. Mit 40 Hektar Weinbergen ist dies das größte der drei Bodenseegüter des Markgrafen. Kirchberg (17 ha) und Bermatingen (20 ha) sind ähnlich schön. Alle drei liefern ihren Ertrag zum Schloß Salem, wo Kellerei und Verwaltung liegen. Dort sind Besuchergruppen von 10 bis 80 Personen zur Schloßbesichtigung und Weinprobe – nach Anmeldung – willkommen.
Die Kennzahlen des großen Betriebes: 1137 gegründet, seit 1803 im Markgrafen-Besitz, 77 Hektar. 60% Müller-Thurgau, 30% Spätburgunder, 10% Bacchus, Ruländer, Kerner. 60% werden trocken, 25% halbtrocken und 15% lieblich ausgebaut. Müller-Thurgau Kabinett kostet 6,70 DM.

Winzergenossenschaft Sasbach eG, Sasbach

Geschäftsführer: Rolf Eberenz, weiterer Ansprechpartner: Kellermeister Gerhard Staiblin

7831 Sasbach
Jechtinger Str. 26
☏ 0 76 42/ 10 44 u. 72 82

Bestockte Rebfläche 98 ha

Spezialität: kräftige Spätburgunder

Der Rotwein aus der Spätburgunder-Traube wird unverändert auf der Maische vergoren und reift im Holzfaß. Die edle Rotweinrebe ist mit 40% Anteil die «Nummer 1» auf den 98 Hektar Vulkanverwitterungsböden (etwas Löß), die hier von den 275 Genossenschaftern am Rande des Kaiserstuhls, und gewissermaßen mit Blick auf den Rhein, bewirtschaftet werden. Müller-Thurgau hat 34% Anbauanteil. Ruländer als dritte Sorte (16%) gewinnt durch den Ausbau als trockener, frischer Grauburgunder wieder zunehmend an Bedeutung. – Insgesamt liegt der «Trocken»-Anteil jetzt bei 48% und steigt weiter. Auch die halbtrockenen Weine (10%) sind zunehmend gefragt. Gäste werden von Montagmorgen bis Samstagmittag nach Vereinbarung durch die – weingutähnliche – WG, den schönen Holzfaßkeller und auch über den wissenschaftlichen Lehrpfad geführt. – Spätburgunder-Weißherbst Kabinett für 8,20 DM die Flasche.

Anfahrt: A 5, Abfahrt Riegel

Erstmals bei der DLG-Bundesweinprämierung 1959

Winzergenossenschaft Jechtingen eG, Sasbach-Jechtingen

Geschäftsführer:
Rolf Bürkin,
weiterer
Ansprechpartner:
Kellermeister
Hubert Ketterer

7831 Sasbach-
Jechtingen
Winzerstr. 1
☏ 0 76 62/2 69

Bestockte
Rebfläche
195 ha

Spezialität:
Burgunderkeller

Weinproben bis
120 Personen

Anfahrt:
A 5, Abfahrt
Riegel

Erstmals bei der
DLG-Bundes-
weinprämierung
1960

Sie haben das «Jechtinger Gütterli», das sind 2-Liter-Korbflaschen mit Weiß- oder Spätburgunder. Sie haben das «Mini-Trio», das sind die drei Rebsorten der Burgunderfamilie im 0,25-Liter-Dreierpack. Sie haben eine Vinothek alter Weine und einen «Burgunderkeller» mit neuen, großen Holzfässern. Sie haben aber vor allem einen repräsentativen, neuen Anbau am Keltergebäude, der mit seinem Sandstein und seinem Kupfer, seinem Holz und seinen anderen edlen Materialien zum Geschmackvollsten gehört, was deutsche Winzergenossenschaften vorzeigen können, 270 Mitglieder bewirtschaften 195 Hektar Vulkanverwitterungs- und Lößböden. Fast 60% davon sind durch die «Burgunderfamilie» der Weiß-, Grau- und Spätburgunder bestanden, 30% Anteil hat der Müller-Thurgau und 5% der Silvaner.

Mit 70% dominiert der «halbtrockene» Ausbau. «Trocken»: 20%. Weißer Burgunder Kabinett gibt es für 6,30 DM die Flasche.

Winzergenossenschaft Sasbachwalden eG, Sasbachwalden

Geschäftsführer: Bruno Spinner, weiterer Ansprechpartner: Kellermeister Hermann Bähr

7595 Sasbachwalden
Tal 2
☏ 0 78 41/40 33

Bestockte Rebfäche 220 ha

Sasbachwalden verbindet geradezu plakativ die Begriffe «Schwarzwald» und «Wein». Das gilt nicht nur für den Wechsel in der Landschaft von Wein zu Wald und umgekehrt, sondern auch für das Ortsbild, das von Fachwerk und Blumenschmuck markenzeichenartig geprägt wird. Genau dieses Fachwerk- und Blumen-Bild bietet die WG der exakt 400 Mitglieder mit ihrem neuen Gebäude dem Besucher gleich am Ortseingang.

Alle Spätburgunder (50% Rebsorten-Anteil), alle Rieslinge und Müller-Thurgau (jeweils 20%) und alle Kerner kommen aus der «Hauslage» mit dem attraktiven Namen «Alde Gott». Daneben wachsen auf den insgesamt 220 Hektar Urgesteinsverwitterungsböden Gewürztraminer und Ruländer. Letzterer wird, trocken ausgebaut, un-

Spezialität: Lage «Alde Gott»

Ausbau: Rotweine 6 Monate im Holzfaß

Boden: Urgesteinsverwitterungsboden

Anfahrt: A 5, Abfahrt Achern

Erstmals bei der DLG-Bundesweinprämierung 1956

ter seinem Ursprungsnamen als Grauer Burgunder angeboten. Als Spezialität führt die Genossenschaft von ihm, wie auch von seinem Vetter, dem Spätburgunder, eine kleine Menge im Barrique-Faß gereifter Weine. Für den Rotwein wird zudem die traditionelle Maischegärung verwandt. Auch die «Nicht-Bariques» reifen im Holzfaß, während alle Weißweine in Stahltanks lagern.

Dank des anhaltenden Erfolges der trockenen Sasbachwaldener Rotweine steigt der Trocken-Anteil seit einigen Jahren. Er liegt jetzt bei 40%, während – mit sinkender Tendenz – noch 30% aller Weine lieblich auf die Flasche kommen. Auch für die halbtrockene Linie gilt bei jetzt 30% Anteil: Tendenz steigend.

Die fast ausschließlich aus dem Steilhang kommenden Weine haben als Kabinett folgende Preise: Müller-Thurgau 6,50 DM, Riesling 8,50 DM, Spätburgunder 9 DM. – Zu Weinproben an Werktagen können Gruppen bis zu 150 Personen angemeldet werden.

Winzergenossenschaft Wolfenweiler eG, Schallstadt-Wolfenweiler

*Geschäftsführer:
Ernst Nickel,
weiterer
Ansprechpartner:
Kellermeister
Fritz Schumacher*

*7801 Schallstadt-
Wolfenweiler
Kirchstraße 2
☏ 0 76 64/70 13*

*Bestockte
Rebfläche
135 ha*

*400 Jahre alter
Gewölbekeller*

*Anfahrt:
A 5, Abfahrt
Freiburg-Süd,
an der B 3*

*Erstmals bei der
DLG-Bundes-
weinprämierung
1952*

Begonnen hat es 1939 im heutigen historischen Restaurant «Zum schwarzen Ritter». Aus den damals bescheidenen Anfängen ist eine Genossenschaft mit 300 Mitgliedern und 135 Hektar Rebland (Lößlehm) geworden. Der 400 Jahre alte Gewölbekeller im ehemaligen Genossenschaftsgebäude wird weiterhin zu Weinproben genutzt und, ob 20 oder 120 Personen, in Wolfenweiler ist immer der rechte Raum zur Verfügung – auch für festliche Degustationen.

Auch bei solchen Anlässen wird heute sehr viel «trocken» getrunken, der Anteil liegt bei 56% und steigt weiter. «Lieblich» 15% – fallend. «Trocken» heißt in diesem Hause immer «durchgegoren»; die Rotweine werden in – sehenswerten – alten Holzfässern ausgebaut. Leitsorte ist mit 58% Anteil der Gutedel (Kabinett 5,90 DM) vor Müller-Thurgau (32%) und Spätburgunder (10%). Attraktiv zur Probe: Das Herbstweinfest mit der ersten Kelterung neuer Trauben.

Erste Markgräfler Winzergenossenschaft, Schliengen

Geschäftsführer:
Erhard Kößler,
weiterer
Ansprechpartner:
Kellermeister
Klaus Tröndlin

7846 Schliengen
Am Sonnen-
stück 1
☏ 0 76 35/10 94

Bestockte
Rebfläche
160 ha

Spezialität:
trockene
Weißburgunder

Anfahrt:
A 5, Abfahrt
Müllheim,
B 3 nach
Schliengen

Erstmals bei der
DLG-Bundes-
weinprämierung
1956

Pfarrer Leonhard Müller trug einen gewaltigen Vollbart und war auch sonst ein bemerkenswerter Mann. Als er, auch durch eigenen Weinbau, die Sorgen seiner Gemeindemitglieder zur Genüge kennengelernt hatte, begann er zu handeln und gründete 1908 in Schliengen die erste Winzergenossenschaft des Markgräfler Landes. Sie ist auch heute noch erfolgreich – mit nun 249 Mitgliedern, 160 Hektar Rebland, mit Gutedel vor allem (41%), mit Müller-Thurgau (23%) und Spätburgunder (19%). Ebenso mit einem steigenden Anteil trockener (50%) und halbtrokkener (35%) Weine, mit einem Ruländer-Eiswein von 255 Grad Öchsle und mit dem wieder beliebteren, trockenen Weißburgunder (als Kabinett 7,10 DM). Besucher (bis 30 Personen) können zur Weinprobe (Montag bis Samstagmittag) auch das kleine Weinmuseum und den angrenzenden Weinlehrpfad besichtigen.

Weingut Gerd Köpfer, Staufen-Grunern

Besitzer:
Gerd Köpfer

7813 Staufen-
Grunern
Dorfstr. 22
☏ *0 76 33/52 88*

Bestockte
Rebfläche
3,2 ha

Spezialität:
ökologischer
Weinbau

Anfahrt:
A 5, Abfahrt
Bad Krozingen

Erstmals bei der
DLG-Bundes-
weinprämierung
1959

Die Köpfers gehören zu jenen deutschen Winzern, die recht früh – und mit Erfolg – mit dem ökologischen Weinbau begannen. Sicherlich tragen neben dem Wein auch das schöne Anwesen, der gemütliche Probierraum, die dörflich-stille Lage und das schöne Umfeld zu diesem Erfolg bei. Sicherlich honorieren die Weinfreunde auch, daß hier eine Winzerfamilie seit langem bemüht ist, mit Blick auf die Zukunft die Weinberge im Sinne eines ökologisch vorbildlichen Weinbaus zu betreiben, um die natürliche Bodenfruchtbarkeit zu erhalten. Auf den 3,2 Hektar unterschiedlicher Böden wachsen als Haupt-Rebsorten Gutedel, Müller-Thurgau, Nobling und Blauer Spätburgunder, – Weine, die zu 70% trocken ausgebaut werden und zu jeweils 15% halbtrocken und lieblich. Gäste sind, nach Anmeldung, zu Weinproben willkommen. – Zur Preisorientierung: Gutedel Kabinett kostet um 6,50 DM.

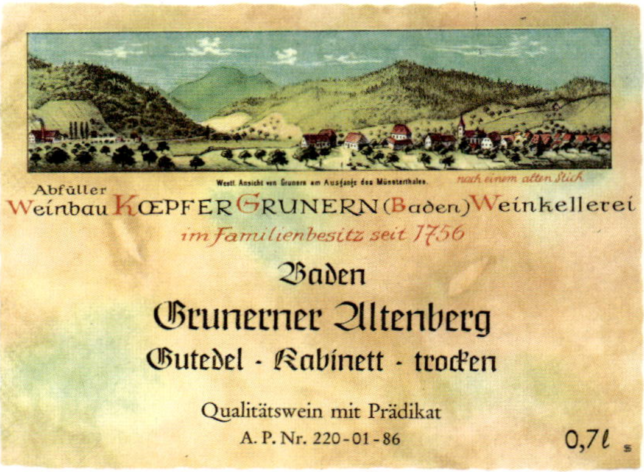

Winzergenossenschaft Laufen eG, Sulzburg-Laufen

Geschäftsführer: Hilmar Czwartek, weiterer Ansprechpartner: Kellermeister Manfred Zuberer

7811 Sulzburg-Laufen
Weinstraße 48
☏ 0 76 34/7 14/5

Bestockte Rebfläche 165 ha

Weinwerbewochen im Mai und September

Anfahrt: A 5, Abfahrt Bad Krozingen

Erstmals bei der DLG-Bundesweinprämierung 1952

Die Preisliste ist übersichtlich nach Rebsorten geordnet, trockene und halbtrockene Weine (Anteil: 66% und 24%!) sind farblich hervorgehoben, die besonders Essensgeeigneten haben das zusätzliche Symbol des gekreuzten Bestecks. Wie sehr sich die Laufener kulinarisch engagieren, zeigt auch die Entwicklung ihrer «Essensbegleiter» Grauer und Weißer Burgunder, die sich trocken und säurebetont präsentieren. Auch bei den Weinwerbewochen im Mai und September und in dem zweimal jährlich erscheinenden Kundenmagazin ist das Essen integriertes Thema. Gutedel (45% Anteil – 6,20 DM ein Kabinett), Müller-Thurgau (25%) und Spätburgunder (12%) sind die Haupt-Rebsorten auf den 165 Hektar der 178 Genossenschaftswinzer. In ihrem Fachwerkbau aus dem Jahre 1939 reichen sie Weinproben für Gruppen bis 60 Personen – auf Wunsch auch am Wochenende und mit einer Tonbildschau zur ergänzenden Information.

Winzergenossenschaft Achkarren, Vogtsburg-Achkarren

Geschäftsführer: Peter Figlestahler, weiterer Ansprechpartner: Kellermeister Daniel Engist

7818 Vogtsburg-Achkarren
Schloßbergstr. 2
☏ 0 76 62/60 92

Bestockte Rebfläche 172 ha

Spezialität: «Achkarrer Flasche»

Anfahrt: A 5, Abfahrt Bad Krozingen

Erstmals bei der DLG-Bundesweinprämierung 1951

Ein Tal im Kaiserstuhl, Terrassen und Hänge mit Reben, ein Dorf mittendrin – Achkarren: klein, echt bilderbuchschön. Das interessanteste Gebäude ist das Weinbaumuseum, das größte die «WG». Ihre 320 Mitglieder bewirtschaften 60 Prozent der Spitzenlage «Schloßberg», und der Aufstieg ihres Ortes ist wesentlich ihr Werk (Gründung 1929, heute 172 ha).

Freunde der feinen Burgunder-Familie finden hier ein Paradies der großen Auswahl: Grauburgunder/Ruländer (45%), Spät- (17%) und Weißburgunder (3%) bilden zwei Drittel des Angebots – und reifen im Holzfaß. Die feinsten werden in der besonderen «Achkarrer Flasche» offeriert: Als «Ruländer» (= traditionell, wuchtig) – als «Grauburgunder» (= frisch, fruchtig, durchgegoren «zum Essen», Kabinett 8 DM). Daneben Silvaner, Müller-Thurgau, Riesling, Scheurebe, Gewürztraminer und – Muskateller. Proben bis 350 Personen.

Winzergenossenschaft Bickensohl eG, Vogtsburg-Bickensohl

Geschäftsführer: Christian Henninger, weiterer Ansprechpartner: Kellermeister Gottfried Hensle

7818 Vogtsburg-Bickensohl
Neunlindenstr. 25
☏ 0 76 62/2 13

Erstmals bei der DLG-Bundesweinprämierung 1952

Mit zwei besonderen Weinlinien konnten die 220 Bickensohler Genossenschaftswinzer in jüngster Zeit auf sich aufmerksam machen. «Die frischen Trockenen aus Bickensohl» heißt die eine, «Bikkensohler Burgunder-Spezialitäten» die andere. Erstere faßt Müller-Thurgau und Silvaner, Riesling, Kerner und Muskateller zusammen, letztere die roten, weißen und grauen Burgunder inklusiv Weißherbst und Badisch Rotgold. Gemeinsam ist beiden Sonderlinien die klare Ausstattung mit sehr großer Rebsortenbezeichnung und einem Umhänger. Gemeinsam auch, daß alle Weine voll durchgegoren sind. Besonderheit der «Frischen» ist die weiße Flasche. Alle Burgunder reifen im Eichenholzfaß aus – der Grauburgunder mit der außergewöhnlichen Lagerzeit von mindestens zwei Jahren! Die drei Burgundersorten haben auf den 170 Hektar Rebland der Lößterrassen 60% Anteil, weitere 30% der Müller-Thurgau. Schon die Hälfte der Weine ist durchgegoren trocken, ein Drittel halbtrokken. Ein Weißburgunder Kabinett kostet 7,50 DM, und Gäste können an allen Wochentagen probieren (auch Sekt) – nach Anmeldung in Gruppen bis 200 Personen und auf Wunsch auch mit musikalischem Rahmen und Tanzvergnügen. – Anfahrt auf der A 5, Abfahrt Riegel.

Weingut Albert Abril, Vogtsburg-Bischoffingen

Besitzer:
Albert Abril
Inhaber:
Hans-Friedrich Abril

7818 Vogtsburg-Bischoffingen
Talsstraße 9
☏ 0 76 62/2 55

Bestockte Rebfläche
6,5 ha

Spezialität:
auch Barrique-Ausbau

Anfahrt:
A 5, Abfahrt Riegel

Erstmals bei der DLG-Bundesweinprämierung 1968

Hugenottische Vorfahren haben 1740 den Weg in den Kaiserstuhl gefunden; der heutige Ur-Kaiserstühler Nachfahr hebt sich durch seinen Weinbau vom Üblichen ab. Im Weinberg heißt das: «integrierter Weinbau» mit Dauerbegrünung und sparsamem Mineraldüngereinsatz, im Keller: Maischegärung und Holzfaßreifung, sowie auch Barrique-Ausbau für die Rotweine. Und auf der Karte: Hervorhebung der trockenen und halbtrockenen Weine durch Symbole leerer beziehungsweise halbvoller Gläser.

Auf den 6,5 Hektar Vulkanverwitterungs- und Lößlehmböden wachsen Ruländer (31% Anteil), Spätburgunder (27%), Müller-Thurgau (17%), Silvaner und Riesling, sowie Weißburgunder, Gewürztraminer und Scheurebe. Je ein Drittel in allen Geschmacksrichtungen, Tendenz: «Lieblich» rückläufig. – Weißburgunder Kabinett kostet um 9 DM. Proben bis maximal zehn Personen. Kein Ruhetag.

Winzergenossenschaft Bischoffingen eG, Vogtsburg-Bischoffingen

Geschäftsführer:
Robert Rinklin,
weiterer
Ansprechpartner:
Kellermeister
Heinz Bossert

7818 Vogtsburg-
Bischoffingen
Bacchusstr. 14
☏ 0 76 62/7 56

Bestockte
Rebfläche
265 ha

Hotel «Weinstube Steinbuck»

Anfahrt:
A 5, Abfahrt
Riegel-Endingen

Erstmals bei der
DLG-Bundesweinprämierung
1951

Zur Winzergenossenschaft gehört das Hotel «Weinstube Steinbuck»; Wein-Gäste, die zur Probe kommen, können dort übernachten. Die WG bietet mehrere Probenräume für unterschiedlich große Gruppen oder Einzelbesucher (Montag bis Samstagmittag), und schon am Ortseingang heißt ein großes Holzschnitzwerk Reisende im schlicht-schönen, verkehrsruhigen und gemütlichen Dorf – und bei der Genossenschaft willkommen. Tatsächlich bestimmen die 300 Genossenschaftsmitglieder mit 265 Hektar Rebland auch heute noch das Ortsgeschehen und -gesicht. Sie pflanzen vorwiegend Ruländer, Müller-Thurgau und Spätburgunder an. Das restliche Viertel der Löß-, Lehm- und Vulkanverwitterungsböden teilen sich Silvaner, Weißburgunder, Gewürztraminer, Muskateller, Kerner und Scheurebe. 35% aller Weine bauen sie trokken, 40% halbtrocken aus. Ihre «Traditionsrebe» Ruländer kostet als Kabinett 6,85 DM.

Winzergenossenschaft Burkheim eG, Vogtsburg-Burkheim

Geschäftsführer Erich Röck, weiterer Ansprechpartner: Kellermeister Erhard Kühn

7818 Vogtsburg-Burkheim Winzerstr. 8
☏ 0 76 62/7 25

Bestockte Rebfläche 128 ha

Spezielles Burgunder-programm

Anfahrt: A 5, Abfahrt Riegel

Erstmals bei der DLG-Bundes-weinprämierung 1957

Weinproben mit «Städtleführung». Ausrichtung auch von Banketten und Tagungen mit üppigem kulinarischen Angebot in eigenen Räumen (bis 200 Personen). Programm mit Dampfzug-Anreise im historischen «Rebenbummler» und Stadtkapelle, Bilderbuch-Städtchen, Ausblick zur Rheinebene, geschichtlicher Weinlehrpfad und schließlich: Bei 300 Mitgliedern und 128 Hektar Weinbergen («Schloßgarten» – Löß, «Feuerberg» – Vulkangestein) die Anmutung eines größeren Weingutes. – Die sechs Burgunderweine haben eine besondere Ausstattung und sind als trockene Weine grundsätzlich durchgegoren. Der Spätburgunder (26% Anteil) wird als Rotwein nur aus voll durchgefärbten, ausgereiften, spezialgelesenen Trauben gewonnen. Zur Preisorientierung: der Weißburgunder Kabinett kostet 6,80 DM.

Winzergenossenschaft Oberbergen eG, Vogtsburg-Oberbergen

Geschäftsführer: Ottmar Schätzle, weiterer Ansprechpartner: Kellermeister Konrad Wörner

7818 Vogtsburg-Oberbergen
Badbergstr. 2
☎ 0 76 62/7 88

Bestockte Rebfläche 275 ha

Boden: Vulkanische Lößterrassen

Erstmals bei der DLG-Bundesweinprämierung 1956

Wenn 315 Genossenschaftsmitglieder ihre 275 Hektar Rebland auf Lößterrassen, davon 221 Hektar in nur einer Lage, haben, dann ist das bei den Vermarktungsgesetzen unserer Zeit sicherlich ein Glücksfall. Wenn diese Lage dann auch noch den griffigen Namen «Baßgeige» hat, kommt eine wichtige Werbehilfe hinzu. (Daß der Name Oberbergen auch anderweitig bekanntgemacht wird, ist von der WG durchaus gern gesehen.) «Musik für Ihren Gaumen», sagt der Prospekt, und die Wein-Melodie hat seit jüngster Zeit neue und junge Töne: Der gute, alte Ruländer wird unter seinem Ursprungsnamen Grauer Burgunder und nach Holzfaßausbau in «schlankerer», fruchtig-feiner, säurebetonter Art auf besondere, helle Burgunderflaschen gefüllt. Der Wein zum Essen, ganz durchgegoren mit nur einem Gramm Restzucker, aber immerhin 6,5 Gramm Säure beim Dreiundachtziger.

Bild oben: Terrassenlandschaft im Kaiserstuhl bei Oberbergen

Vorwiegend Einzellage «Baßgeige»

Anfahrt: A 5, Abfahrt Riegel

Grauer Burgunder und Spätburgunder haben jeweils etwa ein Viertel Anteil an der Gesamtrebfläche (auch der «rote Bruder» wird im Holzfaß ausgebaut). Weißburgunder und Silvaner gehören als weitere «Weine zum Essen» ebenso zum Rebsortenspektrum wie Kerner, Traminer und die Spezialität Muskateller. Letzterer kostet als Kabinett 7,85 DM. – Für die, im Sinne des Wortes, hochgradigen Eisweine und Beerenauslesen wird die Halbliter-Flasche verwendet. 45% des Weinangebotes wird trocken und 40% halbtrokken ausgebaut. Zur großen Probenrunde mit Kellerführung haben die Oberbergener einen festen Termin: Von Ostern bis Mitte September jeden Mittwoch um 14 Uhr. – Gruppen bis 60 Personen sind nach Anmeldung auch zu anderen Zeiten willkommen.

Kaiserstühler Winzerverein Oberrotweil eG, Vogtsburg-Oberrotweil

Geschäftsführer: Herbert Mürb, weiterer Ansprechpartner: Kellermeister Manfred Baer

7818 Vogtsburg-Oberrotweil
Postfach 5
☎ 0 76 62/7 06

Erstmals bei der DLG-Bundesweinprämierung 1951

Eine Schar weitblickender Winzer und eine Brauerei standen am Anfang. 66 Gründungsmitglieder begannen 1935 in einer ehemaligen Brauerei. Aus den 66 sind 500 geworden, aus rund 50 Hektar Rebfläche der ersten Stunde 352, so daß das längst gebaute, eigene Keltergebäude vielfach erweitert werden mußte. – Kulinarische Ergänzung brachte der Erwerb des renommierten Hotel-Restaurants «Winzerstube».

Wer die Krone im Ort trägt, ist entschieden: Drei junge Damen brachten es zur badischen Weinkönigin. Im Weinberg bleibt diese Frage offen: Müller-Thurgau, Spät- und Grauburgunder haben etwa gleiche Anteile (31 bis 27%). Preislich liegt der im Holzfaß ausgebaute Spätburgunder vorn – mit 8 DM je Flasche Kabinett, während der, weitgehend im Holzfaß gereifte, Grauburgunder / Ruländer eine Mark weniger kostet. Der Trocken-Anteil hat 44% erreicht und steigt weiter. – Bis 100 Personen sind zum Probieren willkommen.

Der Holzfaßkeller ist mit seinen 24 «Riesen» von 10 000 l auch optisch interessant. Auffallend außerdem der individuelle Ausbau kleiner Weinpartien zum Beispiel von den ebenfalls im Sortenspiegel vertretenen Gewürztraminern, Silvanern, Weißburgundern oder Muskatellern. Anfahrt über die A 5, Abfahrt Riegel.

Winzergenossenschaft Weingarten eG, Weingarten

Geschäftsführer: Stefan Knopf, weiterer Ansprechpartner: Kellermeister Rolf Held

7504 Weingarten Kirchbergstr. 17
☏ 0 72 44/24 68

Bestockte Rebfläche 140 ha

Spezialität: Exklusivfüllung des Weißen Burgunder

Anfahrt: A 5, Abfahrt Karlsruhe-Durlach, an der B 3

Erstmals bei der DLG-Bundesweinprämierung 1960

Ein idealer Genossenschaftsname. «Weingarten» («Vingarten») hat zudem den Vorteil einer langen Tradition als Ortsname dieses Weindorfes nahe Karlsruhe. Die 850 Winzer, die hier 140 Hektar Muschelkalk-Verwitterungsböden mit Löß und Lehm bewirtschaften, genießen auch heute noch dörfliche Beschaulichkeit.

Müller-Thurgau dominiert mit fast 50% Anteil. «Spezialitäten des Hauses» sind jedoch eher Weine der Burgunderfamilie (40% Anteil), wobei der Weißburgunder-Verwandte Auxerrois und der Ruländer meist eher den bisher gültigen deutschen Vorstellungen entsprechen, die Weißburgunder jedoch – als hervorgehobene Exklusiv-Füllungen – in der klassischen Art des Ursprungslandes Frankreich ausgebaut werden (Kabinett 5,80 DM). 98% aller Weine sind trokken und halbtrocken. Proben bis 50 Personen jederzeit – außer sonntags.

Weingut Carl Freudenberg, Weinheim

Besitzer:
Carl Freudenberg

6940 Weinheim
Höhnerweg 2–4
☏ 0 62 01/8 01

Bestockte
Rebfläche
10,2 ha

Spezialität:
80% trocken ausgebaute Weine

Kurios: Die Weine des Weingutes der Firma Carl Freudenberg kann man in keiner Weinhandlung kaufen. Nur Geschäftsfreunde, Gäste und Jubilare kommen in ihren Genuß – auch, weil man schon beim Anschnitt mehr auf Qualität als auf hohe Erträge zielt. Das Weingut erwuchs aus kleinsten Anfängen: Vor hundert Jahren pflegte Firmengründer Carl Johann Freudenberg seine Weinberge als Hobbywinzer. Heute wachsen auf etwa zehn Hektar Rebfläche vier Rebsorten: «König» Riesling (61%) ist die wichtigste, gefolgt von Spätburgunder (26%), Müller-Thurgau (9%) und Gewürztraminer (3%). Zusammen mit fünf Mitarbeitern kümmert sich Kellermeister Becker um Weingut und weitere Liegenschaften der Firma. Er ist froh, daß er in Übereinstimmung mit der Geschäftsleitung 80% des Weins trocken ausbauen kann – besonders stolz ist er auf seinen trokkenen Gewürztraminer.

Anfahrt:
A 5, Autobahnkreuz Weinheim

Erstmals bei der DLG-Bundesweinprämierung 1983

Winzerkeller Südliche Bergstraße/ Kraichgau eG, Wiesloch

Geschäftsführer: Peter Schüttler, weiterer Ansprechpartner: Kellermeister Jürgen Knopf

6908 Wiesloch
Boegnerweg 3
☏ 0 62 22/80 27

Bestockte Rebfläche 1500 ha

Spezialität: trockene Rieslinge und Weißburgunder

Anfahrt: A 5 oder A 6, Abfahrt Wiesloch

Erstmals bei der DLG-Bundesweinprämierung 1961

Er ist einer der Großen, dieser «Winzerkeller», zu dem sich 20 Winzergenossenschaften regional zusammengeschlossen haben: 3800 Mitglieder, 1500 Hektar Rebland; auch sein Vorstandsvorsitzender und Geschäftsführer ist als Badens Weinbaupräsident und als Person in doppeltem Sinne gewichtig. Markant ebenso das Etikett mit dem stilisierten Rebblatt, das heute 30% trockener, 60% halbtrockener und 10% lieblicher Weine bezeichnet. Mit Müller-Thurgau, Riesling, Ruländer, Weißburgunder, Spätburgunder und Schwarzriesling vor allem (Anteile zwischen 40 und 5%) bietet die Gemeinschaft bei über 100 Weinen wohl das vollständige Sortiment des Weinbaubereiches Badische Bergstraße/Kraichgau, wobei trockene Rieslinge und Weißburgunder besonders gepflegt werden. – Riesling Kabinett zu 7,90 DM. Angemeldete Proben mit bis zu 90 Personen an allen Arbeitstagen.

Winzergenossenschaft Badisches Frankenland eG, Wertheim-Reicholzheim

Geschäftsführer:
Roland Kremer,
weiterer
Ansprechpartner:
Kellermeister
Wolfgang Franz

6980 Wertheim-
Reicholzheim
St.-Georg-Str. 1
☏ 0 93 42/10 26

Bestockte
Rebfläche
300 ha

Spezialität:
Schwarzriesling

Ihr Geschäftsführer gibt als Autor kleine Weinbreviere heraus, die ebenso fröhlich wie informativ für die Genossenschaft werben. Ihre Weinlandschaft, das Tal der Tauber, gilt als Inbegriff lieblicher Idylle, – ihre besten Weine füllen sie nach alter Tradition im Bocksbeutel ab.

Sie, das sind die 700 Winzerfamilien der «WG», die genauso heißt wie diese besondere Region mit der besonderen Flasche und dem für Baden besonderen Geschmack der auf Muschelkalk- und Buntsandstein-Verwitterungsböden gewachsenen Rebsorten.

300 Hektar Weinberge haben sie mit Müller-Thurgau und Silvaner, mit Weißburgunder, Kerner und Bacchus – und mit ihrer alten Sondersorte, dem Schwarzriesling, bestockt.

Für alle zusammen gilt, daß der «Lieblich»-Anteil bei nur noch 5% liegt und die Hälfte trokken ausgebaut wird.

Erstmals bei der
DLG-Bundes-
weinprämierung
1963

Boden:
Muschelkalk und Buntsandstein-verwitterungsböden

Weine im Bocksbeutel

Anfahrt:
A 3, Abfahrt Wertheim

Silvaner, Weißburgunder und Schwarzriesling reifen im Holzfaß. Ihre und ihrer «Kollegen» Eignung als Begleiter zum Essen ist in dem von der Genossenschaft verbreiteten Brevier «Tauberfränkische Weinfreuden» nachzulesen, ebenso die Empfehlung, diese Gewächse bei einer vergleichsweise hohen Trinktemperatur von 12 bis 14 Grad zu genießen.

Gruppen bis 100 Personen, die im schönen «Abt Ambrosius Balbus-Keller» aus dem Jahr 1761 die Weinprobe «live» erleben wollen, sind, nach Anmeldung, willkommen (Einzelbesucher zu den üblichen Geschäftszeiten).

Zur Preisorientierung: Ein Bocksbeutel Kerner Kabinett kostet 8 DM. – Interessante Ergänzung zum Weinsortiment bietet ein Sektprogramm aus den eigenen Weinen.

Ingelfingen
Niedernhall
Neckarsulm
Eberstadt
Pfedelbach
Erlenbach
Grantschen
Heuholz
Schwaigern
Heilbronn
Willsbach
Weinsberg
Affaltrach
Leingarten
Lehrensteinsfeld
Nordheim
Dürrenzimmern
Flein
Löwenstein
Brackenheim
Lauffen
Hausen
Abstatt
Cleebronn
Bönnigheim
Großbottwar
Mundelsheim
Kleinbottwar
Gündelbach
Hessigheim
Roßwag
Möglingen
Neckar
Stuttgart
Großheppach
Fellbach
Winterbach
Bad Cannstatt
Stetten
Beutelsbach
Untertürkheim
Rotenberg
Uhlbach
Esslingen
0 5 10 15 km

Württemberg – nicht nur Land großer Rotweine

Das Weinland Württemberg befindet sich in einer beneidenswerten Situation: Hier wird erheblich mehr Wein getrunken als im «Ländle» selbst erzeugt wird. Die Nachfrage ist größer als das Angebot. Das führte zu einer soliden Preispolitik und zu guten wirtschaftlichen Rahmenbedingungen für die Betriebe, bei denen es sich in der Hauptsache um Genossenschaften handelt (87% der 17 000 «Wengerter» sind organisiert). Viele Württemberger Weine sind außerhalb des Anbaugebiets kaum zu bekommen. Nur vom hellroten, süffigen Trollinger, der «Muttermilch» der Schwaben, wird etwas mehr produziert – und locker verkauft.

Genießer schätzen den «fleischigen» ausdrucksvollen roten Lemberger, den samtigen Spätburgunder und dessen Spielart Schwarzriesling, der fast 1000 Hektar Rebfläche belegt (insgesamt stehen in Württemberg 9000 Hektar unter Reben).

Das Anbaugebiet mit seinen Zentren Stuttgart und Heilbronn wird häufig als Rotweinland bezeichnet. Aber nahezu jeder vierte Rebstock ist ein Riesling (er gerät hier fruchtig, würzig). Die rieslingähnliche Neuzüchtung Kerner («Eltern» sind Trollinger und Riesling), die in Württemberg gekreuzt wurde, ist längst schon eine württembergische Spezialität von Rang. Nicht vergessen darf man Müller-Thurgau und Silvaner, die sich im Ländle ausgeglichen und markant präsentieren. Eine beliebte «Symbiose» von weißen und roten Sorten ist die württembergische Spezialität «Schiller».

Raritäten, nach denen sich Kenner gern umschauen, sind Sorten wie der Muskateller, der Muskat-Trollinger und die Spätburgunder-Spielarten Samtrot und Frühburgunder (auch «Clevner» genannt).

Seite	Prämierungs-Betrieb	Bundes-Ehrenpreise seit 1961	Erzielte DLG-Preise 1985–87			
			insges.	Groß	Silber	Bronze
102	Abstatt, Heinrich Wangler, Weinkellerei	–	26	27%	46%	27%
103	Bönnigheim, Strombergkellerei Bönnigheim eG, Weingärtnergenossenschaft	1	57	58%	37%	5%
104	Brackenheim, Weingärtnergenossenschaft Brackenheim-Neipperg-Haberschlacht	1	59	54%	34%	12%
106	Brackenheim-Dürrenzimmern, Weingärtnergenossenschaft Dürrenzimmern-Stockheim eG	–	60	57%	38%	5%
108	Brackenheim-Hausen, Weingärtnergenossenschaft Hausen a. d. Zaber eG	–	36	47%	42%	11%
110	Cleebronn, Weingärtnergenossenschaft Cleebronn-Güglingen-Frauenzimmern eG	1	60	28%	64%	8%
111	Eberstadt, Weingärtnergenossenschaft Eberstadt eG	5	45	62%	29%	9%
112	Erlenbach, Klaus Keicher, Weinbau/Weinkellerei	–	30	20%	60%	20%
113	Erlenbach, Paul Keicher, Weingut	–	20	20%	50%	30%
114	Fellbach, Gerhard Aldinger, Weingut	–	28	43%	46%	11%
115	Fellbach, Weingärtnergenossenschaft Fellbach eG	–	43	30%	42%	28%
116	Flein, Weingärtnergenossenschaft Flein-Thalheim eG	8	46	76%	20%	4%
117	Grantschen, Weingärtnergenossenschaft Grantschen eG	–	36	39%	53%	8%
118	Großbottwar, Bottwarkellerei eG	1	59	58%	32%	10%
119	Heilbronn, Drautz-Able, Weingut	–	26	23%	62%	15%
120	Heilbronn, Genossenschaftkellerei Heilbronn-Erlenbach-Weinsberg	6	74	61%	35%	4%
122	Heilbronn, G. A. Heinrich, Weingut	1	23	61%	30%	9%
123	Heilbronn, Rolf Heinrich, Weinbau	–	14	36%	43%	21%
124	Heilbronn, Gerhard Strecker, Weingut Amalienhof	1	41	34%	44%	22%
126	Hessigheim, Felsengartenkellerei Besigheim, Weingärtnergenossenschaft eG	–	60	47%	35%	18%
127	Ingelfingen, Kochertalkellerei eG, Weingärtnergenossenschaft	–	36	19%	53%	28%
128	Kernen-Stetten, Karl Haidle, Weinbau – Weinkellerei	1	30	53%	30%	17%
129	Lauffen, Weingärtnergenossenschaft Lauffen	7	60	77%	20%	3%
130	Lehrensteinsfeld, Weingärtnergenossenschaft Lehrensteinsfeld eG	–	42	33%	43%	24%

Seite	Prämierungs-Betrieb	Bundes-Ehrenpreise seit 1961	Erzielte DLG-Preise 1985–87			
			insges.	Groß	Silber	Bronze
131	Leingarten, Herbert Hirsch, Weinbau – Kellerei	–	28	29%	50%	21%
132	Löwenstein, Winzergen. Löwenstein eG	6	37	81%	14%	5%
133	Mundelsheim, Weingärtnergenossenschaft Mundelsheim eG	–	51	47%	29%	24%
134	Möglingen, Württembergische Weingärtner-Zentralgenossenschaft eG	2	70	20%	50%	30%
136	Neckarsulm, Weingärtnergen. Neckarsulm eG	–	27	19%	59%	22%
137	Niedernhall, Weingärtnergen. Niedernhall eG	–	27	19%	70%	11%
138	Nordheim, Weingärtnergenossenschaft Nordheim eG	2	40	70%	28%	2%
139	Nordheim, Rolf Willy, Weinbau – Kellerei	–	30	33%	57%	10%
140	Obersulm-Affaltrach, Schloßkellerei Affaltrach, Dr. Reinhold Baumann KG	4	37	22%	51%	27%
141	Obersulm-Willsbach, Weingärtnergenossenschaft Mittleres Weinsberger Tal eG	1	41	49%	44%	7%
142	Oedheim, Karl Binnig, Weinbau/Weinkellerei	–	15	40%	47%	13%
143	Pfedelbach, Weinkellerei Hohenlohe eG	–	60	48%	37%	15%
144	Pfedelbach-Heuholz, Weingärtnergenossenschaft Heuholz eG	1	42	43%	43%	14%
145	Schwaigern, Heuchelbergkellerei eG	2	53	55%	38%	7%
146	Steinheim-Kleinbottwar, Michael Graf Adelmann, Weingut, Burg Schaubeck	–	26	31%	38%	31%
147	Stuttgart-Bad Cannstatt, Weingärtnergenossenschaft Bad Cannstatt eG	–	24	29%	42%	29%
148	Stuttgart-Untertürkheim, Weingärtnergenossenschaft Untertürkheim	–	29	28%	58%	14%
149	Stuttgart-Rotenberg, Theodor Kurrle, Weingut	1	17	47%	35%	18%
150	Stuttgart-Uhlbach, Weingärtnergenossenschaft Uhlbach eG	–	26	27%	65%	8%
151	Vaihingen-Gündelbach, Bezner-Fischer, Weingut Sonnenhof	1	27	33%	45%	22%
152	Vaihingen-Roßwag, Weingärtnergenossenschaft Roßwag-Mühlhausen eG	–	28	32%	43%	25%
153	Weinsberg, Wilhelm Ehrmann, Weinkellerei	–	18	22%	33%	45%
154	Weinsberg, Staatliche Lehr- und Versuchsanstalt für Wein- und Obstbau	11	41	44%	39%	17%
156	Weinstadt-Beutelsbach, Remstalkellerei	3	67	27%	48%	25%
158	Weinstadt-Großheppach, Bernhard Ellwanger, Weingut	–	21	57%	38%	5%
159	Winterbach, Jürgen Ellwanger, Weingut	1	26	58%	23%	19%

Weinkellerei Wangler, Abstatt

Besitzer:
Heinrich Wangler,
weiterer
Ansprechpartner:
Giesela Wangler

7101 Abstatt
Sportplatzstr. 9
☏ 0 70 62/
6 17 90

Bestockte
Rebfläche
26 ha

Spezialität:
Lagen- und Jahrgangssekte –
Flaschengärung

Anfahrt:
A 81, Abfahrt
Ilsfeld, über
Auenstein

Erstmals bei der
DLG-Bundesweinprämierung
1975

Küfermeister Heinrich Wangler versteht sein Handwerk, und man lernt etwas bei ihm – keiner weiß das besser als sein Geselle Thomas Bruckner, denn dieser wurde 1984 bester Weinküfer Deutschlands.

Meister Wangler führt seit 20 Jahren einen ständig wachsenden Betrieb. Heute baut er den Most von 110 vertraglich verbundenen Weingärtnern aus. Auf den erfaßten 26 Hektar wachsen vor allem Trollinger und Lemberger (zusammen 30%), Riesling und Kerner (40%) sowie Schwarzriesling.

Die vielen Direktkunden – sie nehmen zwei Drittel des Weines ab – bevorzugen trockene (25%) und halbtrockene (65%) Weine. Unter den lieblichen finden sie Raritäten wie Beerenauslesen und Eisweine. Zur Preisorientierung: eine Flasche Riesling Kabinett kostet 5,70 DM. Weinproben, außer Dienstag und Sonntag bis zu 30 Personen. Eigene Sekte und Brennerei.

Strombergkellerei Bönnigheim eG

Geschäftsführer:
Werner Hilligardt,
weiterer Ansprechpartner:
Kellermeister Klaus Kunkel

7124 Bönnigheim
Cleebronner Straße 70
☏ 0 71 43/20 46

Bestockte Rebfläche
310 ha

Spezialität:
Weine von verschiedenen Bodenarten

Anfahrt:
A 81, Abfahrt Mundelsheim, über Kirchheim

Erstmals bei der DLG-Bundesweinprämierung 1966

Größter Stolz der Bönnigheimer ist ihr Lemberger (20% Anbauanteil). Diese edle Rotweinrebe stellt ganz spezielle Ansprüche an Boden und Klima. Die schweren, hitzigen Keuperböden in den besten Lagen um Bönnigheim sind ihr gerade recht.

Ansonsten pflegen die 610 Mitglieder aus Bönnigheim, Hohenhaslach, Kirchheim, Hohenstein, Freudental und Sachsenheim auf ihren 310 Hektar Weinbergen auch die anderen württemberger «Roten» Trollinger (21%) und Schwarzriesling (22%). Wichtige Weißweinreben sind neben dem Riesling Kerner und Müller-Thurgau (alle um 10%).

Über zwei Drittel des Weines werden halbtrocken ausgebaut, der Anteil der trockenen Weine (bislang 15%) steigt. Der Probiersaal der Genossenschaft faßt bis zu 100 Personen.

Zur Preisorientierung soll die bevorzugte Rebsorte Lemberger dienen: Ein Kabinett kostet 6,80 DM.

Weingärtnergenossenschaft Brackenheim-Neipperg-Haberschlacht, Brackenheim

Geschäftsführer: Hermann Alt, weiterer Ansprechpartner: Kellermeister Friedrich Hammel

7129 Brackenheim Neipperger Straße 60
☏ 0 71 35/40 35

Bestockte Rebfläche 210 ha

Spezialität: Lemberger

Erstmals bei der DLG-Bundesweinprämierung 1952

Seit 700 Jahren sind Weinberge in Brackenheim nachgewiesen. Theodor Heuss, der berühmteste Sohn der Stadt, ließ über seinen «Zweifelberg Lemberger» nichts kommen und setzt ihn höchsten Staatsgästen nach dem launigen Motto vor: «Wenn ma scho net wenig esset – so sot ma z'mindescht g'nug trinke.» Die von 37 Mitgliedern im Jahre 1925 gegründete Genossenschaft wurde 1951 durch die Fusion mit den Weingärtnergenossenschaften Neipperg und Haberschlacht auf heute 320 Mitglieder erweitert und verfügt in ihrem nunmehr ausgesiedelten modernen Betrieb über eine Lagerkapazität von rund 7,5 Millionen Litern. In der größten Weinbaugemeinde Württembergs wachsen etwa zwei Drittel Rotweine – Brackenheim ist mit Abstand größter Lembergerort – und ein Drittel Weißweine. Die wichtigsten Rebsorten: Trollinger (25%), Lemberger (18%) und Riesling (21%). Der Ausbau der auf Keuper- und Keupermergelböden im

Brackenheim, größte Weinbaugemeinde in Württemberg

Rebsorten: Trollinger, Riesling, Lemberger

Anfahrt: A 81, Abfahrt Mundelsheim, über Kirchheim

Südhang des Heuchelbergs gewachsenen Trauben erfolgt überwiegend trocken (20%) und halbtrocken (65%) in Stahltanks. Preisorientierung: ein Riesling Kabinett kostet 7,90 DM, ein Lemberger Kabinett 9 DM.

Ob es sich um das «schwäbische Nationalgetränk», den hellroten Trollinger oder um den schwereren, feinherben Lemberger handelt – regelmäßig werden die Weine aus dieser besuchenswerten Landschaft hoch prämiert. Aus dem Altbau wurde die gemütliche Probierstube – das «Kelterstüble» – in den Neubau mit übernommen. Gruppen bis zu 150 Personen.

Weingärtnergenossenschaft Dürrenzimmern-Stockheim eG, Dürrenzimmern

Geschäftsführer: Werner Weidemann, weiterer Ansprechpartner: Kellermeister Siegfried Brose

7129 Brackenheim-Dürrenzimmern Meimsheimer Straße 11
☏ 0 71 35/40 78

Bestockte Rebfläche 200 ha

In fast allen württembergischen Weinorten wird der überwiegende Teil des Weins bei einer Genossenschaft ausgebaut. Daß aber buchstäblich alle Weingärtner eines Ortes – wie hier in Dürrenzimmern – in der Genossenschaft organisiert sind, ist selten.

1970 schlossen sich die Ortsgenossenschaften von Dürrenzimmern und Stockheim zusammen. Heute bewirtschaften die nahezu 400 Mitglieder eine Rebfläche von 200 Hektar.

Die bewegte Geschichte der Region hat bedeutende Spuren hinterlassen. Besonders Stockheim, das über 500 Jahre lang dem Deutschen Orden gehörte, lohnt einen Besuch. Schloß Stocksberg über dem Ort beherrscht das Landschaftsbild im weiten Umkreis.

Im April 1983 konnte die Genossenschaft ihre neuen Gebäude in Dürrenzimmern beziehen, gerade rechtzeitig, um auch die Rekordernte von

Erstmals bei der DLG-Bundesweinprämierung 1955

über fünf Millionen Kilogramm Trauben aus dem Jahr 1982 einlagern zu können.

Spezialität: Lemberger, Weißherbst

Seitdem verkosten Besucher auch in neuen, repräsentativen Räumlichkeiten ihren Wein. Selbst Weinproben für Gruppen bis zu 100 Personen sind hier an allen Tagen möglich (Anmeldung erbeten).

Anfahrt: A 81, Abfahrt Mundelsheim, über Kirchheim

Auf den Südhängen des Heuchelbergs, auf schweren, nährstoffreichen Keuperböden, gedeihen (mit jeweils um 20% Anbauanteil) vor allem die typisch schwäbischen Rebsorten Trollinger, Lemberger und Riesling. Die meisten Weine werden halbtrocken ausgebaut (78%), immer mehr jedoch auch trocken (gegenwärtig 12%). Besonders stolz sind die Dürrenzimmerner auf ihre körperreichen, feinherben Lemberger (9,20 DM für einen Kabinett), die auf Landes- und Bundesebene oftmals prämiert wurden. Auch eine seltene Spezialität dieser Rebsorte führt man im Angebot: Einen Lemberger Weißherbst.

Weingärtnergenossenschaft Hausen a. d. Zaber eG, Brackenheim-Hausen

Vorstand:
Rolf Reimer,
Geschäftsführer:
Rudi Hopp

7129 Brackenheim-Hausen
Kelterstr. 2
☏ 0 71 35/50 51

Bestockte Rebfläche
145 ha

«Jupitersäule» römischen Ursprungs

Boden:
Lehmboden, Verwitterungsböden des Keupermergels

Erstmals bei der DLG-Bundesweinprämierung 1961

Der Weinort Hausen liegt zwischen Stromberg und Heuchelberg an der Pforte zum reizvollen Zabergäu. Der Weinbau hat hier eine lange Tradition, vielleicht betrieben ihn schon die Römer. Auf einer 1954 gefundenen sieben Meter hohen Jupitersäule dankt der Besitzer eines römischen Gutshofes dem Gott für eine gute Ernte. Dort, wo damals das Gut gestanden haben mag, befindet sich heute die Kelter der 1939 gegründeten Genossenschaft, die inzwischen 280 Mitglieder zählt. In mehreren Baustufen wurden Kelter, Verkaufsräume und Probierstuben zeitgemäß errichtet. Die Lagerkapazität beträgt heute fünf Millionen Liter Wein. Grund zum Feiern im Jahre 1987: Abschluß des Kelter-Neubaus.

Die Weinstöcke der Hausener Weingärtner stehen am Südhang des Heuchelbergs. Die neugeschaffene Lagenbezeichnung «Jupiterberg» erinnert an den historischen Fund. Der Schwarzriesling (18%) fühlt sich auf fruchtbarem Lehm-

Spezialität: kräftiger Lemberger, purpurfarbener Samtrot

boden besonders wohl. Riesling (23%), Trollinger (16%) und Lemberger (10%) bevorzugen die Verwitterungsböden des Keupermergels, ebenso der Müller-Thurgau (12%). Eine Rotweinspezialität im Angebot ist der Samtrot (5%). Die Weine werden überwiegend lieblich (80%), aber auch, mit steigender Tendenz, trocken (15%) in Stahltanks ausgebaut. Zur Preisorientierung: Eine Flasche Schwarzriesling Kabinett kostet 5,70 DM.

Zu 30% werden die Weine «ab Hof» in Württemberg an Verbraucher vermarktet – aber auch der Rest bleibt im «Ländle»: Der Weinhandel und die Gastronomie in Schwaben sind die Hauptabnehmer.

Anfahrt: A 81, Abfahrt Mundelsheim, über Kirchheim

In den neuen Räumen werden Weinproben mit bis zu 200 Teilnehmern veranstaltet. Sehenswert für die Besucher der Genossenschaft ist der neuangelegte Platz gegenüber der Kelter mit dem Abguß der Jupiter-Säule. Die mittelalterliche Ritterfigur am Kirchturm lohnt einen kleinen Spaziergang durch den Ort.

Weingärtnergenossenschaft Cleebronn-Güglingen-Frauenzimmern eG, Cleebronn

Geschäftsführer: Hans Gerstenlauer, weiterer Ansprechpartner: Kellermeister Wilfried Dörr

7121 Cleebronn Ranspacher Straße 1
☎ 0 71 35/50 59

Bestockte Rebfläche 270 ha

Spezialität: Analysenwerte auf dem Etikett

Anfahrt: A 81, Abfahrt Mundelsheim, über Kirchheim

Erstmals bei der DLG-Bundesweinprämierung 1962

Die 543 Mitglieder zählende Genossenschaft erntet auf 270 Hektar Rebland – 65% Hanglagen und 35% Steillagen – Riesling (21%), Schwarzriesling (15%), Kerner (15%), Müller-Thurgau (12%), Trollinger (11%), Lemberger (10%) und Silvaner (9%). Der Geschmack der Weine aus den Lagen Michaelsberg, Kaiserberg und Heuchelberg (Großlage) wird durch die Keuperböden geprägt. Kellermeister Dörr baut sie in Stahltanks überwiegend halbtrocken (65%) und trocken (16% – steigende Tendenz) aus. Zur Preisorientierung: Eine Flasche Riesling Kabinett kostet 7,30 DM. Durch ein besonders gestaltetes Etikett wirbt die Genossenschaft um das Vertrauen der Weinfreunde: Über dem rechten Wappen kann man mit einer speziellen roten Lupe die wichtigsten Analysewerte des Weines erkennen. Weinproben sind für Gruppen von 25 bis 200 Personen möglich.

Weingärtnergenossenschaft Eberstadt eG, Eberstadt

Geschäftsführer: Hermann Rank, weiterer Ansprechpartner: Kellermeister Klaus Kühner

7101 Eberstadt Lennacher Straße 25
☎ 0 71 34/ 16 88/9

Bestockte Rebfläche 160 ha

Hochsprung-meeting (2 Weltrekorde) in Eberstadt – Sieger wird mit Wein aufgewogen

Anfahrt: A 81, Abfahrt Weinsberg-Ellhofen

Erstmals bei der DLG-Bundes-weinprämierung 1961

Der Sieger des alljährlichen Eberstädter Hochsprungtreffens wird mit Eberstädter Spitzenweinen aufgewogen – die Sportler danken es mit Spitzenleistungen: schon zweimal fiel der Weltrekord. Der Weinbau hat in Eberstadt eine 700-jährige Tradition. Die Genossenschaft wurde inzwischen mehrmals vergrößert und modernisiert. Den 330 Mitgliedern steht heute eine Lagerkapazität von sechs Millionen Litern zur Verfügung. Auf 160 Hektar Keuperboden, der durch eine Schilfsandsteinschicht geschützt ist, wachsen in den Lagen Wildenberg und Sommerhalde vor allem Riesling und Trollinger (je 30%), um 10% Anbauanteil haben Lemberger, Schwarzriesling und Kerner. Die meisten Weine sind halbtrocken ausgebaut, der Anteil der trockenen Weine (jetzt 30%) steigt. Ein Riesling Kabinett kostet 7,40 DM. Weinproben sind auch für Gruppen bis zu 110 Personen möglich.

Weinbau/Weinkellerei Klaus Keicher, Erlenbach

Inhaber:
Klaus Keicher,
weiterer
Ansprechpartner:
Elisabeth Keicher

7101 Erlenbach
Am Ohrberg 2
☏ 0 71 32/74 54

Bestockte
Rebfläche
25 ha

Spezialität:
biologischer
Säureabbau
bei Rotweinen

Anfahrt:
A 81, Abfahrt
Weinsberg-
Ellhofen

Erstmals bei der
DLG-Bundes-
weinprämierung
1966

Der Betrieb entstand im 18. Jahrhundert aus einer Wagnerei – zuerst kam das Küferhandwerk, dann der Weinbau dazu. Klaus Keicher hat ihm eine moderne Erzeugergemeinschaft mit über 100 Mitgliedern angegliedert. Die Ernte von etwa 25 Hektar Weinbergen (Keuper- und Kiesböden) baut er in Stahl- und Kunststofftanks aus. Der meiste Wein kommt lieblich auf die Flasche (70%), der Anteil trockener (20%) und halbtrockener Weine (10%) steigt jedoch.

Keichers Leitlinien bei der Weinbereitung: Betont sortentypisch und biologischer Säureabbau für Rotwein. Die wichtigsten Rebsorten sind Riesling und Trollinger mit je 30% Anbauanteil, bedeutend sind auch Schwarzriesling (15%) und Lemberger (10%). Dazu kommen Spezialitäten: Muskateller, Samtrot, Clevner und Gewürztraminer. Probenmöglichkeit für bis zu 50 Personen. Riesling Kabinett kostet 6,30 DM.

Weingut Paul Keicher, Erlenbach

Besitzer:
Paul Keicher

7101 Erlenbach
Am Gaisberg 1
☏ 0 71 32/27 31

Bestockte Rebfläche 7,2 ha

Spezialität: Muskateller

Anfahrt: A 81, Abfahrt Weinsberg-Ellhofen

Erstmals bei der DLG-Bundesweinprämierung 1977

Weinproben werden bei den Keichers nicht durchgeführt. Sie betreiben jedoch eine typisch württembergische Besenwirtschaft, in der Gäste und Kunden den Abend beim Wein verbringen und in Ruhe probieren können. Das Angebot reicht von den württembergischen Rebsorten Riesling (25%), Trollinger (19%), Lemberger (17%), Spätburgunder (15%), Schwarzriesling (15%) bis zu Spezialitäten wie Muskateller, Dornfelder, Traminer, Ortega und Müller-Thurgau (zusammen 10%), vorwiegend halbtrocken (45%) und trocken (35%) ausgebaut. Die Familie Keicher bewirtschaftet 7,2 Hektar Weinberge rund um Erlenbach. Man kann hier wirklich von Bergen sprechen, denn 90% der Lagen sind steil, 10% liegen am Hang. Die im Stahltank ausgebauten Weine werden fast vollständig direkt an den Verbraucher verkauft. Durchschnittspreis für eine Flasche Riesling Kabinett 6 DM.

Weingut Gerhard Aldinger, Fellbach

Besitzer:
Gerhard Aldinger, weiterer Ansprechpartner: Gert Aldinger

7012 Fellbach
Schmerstr. 25
Tel. 07 11/ 58 14 17

Bestockte Rebfläche 14,7 ha

Spezialität: «Untertürkheimer Gips»

Anfahrt: Von Stuttgart Richtung Fellbach

Erstmals bei der DLG-Bundesweinprämierung 1963

Ein Weingut für die Freunde trockener Weine: Traditionell werden etwa zwei Drittel aller Sorten trocken ausgebaut, wobei «trocken» hier für «durchgegoren» steht! Zusätzlich zu den eigenen knapp sechs Hektar Weinbergen um Fellbach bewirtschaftet Gerhard Aldinger auch die gepachtete Lage «Untertürkheimer Gips» mit neun Hektar Rebfläche einer ehemaligen Gipsgrube. Diese Bezeichnung ist auch als Markenname geschützt. Trollinger (41% Anbauanteil) und Riesling (27%) geraten auf den Gipskeuperböden besonders reintönig. Wichtige Rebsorten sind außerdem Spätburgunder, Müller-Thurgau und Kerner (alle um 7%). Jugendliche Weine der Rebsorten Dornfelder und Müller-Thurgau bietet Aldinger als «Primeur» an. Zur Preisorientierung: Ein Trollinger oder Riesling Kabinett kosten 9,40 DM. Weinproben an Werktagen und Samstagvormittag.

Weingärtnergenossenschaft Fellbach eG, Fellbach

Geschäftsführer:
Heinz Frick,
weiterer
Ansprechpartner:
Kellermeister
Georg Tewald

7012 Fellbach
Kappelberg-
straße 48
☏ 07 11/
58 78 61

Bestockte
Rebfläche
165 ha

Spezialität:
50% Trollinger

Anfahrt:
Von Stuttgart
Richtung
Fellbach

Erstmals bei der
DLG-Bundes-
weinprämierung
1961

Wer einmal Gelegenheit hat, mit Kellermeister Georg Tewald dessen Trollinger zu probieren, lernt diese Rebsorte schätzen. Mit 50% Anbauanteil ist sie die dominierende Rebsorte auf den 165 Hektar Weinbergen der 320 Mitglieder. Riesling und Müller-Thurgau (je 20%) sind die wichtigsten Weißweinreben. Die meisten Weine (60%) baut Tewald halbtrocken aus – jeweils 20% trocken und lieblich.

Die Fellbacher Genossenschaft wurde schon 1857 gegründet und ist damit eine der ältesten in Württemberg. Die Qualität der Weine und die Nähe zu Stuttgart bringen ihren Ezeugnissen einen hohen Direktabsatz von rund 60% der Gesamtmenge. Bis zu 60 Personen sind zu Weinproben willkommen. Ein Riesling Kabinett kostet 7,60 DM.

Weingärtnergenossenschaft Flein-Talheim eG, Flein

Geschäftsführer: Helmut Ebert, weiterer Ansprechpartner: Kellermeister Franz Pototschnigg

7101 Flein
Römerstr. 14
☎ 0 71 31/
5 20 33

Bestockte Rebfläche 260 ha

Spezialität: seit vier Jahren Versuche mit biologischem Ausbau, Abfüllung ohne Schwefel

Anfahrt: A 81, Abfahrt Heilbronn/Untergruppenbach

Erstmals bei der DLG-Bundesweinprämierung 1951

Zwei Orte, die sich gut ergänzen: Der Fleiner Riesling ist in ganz Württemberg bekannt, in Talheim überwiegt Rotwein.

Vor dem Hintergrund einer bis ins 8. Jahrhundert reichenden Rebentradition erzeugen die 425 Mitglieder der Genossenschaft auf den 65% Hanglagen und 20% Steillagen mit Schilfsandstein-, Keuper-, Ton- und Muschelkalkböden eine vielfältige Weinpalette mit den Hauptrebsorten Riesling (53%) und Schwarzriesling (32%). Die Weine vom Fleiner Altenberg, Eselsberg, Sonnenberg, Kirchenweinberg und Talheimer Schloßberg werden in Betonbehältern und Stahltanks ausgebaut und überwiegend halbtrocken (60%) und trocken (10%), aber auch lieblich (30%) angeboten. Sie gehen an den Weinhandel (42%) und an Großabnehmer, Verbraucher und die Gastronomie. Eine Flasche Riesling Kabinett kostet 7,30 DM. Weinproben, außer Sonntag, bis zu 100 Personen.

Weingärtnergenossenschaft Grantschen eG, Weinsberg-Grantschen

Geschäftsführer: Bruno Bolsinger, weiterer Ansprechpartner: Kellermeister Fritz Herold

7102 Weinsberg-Grantschen Winzerstr. 7

Bestockte Rebfläche 110 ha

Spezialität: „Schwarze Serie" (besondere Weine)

Anfahrt: Über Autobahnkreuz Weinsberg

Erstmals bei der DLG-Bundesweinprämierung 1954

«Grantschener» – «Lemberger» – «schwarze Serie», so könnte die Steigerung des Begriffes Wein für die 170 Genossenschaftsmitglieder lauten. Seit 1979 erst gibt es diesen Zusammenschluß von Ellhofenern und Grantschenern mit der für Württemberger Maß kleinen Rebfläche von 110 Hektar. Der rote Lemberger ist ihre Spezialität, seine besten Erzeugnisse kommen in die neu ausgestattete «Schwarze Serie». Sie ist den Prädikatsweinen vorbehalten – derzeit auch Trollinger, Riesling und Gewürztraminer sowie dem typisch schwäbischen Trollinger/Lemberger-Verschnitt. – Wie alle anderen Weine gibt es die schwarzen in den drei Geschmacksrichtungen; ein Lemberger Kabinett kostet 8,55 DM. – Aufgrund fehlender Räumlichkeiten sind bei dieser WG keine Weinproben möglich.

Bottwartalkellerei eG, Großbottwar

Geschäftsführer:
H. Gehringer

7141 Groß-
bottwar
Oberstenfelder
Straße 80
☏ 0 71 48/
60 12/3

Bestockte
Rebfläche
475 ha

Spezialität:
Riesling

Die Bottwartalkellerei entstand 1966 als Zusammenschluß von fünf früher selbständigen Genossenschaften. Sie ist einer der größten Weinbaubetriebe im «Ländle». Die rund 1000 Mitglieder bewirtschaften 475 Hektar Rebhänge mit Keuper-Mergelböden. Etwas mehr Rot- als Weißwein erzeugen die Bottwartäler Wengerter, vorwiegend aus Trollinger (37% Anbauanteil). Wichtig sind außerdem Schwarzriesling (6%) und Lemberger (4%). Bei den weißen Reben sind Riesling (22%), Müller-Thurgau (14%) und Kerner (8%) von Bedeutung.

Ein Großteil des Weines wird in Beton- und Stahltanks halbtrocken (62%) ausgebaut, 13% der Weine kommen «trocken» auf die Flasche. Natürlich sind Weinhandel und Großabnehmer bei einem Betrieb dieser Größenordnung wichtige Kunden, aber auch Privatkunden (Gruppen bis zu 75 Personen) sind zum Weinverkosten willkommen. Zur Preisorientierung: 7 DM kostet ein Riesling Kabinett.

Anfahrt:
A 81, Abfahrt
Mundelsheim

Erstmals bei der
DLG-Bundes-
weinprämierung
1955

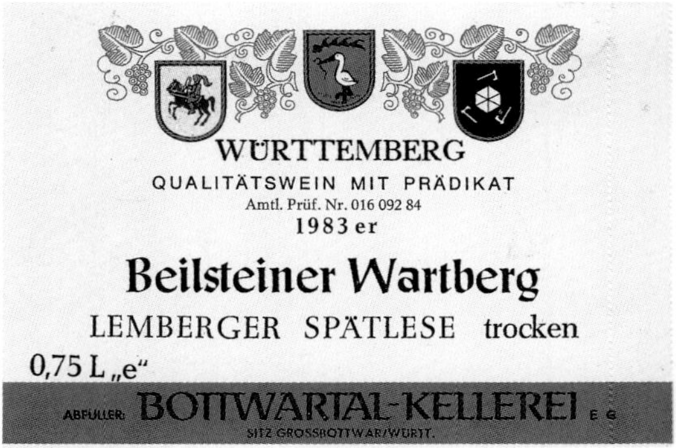

Weingut Drautz-Able, Heilbronn

Besitzer:
Christel Able und Richard Drautz, weiterer Ansprechpartner: Monika Drautz

7100 Heilbronn
Faißstr. 23
☎ 0 71 31/ 7 79 08

Bestockte Rebfläche 9,2 ha

Spezialität: Ausbau in neuen Eichenfässern

Anfahrt: Von der A 6 oder der A 81

Erstmals bei der DLG-Bundesweinprämierung 1963

Das Weingut hat Geschichte – seit 1496, was aber das heutige Leitungs-Trio (nebenstehend) nicht daran hindert, frisch-fröhlich in der Preisliste den «Häusles-Wein» als Tafelwein in weiß und rot anzubieten. Oder den «Kerner d'r Muntermacher» und das «Vierteles-Fläschle» vom «Trollinger mit Lemberger». Andererseits: Bewährte Rebsorten wie Riesling, Trollinger, Lemberger und Spätburgunder (Anteile in dieser Reihenfolge) auf 9,2 Hektar buntem Mergel und Gipskeuper. Und: Ausbau einiger Weine in neuen, kleinen Eichenholzfässern.

Fast alle Kunden wollen trockene (40%) oder halbtrockene Weine – nur noch 5% «lieblich». Natürlich wohnen die meisten Käufer in Württemberg, eine beträchtliche Zahl jedoch auch in den USA und in Südostasien. Ein Riesling Kabinett kostet 8,20 DM.

Genossenschaftskellerei Heilbronn-Erlenbach-Weinsberg eG, Heilbronn

Geschäftsführer: August Muhler, weiterer Ansprechpartner: Kellermeister Herbert Volz

7100 Heilbronn Binswanger Straße ☎ 0 71 31/ 1 00 27

Bestockte Rebfläche 600 ha

Aus drei mach eins. Man hat sich zusammengerauft; das Ergebnis ist eine Gemeinschaftskellerei inmitten der Reben zwischen den drei Gemeinden. Hier wird der Wein von 600 Mitgliedern und 600 Hektar ausgebaut. Hier werden aber auch seit einem Jahrzehnt Spitzenweine aus ganz Deutschland zur DLG-Prämierung angestellt, denn das Genossenschaftsgebäude ist «Stammsitz» der Prüfungskommissionen geworden. Mehrere Probierräume bieten gute Voraussetzungen für öffentliche – wie selbstverständlich auch für private – Weinverkostungen. Zu letzteren sind bis zu 300 Besucher – werktags – eingeladen.

Der Boden ist allen Weinen gemeinsam, Keuper nämlich; ansonsten aber gibt es Vielfalt zu verkosten: Über 100 verschiedene Weine und

Anfahrt: Zwischen Heilbronn und Erlenbach

Erstmals bei der DLG-Bundesweinprämierung 1953

nicht nur die «schwäbischen Standards» wie Riesling (30% Anteil) und Trollinger (30%), Schwarzriesling, Kerner, Müller-Thurgau und Lemberger, sondern auch Ungewöhnliches wie

Spezialität Clevner, Samtrot, Muskat-Trollinger, Muskateller, Gewürztraminer

Frühburgunder (hier «Clevner» geheißen), Samtrot, Gewürztraminer, Muskateller und Muskat-Trollinger. Ausbau in Stahl und zu fast zwei Dritteln halbtrocken. Der Trocken-Anteil von zur Zeit 15% steigt, während die «Lieblichen» (zuletzt 25%) fallende Tendenz haben.

Rebveredlungsanstalt ist der Genossenschaftskellerei angeschlossen

Zu erwähnen ist noch, daß der berühmte Arzt und Dichter Justinus Kerner in Weinsberg von den Wein-Vorgängern schwärmte, daß die WG roten und weißen Sekt anbietet und mit selbst veredelten Reben sowie Versuchsweinbergen für den eigenen Rebennachwuchs und neue Qualitätserkenntnisse sorgt.

Sommerfest am ersten Juni-Wochenende

Ein Schwarzriesling-Kabinett kostet 6,40 DM, zum Probieren der acht Weißwein- und neun Rotweinsorten gibt es alljährlich mit dem «Sommerfest» eine besonders lustige Gelegenheit.

Weingut G. A. Heinrich, Heilbronn

Besitzer:
Adolf und Martin Heinrich

7100 Heilbronn
Riedstr. 29
☏ 0 71 31/ 7 59 48 und 16 13 39

Bestockte Rebfläche 8,5 ha

Spezialität: biologischer Säureabbau bei allen Weinen

Anfahrt: Von der A 6 oder der A 81

Erstmals bei der DLG-Bundesweinprämierung 1976

Die Besenwirtschaft ist von sehr gemütlicher Art und überaus besucht, wenn sie ein- oder zweimal im Jahr öffnet. Das Weingut pflegt auch im Neubau sichtlich die Tradition, die ein früher Vorfahr 1630 begründet hat. Die Weine sind zum großen Teil aus vier Rebsorten gekeltert (Riesling, Trollinger, Lemberger, Schwarzriesling) und trocken oder halbtrocken. Trocken-Anteil: 55% und steigend. Lieblich-Anteil: 10% und fallend. Die «Trockenen» gibt es vom Qualitätswein bis zur Auslese durchgegoren und mit ausschließlich biologischem Säureabbau. Daß auf den 8,5 Hektar Keuperböden auch Spitzenweine bis zur Trockenbeerenauslese – und Grundweine für Brut-Sekte wachsen, zeigt die Preisliste, die einen Riesling Kabinett mit 8,50 DM ausweist. Fast alle Weine gehen unmittelbar an den Endverbraucher.

Gruppen bis 80 Personen können sich zur Probe im Familienbetrieb anmelden.

Weingut Rolf Heinrich, Heilbronn

Besitzer:
Rolf Heinrich,
weiterer
Ansprechpartner:
Thomas Heinrich

7100 Heilbronn
Riedstr. 23
☏ 0 71 31/
7 12 86

Bestockte
Rebfläche
5,9 ha

Spezialität:
Schillerwein

Anfahrt:
Von der A 6
und A 81

Erstmals bei der
DLG-Bundes-
weinprämierung
1981

Auch in schwächeren Jahren kommt im Weingut Heinrich kein Tafel- oder Landwein auf die Flasche – er wird als leichter Zechwein in der eigenen Besenwirtschaft (dreimal im Jahr geöffnet) ausgeschenkt.

Neben Vater und Mutter arbeitet Sohn Thomas, gelernter Weinsberger Weinbautechniker, im Betrieb. Er ist vor allem für die Kellerarbeit zuständig. Seine Weine behandelt er so schonend wie möglich. Wo es geht, verzichtet er auf Schönungen, deshalb werden die Weine auch nie früh gefüllt. Der Lemberger etwa, wie alle Rotweine traditionell auf der Maische vergoren, lagert über ein Jahr im Holzfaß.

Nur noch ein Zehntel des Weines wird lieblich ausgebaut, die Kundschaft bevorzugt – wie der Vater – halbtrockene Weine, deren Anteil mittlerweile auf 70% gestiegen ist. Ein Riesling Kabinett kostet um 7,80 DM.

Weingut Amalienhof, Gerhard Strecker, Heilbronn

Besitzer:
Fam. Strecker

7100 Heilbronn
Lukas-Cranach-Weg 5
☏ 0 71 31/ 5 17 35

Bestockte Rebfläche
23,2 ha

Spezialität:
Riesling, Samtrot und Weißherbst

Erstmals bei der DLG-Bundesweinprämierung 1955

Gerhard Strecker ist schon heute eine «schwäbische Figur». Nicht nur, weil er als typischer Tüftler württembergischer Art für den eigenen Weinbaubereich einige Patente anmelden konnte. Und nicht nur, weil er zu den wenigen Deutschen gehört, die in jüngster Zeit, gewissermaßen bei Null startend, ein Weingut aufbauen konnten. Was ihn vor allem heraushebt, ist die Tatsache, daß er 20 Hektar Brachgelände zu einem Musterweinberg werden ließ, und – wie er das gemacht hat. Lobenswert aber auch, was dabei optisch Bemerkenswertes und im naturnahen Weinbau Vorbildliches (komplette Dauerbegrünung etc.) herausgekommen ist. «Steinberg» heißt die zusammenhängende Südlage auf deren 20 Hektar neben Reben auch Feigen, Mandeln und Forsythien gedeihen. Hinzu kommen rund weitere 3,2 Hektar in Heilbronn, Flein und Talheim.

Beispielhafte Bepflanzung der Lage Steinberg

Qualitäts-orientierter Anbau

Anfahrt: Direkt an der B 27

Luftbild freigegeben durch Reg.-Präs. Stuttgart Nr. 2/46751 C

Auch die große Angebotspalette ist typisch für dieses Weingut. Der Riesling liegt mit 34% bei den Rebsorten vorn, gefolgt von Trollinger (22%), Samtrot und Schwarzriesling (je 11%) und Kerner (7%). Beim Ausbau der Weine – 60% halbtrocken, 20% trocken und 20% lieblich – richten sich die Streckers nach den Wünschen ihrer Kunden, die beim Weineinkauf (Ruhetag Sonntag) die Weine vor Ort probieren können. Zur Preisorientierung: Eine Flasche Riesling Kabinett kostet 8 DM.

Besonders stolz ist man im Weingut auf die vorzüglichen Rieslinge aus dem «Steinberg», der seit alters her als Riesling-Domäne gilt. Die hochwertigen, klassischen Samtrot-Weine und der Weißherbst werden als weitere Spezialitäten gepflegt.

Felsengartenkellerei Besigheim eG, Hessigheim

Geschäftsführer: Fritz Gräter, weiterer Ansprechpartner: Kellermeister Heinz Essig

7121 Hessigheim
Am Felsengarten 1
☏ 0 71 43/57 14

Bestockte Rebfläche 350 ha

Spezialität: Rotweintrauben werden vor der Gärung abgebeert

Anfahrt: A 8, Abfahrt Mundelsheim

Erstmals bei der DLG-Bundesweinprämierung 1977

Mitten in den Weinbergen liegt diese Genossenschaft, und so nah an den namengebenden Felsengärten, daß Sonntagsausflügler ihren Wagen auf den Parkplatz der Genossenschaft stellen, wenn sie das Naturdenkmal besuchen. 1972 fusionierten die Besigheimer und die Hessigheimer Genossenschaften zur Felsengartenkellerei. Sie hat heute 1259 Mitglieder (auch aus Bietigheim-Bissingen, Gemmrigheim, Löchgau und Walheim), die 350 Hektar Muschelkalkböden bewirtschaften. Im Angebot überwiegen Rotweine (60%): Trollinger (30% – 8,50 DM der Kabinett), Schwarzriesling, Lemberger. Wichtigste Weißweinreben sind Riesling (15%), Kerner und Müller-Thurgau. Im hochmodernen Keller (11,4 Millionen Liter Faßraum in Edelstahltanks) werden die Weine überwiegend halbtrocken (60%) ausgebaut. Bis zu 120 Personen sind – auch am Sonntag – zu Weinproben willkommen.

Kochertalkellerei eG, Ingelfingen

Geschäftsführer:
Hubert Strecker,
weiterer
Ansprechpartner:
Kellermeister
Eduard
Kumpitsch

7118 Ingelfingen
Mühlstr. 13
☏ 0 79 40/60 68

Bestockte
Rebfläche
98 ha

Spezialität:
Silvaner
Trockenbeeren-
auslesen
«Schloßgeist»

Anfahrt:
A 6, Abfahrt
Kupferzell, über
Künzelsau

Erstmals bei der
DLG-Bundes-
weinprämierung
1966

350 Weingärtner der drei Weinorte Ingelfingen, Criesbach und Belsenberg sind seit 1965 in der Kochertalkellerei zusammengeschlossen – die Ingelfinger Vorgängergenossenschaft aber gehörte zu den ältesten in ganz Württemberg. Schon 1892 wurde sie gegründet.

Vor allem Silvaner (30%), Müller-Thurgau (30%) und Riesling (15% – 6,90 DM der Kabinett) wachsen in den Steilhängen über dem Kochertal. Besonderer Stolz und Spezialität der Genossenschaft sind Silvaner-Trockenbeerenauslesen. Sie werden unter dem Markennamen «Schloßgeist» vermarktet und waren in den Jahren 1979, 1983, 1985 und 1986 «Oechsle-Rekordler» des württembergischen Silvaners.

Das sehenswerte Städtchen, die Landschaft des Kochertals und der Wein ziehen viele Gäste an – so kann auch die Hälfte des Weins direkt an Privatkunden verkauft werden.

Weinbau/Weinkellerei Karl Haidle, Kernen-Stetten

Besitzer:
Hans Haidle,
weitere
Ansprechpartner:
Margarethe und
Susanne Haidle

7053 Kernen-
Stetten
Hindenburg-
straße 21
☏ 0 71 51/
4 25 03

Bestockte
Rebfläche
5,8 ha

Spezialität:
Stettener
«Pfeffer»
Riesling und
«Scheinheiliger»
Kerner

Anfahrt:
An der B 29

Erstmals bei der
DLG-Bundes-
weinprämierung
1962

Karl Haidle begann 1949 mit Flaschenvermarktung, seit 1968 hat sein Sohn Hans mit viel Energie und Können den Betrieb beträchtlich vergrößert. Außer der Ernte von eigenen 5,8 Hektar Weinbergen baut er auch den Most von vertraglich verbundenen Weingärtnern aus. Insgesamt 18 Hektar Rebfläche erfaßt der Betrieb. Auf den schweren Keuperböden um Stetten wachsen neben Riesling (40%), Kerner (15%) und Trollinger (10%) viele weitere Rebsorten.

Die feinfruchtigen, rassigen Weine haben einen hervorragenden Ruf gewonnen. Viele Privatkunden und die gehobene Gastronomie sind die Hauptabnehmer. 60% der Weine werden trocken ausgebaut – je nach Rebsorte im Holzfaß oder Stahltank. Außer am Samstagnachmittag und Sonntag sind Gäste in der Probierstube immer willkommen. Zur Preisorientierung: Ein Riesling Kabinett kostet 9,90 DM.

Weingärtnergenossenschaft Lauffen eG, Lauffen

Geschäftsführer:
Heinz Naser,
weiterer
Ansprechpartner:
Kellermeister
Alfred Gaiser

7128 Lauffen
Im Brühl 48
☎ 0 71 33/50 88

Bestockte
Rebfläche
480 ha

Spezialität:
70% Schwarzriesling

Anfahrt:
Von Heilbronn auf der B 27 in Richtung Stuttgart

Erstmals bei der DLG-Bundesweinprämierung 1954

Ein Besuch des malerischen Lauffen lohnt nicht nur für Kunstinteressierte und Hölderlin-Verehrer (der Dichter wurde hier geboren), sondern auch für Weinfreunde.

1935 wurde die Lauffener Genossenschaft von 156 Wengertern gegründet. Diese inzwischen größte Württembergische Ortsgenossenschaft hat heute 620 Mitglieder, die 480 Hektar Weinberge in den Lagen Katzenbeißer und Jungfer bearbeiten. Auf den Lauffener Muschelkalk-, Stein- und Kiesböden findet vor allem der Schwarzriesling geeignete Anbaubedingungen. Mit 70% Anbauanteil dominiert er das Angebot der Genossenschaft (6,20 DM ein Kabinett).

Natürlich sind auch alle weiteren, typisch württembergischen Rotweinspezialitäten im Angebot. Wichtigste Weißweinrebe ist der Riesling (7% Anbauanteil). Nach den Regeln moderner Kellerwirtschaft baut Kellermeister Alfred Gaiser 80% der Weine halbtrocken aus.

Weingärtnergenossenschaft Lehrensteinsfeld eG, Lehrensteinsfeld

Geschäftsführer: Erwin Gemmrig, weiterer Ansprechpartner: Kellermeister Hans Häfele

7102 Lehrensteinsfeld
Schloßstr. 29
☏ 0 71 34/ 1 51 97

Bestockte Rebfläche 130 ha

Anfahrt: A 81, Abfahrt Weinsberg/ Ellhofen, über Ellhofen

Erstmals bei der DLG-Bundesweinprämierung 1961

Für die Freunde wirklich trockener Weine füllt die Genossenschaft «Herbes» in Flaschen mit spezieller Ausstattung ab. Das schwarze Etikett signalisiert Kennern etwa 0,5 Gramm Restsüße (ein Riesling Kabinett dieser Serie 7,40 DM). Die Lehrensteinsfelder haben aber auch halbtrokkene (30%) und liebliche Weine (40%) im Angebot. Der Ort mit dem klingenden Namen ist «Rieslingdomäne»: Die Edelsorte führt mit weitem Abstand die Liste der angebauten Reben an (80%). Auf 130 Hektar Kalkkeuperböden der knapp 200 Wengerter in Lehrensteinsfeld gerät er besonders spritzig.

An Rotweinen werden Schwarzriesling (10%), Trollinger (8%) und Lemberger (2%) angebaut. Weinproben sind – bei vorheriger Anmeldung – für Gruppen von bis zu 150 Personen möglich. Auf Wunsch kann man dann auch die modernen Betriebsanlagen der traditionsreichen Genossenschaft (Gründungsjahr 1904) besichtigen.

Weingut/Weinkellerei Hirsch, Leingarten

Besitzer:
Herbert Hirsch,
weiterer
Ansprechpartner:
Artur Hirsch

7105 Leingarten
Kastanienstr. 1
☏ 0 71 31/
40 16 82

Bestockte
Rebfläche
6 ha

Spezialität:
trockener
Traminer

«Für jeden Gaumen ebbes» ist der Leitspruch von Herbert Hirsch. Er setzt ihn um, indem er vom «Trockenen» bis zum «Eiswein» eine breite Geschmackspalette anbietet, nicht nur über den Grad von Süße und Säure (76% halbtrocken, je 12% trocken und mild), sondern noch mehr über die spezifischen Eigenarten der vielfältig vertretenen Rebsorten: Neben Riesling (35%) und Trollinger (20%) sind auch Schwarzriesling und Kerner, Lemberger und Samtrot, Müller-Thurgau, Scheurebe und Gewürztraminer vertreten. Ausbau in Stahltanks und solchen aus geschmacksneutralem Kunststoff. Damit die Gäste bei den Weinproben auch optisch informiert werden, bietet das Weingut bei seinen Proben einen Film, der das Weinjahr vom Rebschnitt bis zur Lese vorstellt und vom Weingutsbesitzer fachbezogen kommentiert wird. – Der Preis für eine Flasche Lemberger Kabinett liegt bei 7,50 DM.

Anfahrt:
Von Heilbronn
auf der B 293
in Richtung
Karlsruhe

Erstmals bei der
DLG-Bundes-
weinprämierung
1971

Winzergenossenschaft Löwenstein eG, Löwenstein

Geschäftsführer:
Willi Simon,
weiterer
Ansprechpartner:
Kellermeister
Gerhard Haiber

7101 Löwenstein
Reisacher Str. 5
☏ 0 71 30/13 41

Bestockte
Rebfläche
160 ha

Spezialität:
umfangreiches
Sortenangebot

Anfahrt:
A 81, Abfahrt
Weinsberg/Ellhofen,
Richtung
Schwäbisch Hall

Erstmals bei der
DLG-Bundes-
weinprämierung 1955

Die «Löwensteiner Berge» haben für Modell-Landschaften Pate gestanden, Löwenstein liegt inmitten dieser Landschaftsidylle auf einem der Berge. Dort oben ist auch die Genossenschaft – mit ruhigem Blick auf Wald, Wiesen und Wein. 1940 gegründet, besitzt sie heute als Folge damaliger Versuchseuphorie eine bunte Rebenvielfalt. Seltenheiten wie der rote Sulmer gehören dazu. Das Hauptgewicht liegt aber (neuerdings verstärkt!) bei Bewährtem wie Riesling, Kerner, Trollinger, Schwarzriesling und Lemberger.

Weinproben in besagtem Raum bieten vorwiegend halbtrockene Weine (60% – 15% trocken), zum Beispiel einen Riesling Kabinett für 6,50 DM. – Nachzutragen: 160 Hektar Keuperböden, 240 Mitglieder, Proben nach Anmeldung (maximal 60 Personen).

Weingärtnergenossenschaft Mundelsheim eG, Mundelsheim

Geschäftsführer: Thomas Diedler, weiterer Ansprechpartner: Kellermeister Jürgen Karl

7121 Mundelsheim
Heinrich-Maulick-Str. 24
☏ 0 71 43/51 96

Bestockte Rebfläche 185 ha

Spezialität: Käsberg-Trollinger

Anfahrt: A 81, Abfahrt Mundelsheim

Erstmals bei der DLG-Bundesweinprämierung 1955

Die beste Lage der Mundelsheimer ist der «Käsberg», ein stark terrassierter Südhang über einer Neckarschleife – hier wächst ausschließlich der urschwäbische Trollinger. Auch in den anderen Lagen der 185 Hektar Weinberge der 546 Genossenschaftsmitglieder gedeihen auf Muschelkalkböden vor allem Rotweine: Neben dem Trollinger (35% Anbauanteil), Schwarzriesling (12% – der Kabinett zu 6,50 DM) und Lemberger (7%) auch Spätburgunder (5%). Wichtigste Weißweinrebe ist der Müller-Thurgau (17%).

Kellermeister Jürgen Karl baut 85% der Weine halbtrocken aus. Die 10% trockenen Weine im Angebot sind durchgegoren – mit einem Restzuckergehalt unter vier Gramm.

Die Genossenschaft wurde schon 1903 gegründet. Gerne führt man Besucher in den Keller, der noch mit Holzfässern ausgestattet ist. Dort steht auch das «Mundelsheimer Faß».

Württembergische Weingärtner-Zentral-Genossenschaft eG, Möglingen

Präsident, VVS:
Gottlob Wägerle,
Direktor:
Bernd R. Hoffmann,
Kellereidirektor:
Helmut Kübler

7141 Möglingen
Raiffeisenstr. 2
☎ 0 71 41/ 4 80 51

Die Zentralgenossenschaft der Württemberger Weingärtner hat ihren Sitz in Möglingen bei Ludwigsburg – nicht mitten in den Weinbergen, aber mitten im württembergischen Weinbaugebiet. Zweigbetriebe sind in Maulbronn und Stuttgart-Untertürkheim.

Die WZG wurde 1946 als Dachorganisation aller württembergischen Weingärtnergenossenschaften gegründet, und auch heute noch liefert jede Genossenschaft einen Teil ihrer Weinernte dorthin. Darüber hinaus haben viele kleinere Genossenschaften keine eigene Kellerwirtschaft: Sie sind reine Kelterstationen; der Most wird in Möglingen ausgebaut.

Weine aus dem gesamten Anbaugebiet Württemberg

Hauptgrund für die Schaffung der WZG waren die Ertragsschwankungen, die für das württembergische Weinbaugebiet typisch sind. Um Preisstürze nach üppigen Ernten und Lieferschwierigkeiten nach Frostjahren abzufangen, schufen die Württemberger diese große Zentralgenossenschaft mit ihrer enormen Lagerkapazität von 100 Millionen Liter. Inzwischen kommt

Jede vierte Flasche Württemberger Wein kommt aus der WZG

Anfahrt: A 81, Abfahrt Ludwigsburg-Süd

Erstmals bei der DLG-Bundesweinprämierung 1962

jede 4. Flasche Württemberger aus diesem Betrieb – um 200 individuell ausgebaute Weine aus dem gesamten württembergischen Weinbaugebiet bietet die umfangreichste schwäbische Weinpreisliste. Eindrucksvoller Qualitätsbeweis ist der Erfolg bei Prämierungen: Zwischen 70 und 80% der jährlich ausgebauten 24 Millionen Liter werden auf Landes- oder Bundesebene prämiert.

Im Angebot sind alle typisch württembergischen Rebsorten. In Stahl- und Glasbetontanks werden 20% trocken, 50% halbtrocken ausgebaut. Von ihrer Größe her ist die WZG der natürliche Partner für Großabnehmer (70%) und für den Export. Den allerdings machen die Schwaben unnötig: 70% der WZG-Weine werden im Schwabenland getrunken, kaum einer verläßt Deutschlands Grenzen. Preisorientierung: Eine Flasche Trollinger Kabinett kostet 8,50 DM.

Weingärtnergenossenschaft Neckarsulm eG, Neckarsulm

Geschäftsführer:
Erich Steinle

7107 Neckarsulm
Urbanstr. 15–21
☏ *0 71 32/63 19*

Bestockte Rebfläche
45 ha

Spezialität:
Trollinger

Anfahrt:
A 6, Abfahrt Heilbronn/ Neckarsulm

Erstmals bei der DLG-Bundesweinprämierung 1976

Das Deutsche Zweiradmuseum ist gleich nebenan – Ergänzung in Sachen Historie zur eigenen Tradition. Am freistehenden Kachelofen im Probierraum wird am ehesten deutlich, daß man seinen Wein in Württembergs ältester Weingärtnergenossenschaft trinkt. Von dort geht es mit dem Fahrstuhl in die Weinvergangenheit, in ein Kellergewölbe mit Holzfässern, die zwar nicht mehr aus dem Gründungsjahr 1855 stammen, jedoch mit imponierender Größe Vergangenes für die Zukunft bewahren. Gegenüber beginnt die Gegenwart mit Tanks aus Edelstahl, in dem heute die Weine von 45 Hektar Rebland und 176 Mitgliedern (auch aus Gundelsheim) ausgebaut werden. Vor allem sind das Trollinger (34%) und Riesling (24%), auch Lemberger, Schwarzriesling und Kerner. 50% davon halbtrocken, 25% trocken. 40 Gäste haben im Probierraum Platz. – Riesling Kabinett kostet 7,65 DM.

Weingärtnergenossenschaft Niedernhall eG, Niedernhall

Geschäftsführer:
Paul Lenk,
weiterer
Ansprechpartner:
Kellermeister
Hermann Seez

7119 Niedernhall
Kelterhof
☏ 0 79 40/84 27

Bestockte
Rebfläche
55 ha

Spezialität:
«Distelfink» –
Silvaner mit
Riesling

Anfahrt:
A 6, Abfahrt
Neuenstein

Erstmals bei der
DLG-Bundes-
weinprämierung
1954

«Distelfink» (Silvaner und Riesling) und «Abt Knittel» (Müller-Thurgau) heißen die Spezialitäten der Weingärtnergenossenschaft. Die Besucher (bis zu 30 Personen) können sie täglich zusammen mit den anderen Weinen der WG probieren. Die Kellerei liegt in der alten Klosterkelter. Umgebaut und modernisiert hat sie heute ein Faß- und Tanklager mit einem Fassungsvermögen von einer Million Liter Wein.

Silvaner (35%) und Müller-Thurgau (25%) sind die Hauptrebsorten, gefolgt von Kerner, Riesling, Schwarzriesling, Burgunder und Portugieser. Sie werden von 193 Mitgliedern größtenteils auf Muschelkalkboden in schwer zu bearbeitenden Steillagen gepflegt. Kellermeister Seez baut die Weine in modernen Stahltanks vorwiegend halbtrocken aus. Zur Preisorientierung: Eine Flasche Kerner Kabinett kostet 6,60 DM.

Weingärtnergenossenschaft Nordheim eG, Nordheim

Geschäftsführer:
Fr. Gehring

7107 Nordheim
Südstr. 70
☏ 0 71 33/50 13

Bestockte Rebfläche
180 ha

Spezialität:
Gewürztraminer und Samtrot

Auf 180 Hektar Gispkeuper und Schilfsandstein-Verwitterungsböden bauen die 290 Genossenschaftsmitglieder aus Nordheim, Nordhausen und aus dem Heilbronner Stadtteil Klingenberg zu etwa gleichen Teilen Rot- und Weißweine an. Die wichtigste Weißweinrebe ist der Riesling (29% Anbauanteil, 6,60 DM für eine Flasche Kabinett), dazu kommen Müller-Thurgau und Kerner (je 10%) und als Spezialität der Gewürztraminer. Schwarzriesling (18%), Trollinger (12%) und Lemberger (7%) bilden das Rotweinangebot. Besonderen Wert legen die Nordheimer auf sortentypischen Ausbau in Holzfässern und Stahltanks und auf biologischen Säureabbau bei ihren Rotweinen. Gäste sind in der Genossenschaft, die 1939 gegründet wurde, zur Weinprobe jederzeit willkommen (bis zu 120 Personen, Voranmeldung).

Anfahrt:
Von Heilbronn die Landstraße in Richtung Brackenheim, 15 km vom Weinsberger Kreuz

Erstmals bei der DLG-Bundesweinprämierung 1961

Weinbau – Kellerei Rolf Willy, Nordheim

Besitzer:
Rolf Willy,
weiterer
Ansprechpartner:
Franziska Willy

7101 Nordheim
Brackenheimer
Straße 21
☏ 0 71 33/83 03

Bestockte
Rebfläche
53 ha

Spezialität:
Riesling Kabinett
durchgegoren

Anfahrt:
Von Heilbronn
Richtung
Brackenheim

Erstmals bei der
DLG-Bundes-
weinprämierung
1971

Auch im Genossenschaftsländle Württemberg gibt es erfolgreiche private Kellereien. Betriebsinhaber Rolf Willy übernahm 1969 den Weinbau von seinen Eltern, heute keltert er nicht nur den eigenen, sondern auch den Wein zahlreicher Wengerter aus Nordheim und Umgebung. 53 Hektar Rebfläche werden von der Kellerei erfaßt. Auf Steil- und Hanglagen am Südhang des Heuchelbergs (wichtigste Einzellage: Nordheimer Sonntagsberg) wachsen auf Keuper- und Muschelkalkböden Rot- und Weißweine. Je 20% Anbauanteil haben Schwarzriesling, Trollinger und Lemberger. Riesling, als wichtigste Weißweinrebe, steht auf einem Viertel der Anbaufläche. In der modern eingerichteten Kellerei werden die Weine zu 30% trocken und zu 50% halbtrocken ausgebaut. Ein Riesling Kabinett kostet um 6,30 DM. Nach telefonischer Anmeldung: Weinproben für bis zu 30 Personen.

Schloßkellerei Affaltrach, Affaltrach, Dr. Reinhold Baumann KG

Besitzer:
Dr. Reinhold Baumann und Dipl.-Kfm. Thomas Baumann

7104 Obersulm-Affaltrach
Am Ordensschloß 15
☏ 0 71 30/5 57

Bestockte Rebfläche
7,5 ha

Spezialität:
Muskattrollinger
Clevner
Muskateller

Anfahrt:
Autobahnkreuz Weinsberg, Richtung Affaltrach

Erstmals bei der DLG-Bundesweinprämierung 1961

Die Schloßkellerei Affaltrach ist seit drei Generationen im Besitz der Familie Baumann. Neben Wein vom selbstbewirtschafteten Weingut (ca. acht Hektar Rebfläche) werden Trauben von 250 vertraglich verbundenen Weingärtnern ausgebaut. Außerdem bestehen Mostlieferverträge mit weiteren württembergischen Erzeugergemeinschaften. Bei kulinarischen Weinproben im stilvollen «Weinschlößle» oder bei Betriebsführungen (bis 100 Personen/Voranmeldung) können Besucher das umfangreiche Weinangebot kennenlernen: Riesling (24%), Trollinger (21%), und weitere typische «Württemberger». Sie sind vorwiegend trocken (28% – steigend) und halbtrocken (63%) ausgebaut. Unter den 9% «Lieblichen» finden sich Spezialitäten und Raritäten bis zum Eiswein, für die der Betrieb bekannt wurde. Der Riesling Kabinett kostet 5,90 DM.

Weingärtnergenossenschaft Mittleres Weinsberger Tal eG, Obersulm-Willsbach

Geschäftsführer:
Herr Eckbauer

7104 Obersulm-Willsbach
Löwensteiner Straße 60
☏ 0 71 34/33 09

Bestockte Rebfläche 200 ha

Spezialität: Riesling

Anfahrt: Autobahnkreuz Weinsberg, B 29 Richtung Löwenstein

Erstmals bei der DLG-Bundesweinprämierung 1961

Weingärtner aus vier Ortsteilen der neugeschaffenen Gemeinde Obersulm liefern ihren Most beim repräsentativen Genossenschafts-Neubau in Willsbach an: Aus Affaltrach, Eichelberg, Hößlinsulz und Willsbach. In den Orten bestanden früher Einzelgenossenschaften – die älteste seit 1924 in Willsbach. 1982 schlossen sie sich zusammen. Heute bewirtschaften die 250 Mitglieder 200 Hektar Weinberge in den Lagen Dieblesberg und Hundsberg. Als wichtigste Weißweinrebe erreicht der Riesling einen Anbauanteil von 38% (der Kabinett zu 7,10 DM), während die bodenständigen Rotweinsorten Schwarzriesling und Trollinger mit jeweils 18% im Rebsorten-Spektrum vertreten sind. In modernen Stahltanks werden vier Fünftel des Weines halbtrokken ausgebaut. In den schönen Räumlichkeiten der Genossenschaft können Weinproben für Gruppen bis zu 130 Personen stattfinden.

Weinbau/Weinkellerei Karl Binnig, Oedheim

Besitzer:
Karl Binnig,
weiterer
Ansprechpartner:
Ursula Binnig

7101 Oedheim
Neuenstädter
Straße 9/2
☏ 0 71 36/
2 03 04

Bestockte
Rebfläche
11 ha

Spezialität:
Riesling Sekt
trocken und brut
de brut

Anfahrt:
A 81, Abfahrt
Neuenstadt,
Richtung
Bad
Friedrichshall

Erstmals bei der
DLG-Bundes-
weinprämierung
1977

Ausgewogen bei den Rebsorten und gewissermaßen ausgeglichen auch in Sachen Geschmacksorientierung, so könnte man diesen typischen Württemberger Familienbetrieb mit seinen elf Hektar Rebland auf Muschelkalkboden einstufen. Das Anbauschwergewicht liegt bei Riesling (30%), aber die beiden wichtigsten roten Sorten, Lemberger und Trollinger, haben mit jeweils 15% zusammen den gleichen Anteil. Spätburgunder und Schwarzriesling ergeben zusammen wiederum die gleiche Menge wie der Kerner (10%).

In der Geschmacksorientierung dominiert Halbtrocken mit einem Anteil von 75% stärker als bei anderen Betrieben, während 5% lieblicher Weine auf eine geringe Nachfrage in dieser Kategorie hindeutet. Der in der vierten Familiengeneration geführte Betrieb vermarktet seine gesamte Ernte auf Flaschen – zu einem kleinen Teil auch auf Sektflaschen. Dazu wird der Riesling verwandt, der als Kabinettwein 7,20 DM kostet.

Weinkellerei Hohenlohe eG, Pfedelbach

*Vorstands-
vorsitzender:
Kurt Hilkert,
Geschäftsführer:
Joachim
Mischke,
weiterer
Ansprechpartner:
Kellermeister
Hartmut
Reichert*

*7114 Pfedelbach
Gartenstr. 5
☏ 0 79 41/
6 20 78*

*Bestockte
Rebfläche
260 ha*

*Spezialität:
Sonderlinie
Edelweine*

*Anfahrt:
A 6, Abfahrt
Öhringen*

*Erstmals bei der
DLG-Bundes-
weinprämierung
1955*

Der «Herrenkeller» wird noch genutzt. Als sich 1950 14 Weingärtnergenossenschaften des Altkreises Öhringen eine Kellereizentrale schufen, war dieser Keller das erste – gemietete – Gemeinschafts-Weinlager. Daß man damit im Gewölbekeller das «Fürstenfaß» aus dem Jahre 1752 als großartige Beigabe zum Vorzeigen erhielt, war ein Glücksfall.

Es ist das drittgrößte deutsche Holzfaß, aber seine 65 000 Liter wären heute bei 3,5 Millionen Liter Lagerkapazität recht unbedeutend. 550 Mitglieder bearbeiten 260 Hektar Keuper- und Lößböden. Die neue Zentralkelter in Adolzfurt brachte die nötige Größe für die Traubenmengen: 33% Riesling, je 15% Silvaner und Trollinger, je 10% Müller-Thurgau und Kerner. – Zu jeweils 40% werden sie trocken und halbtrocken ausgebaut. Bei Riesling, Trollinger und Lemberger wird Wert auf die Erhaltung der Säure gelegt. – Proben bis 50 Personen an Werktagen. Riesling Kabinett für 6,70 DM.

Weingärtnergenossenschaft Heuholz eG, Pfedelbach-Heuholz

Geschäftsführer: Wolfgang Hafner, weiterer Ansprechpartner: Kellermeister Hermann Höberle

7114 Pfedelbach-Heuholz
Dachsteigerstraße 2
☏ 0 79 49/5 71

Bestockte Rebfläche 108 ha

Spezialität: Schillerwein

Anfahrt: A 6, Abfahrt Öhringen

Erstmals bei der DLG-Bundesweinprämierung 1961

Heuholz ist ein winziges, romantisches Örtchen. Die 145 Mitglieder der Genossenschaft sind natürlich nicht alle aus dem Dorf, sondern auch aus den umliegenden Weilern und Orten. Die Heuholzer sind ihrer Tradition als Weißweingenossenschaft treu geblieben. Nur etwa ein Fünftel des Weines ist Rotwein (Schwarzriesling, Trollinger und Spätburgunder). Jeweils um 20% Anbauanteil haben die Weißweinsorten Müller-Thurgau, Silvaner, Riesling und Kerner.

Die Weine erhalten ihr kräftiges «Boden-g'fährtle» von den schweren Keuperböden der Lage Dachsteiger. 15% der Ernte baut Kellermeister Häberle trocken aus, 40% halbtrocken – überwiegend in Edelstahltanks. Prädikatsweine jedoch lagern immer noch eine Zeit lang in Holzfässern. Auf Wunsch werden für Gruppen (bis zu 100 Personen) auch Weinproben mit Musikuntermalung durchgeführt. Eine Flasche Kerner Kabinett kostet um 5,15 DM.

Heuchelberg-Kellerei eG, Schwaigern

Geschäftsführer:
Karl Neubrand,
weiterer
Ansprechpartner:
Verkaufsleiter
Hans Mendel

7103 Schwaigern
Neipperger
Straße 25
☏ 0 71 38/70 91

Bestockte
Rebfläche
320 ha

Spezialität:
Traminer,
Samtrot und
Lemberger

Anfahrt:
An der B 293
zwischen
Heilbronn und
Karlsruhe

Erstmals bei der
DLG-Bundes-
weinprämierung
1972

Weingärtner aus drei Orten haben sich in der Heuchelberg-Kellerei zusammengeschlossen; in jedem Ort wächst eine andere Spezialität: In Schwaigern feinwürziger Traminer, in Großgartach eleganter Samtrot und in Kleingartach kräftiger Lemberger. Ansonsten gedeihen hier auf tiefgründigen Keuper- und Lößböden die typischen Württemberger: Trollinger (22%), Riesling (36%) und Schwarzriesling (10%).

Rotweine werden grundsätzlich trocken oder halbtrocken ausgebaut, auch die Weißweine bleiben in der Restsüße eher verhalten (15% trocken, 60% halbtrocken). An allen Wochentagen können Besucher – auch Gruppen bis zu 150 Personen – das Angebot der Kellerei verkosten. Neuerdings gibt es die Weine der Genossenschaft auch in einem großzügig bemessenen Selbstbedienungs-Verkaufsraum. Zur Preisorientierung: Ein Riesling Kabinett kostet um 7 DM.

Weingut Graf Adelmann, Steinheim-Kleinbottwar

Besitzer:
Michael Graf Adelmann

7141 Steinheim-Kleinbottwar
Burg Schaubeck
☏ 0 71 48/66 65

Bestockte Rebfläche
15 ha

Spezialität:
Urban, Clevner Muskattrollinger

Die Burg ist «weingemäß»; nicht zu klein, nicht zu groß und auf Bergeshöhe; der Innenhof bringt schieres Mittelalter, die kleine Probierstube rustikal-deftige Gemütlichkeit. Der Seniorchef ist durch sein jahrzehntelanges Wirken als «Weinoffizieller» schon heute lebende Württemberger Weingeschichte, der Junior als neuer Weingutsleiter das Paradebild eines Grafen – und engagiert zudem. Zum Beispiel für: Holzfaß (auch neues Eichenfaß) und Maischegärung, biologischer Säureabbau und trockene Weine (95%), niedriger Durchschnittsertrag und seltene, bodenständige Rebsorten.

Alle Weine der 15 Hektar Rebland tragen auf außergewöhnlichem Etikett den Namen der Vorbesitzerfamilie «Brüssele». Riesling hat mit 26% den größten Anteil im vielfältigen Rebsortenspiegel (als Kabinett 13 DM). – Proben von Montag bis Samstagmittag.

Anfahrt:
A 81, Abfahrt Pleidelsheim, über Steinheim

Erstmals bei der DLG-Bundesweinprämierung 1952

Weingärtnergenossenschaft Bad Cannstatt eG, Stuttgart-Bad Cannstatt

Geschäftsführer:
E. Schweickhardt,
weiterer Ansprechpartner:
Kellermeister M. Ortlieb

7000 Stuttgart-Bad Cannstatt
Rommelstr. 20
☏ 07 11/ 54 22 66

Bestockte Rebfläche
65 ha

Spezialität:
Trollinger und Riesling

Anfahrt:
Von der City Richtung Osten

Erstmals bei der DLG-Bundesweinprämierung 1962

Der Weinbau in Cannstatt geht vielleicht schon auf die Römer zurück: Die antiken Kolonialherren besaßen im Gebiet der heutigen Genossenschaftskelter ein Castell. Noch heute bewirtschaften die 90 Weingärtner der 1923 gegründeten Genossenschaft in mühevoller Arbeit ausschließlich Hang- und terrassierte Steillagen. Auf Muschelkalk- und Keuperböden wachsen hier vor allem Trollinger (59%) und Riesling (18% – Sie zahlen 7,90 DM für eine Flasche Kabinett).

Die Mitglieder haben Weinbergsbesitz in vielen Stuttgarter Stadtteilen, aber ihr Stolz sind die Weine aus dem «Cannstatter Zuckerle», einer der besten Lagen Württembergs. 20% werden trocken ausgebaut, der Rest halbtrocken – allzu liebliche Weine sind nicht nach dem Geschmack der Stuttgarter Weinzähne. Am Samstagmorgen und an allen Werktagen kann man das Angebot der Genossenschaft verkosten.

Weingärtnergenossenschaft Untertürkheim eG, Stuttgart-Untertürkheim

Geschäftsführer:
Josef Fochler,
weiterer
Ansprechpartner:
Kellermeister
Otto Schaal

7000 Stuttgart-
Untertürkheim
Strümpfelbacher
Straße 47
☎ 07 11/
33 10 92

Bestockte
Rebfläche
70 ha

Spezialität:
Sonderetikett für
Spitzenweine

Anfahrt:
Von der City
Richtung Osten

Erstmals bei der
DLG-Bundes-
weinprämierung
1961

Berthold von Zwiefalten im Jahre 1138: «Die beste Mark des Landes . . . die Gegend von Türkheim». Das Lob galt dem Wein, und der Autor war Mönch. Der heute von der «besten Mark» erzeugte «Nachfolger» kommt weitgehend von den 70 Hektar Genossenschafts-Rebland. 101 Mitglieder pflegen, neben 43% Trollinger, vorwiegend Riesling und Müller-Thurgau. Außerdem auch Kerner, Spätburgunder und Portugieser. Mit einem im Jahre 1902 gebauten und gut erhaltenen Keltergebäude kann die Genossenschaft einen großen Teil ihrer 1987 schon 100 Jahre währenden Tradition auch optisch verdeutlichen. Beim Wein geschieht das zudem durch besondere Abfüllungen von Edel-Gewächsen – Premiere im Jubiläumsjahr, Fortsetzung nur in besten Weinjahrgängen. – 30% aller Weine werden trocken, 60% halbtrocken ausgebaut. Der Trollinger-Kabinett kostet 8,90 DM. – Proben bis 50 Personen nach Anmeldung.

Weingut Theodor Kurrle, Stuttgart-Rotenberg

Besitzer:
Theodor Kurrle

7000 Stuttgart-Rotenberg
Beutterstr. 7
☏ *07 11/ 33 36 38*

Bestockte Rebfläche
2,3 ha

Spezialität:
Neuzüchtungen

Der erst 1950 gegründete Betrieb ist recht jung und nach schwäbischem Maß mit wenig mehr als zwei Hektar auch recht klein. Er liegt im attraktivsten Teil des Stuttgarter Weinlandes, hat dort viele Besucher, die sich ihre Weine vom Weingut abholen, vermarktet die gesamte Ernte auf Flaschen und nur unmittelbar an den Weintrinker – und erzielt 8 DM für eine Flasche Helfensteiner Kabinett. Daß hier der Helfensteiner genannt ist, charakterisiert den auf Neuzüchtungen – und mit ihren vergleichsweise höheren Mostgewichten auch auf Prädikatsweine (80% Anteil) – spezialisierten Betrieb. Viele Spätlesen, Auslesen, Beeren- und Trockenbeerenauslesen führen selbstverständlich zu einer eindeutigen Geschmacksorientierung: 85% der Weine sind lieblich, nur 5% trocken. Zur Probe von Heroldrebe, Ehrenfelser, Rabaner, Kerner oder auch Trollinger empfiehlt sich die telefonische Anmeldung.

Anfahrt:
Von der City Richtung Osten

Erstmals bei der DLG-Bundesweinprämierung 1966

Weingärtnergenossenschaft Uhlbach eG, Stuttgart-Uhlbach

Vorstands-Vorsitzender: Siegfried Berner, weiterer Ansprechpartner: Frau Gronbach

7000 Stuttgart-Uhlbach Uhlbacher Straße 221 ☏ 07 11/ 32 27 78

Bestockte Rebfläche 60 ha

Spezialität: Trollinger

Anfahrt: Von der City Richtung Osten

Erstmals bei der DLG-Bundesweinprämierung 1961

Sie sind mit 120 Mitgliedern und 60 Hektar Weinbergen eine der kleineren selbstausbauenden Genossenschaften Württembergs – schon 1906 gegründet. Ein alter Gewölbekeller aus Backsteinen ist der ungewöhnliche Verkaufsraum. Das Weinbaumuseum liegt «gleich nebenan», «vor der Tür» beginnen zwei Weinlehrpfade. Die City ist nah, und dennoch sind rundum Wälder und Felder. Rotwein trägt den Lagennamen «Götzenberg», Weißwein kommt aus der «Steingrube» (Muschelkalk- und Keuperböden). Auch beim Ausbau gibt es eine Besonderheit: 40% aller Weine – Trollinger (Anbauanteil rund 50%), Spätburgunder, Riesling, Müller-Thurgau, Kerner und Heroldrebe – kommen seit Jahren trocken auf die Flasche und 60% lieblich. Trollinger kostet als Kabinett 7,40 DM; 70% der Erzeugung werden unmittelbar an den Verbraucher verkauft. Bei Weinproben ist Platz für bis zu 80 Gäste – auch am Wochenende!

Weingut Sonnenhof, Gündelbach, Familie Bezner-Fischer

Besitzer:
Albrecht W. und Charlotte Fischer

7143 Vaihingen-Gündelbach
Sonnenhof 2
☏ 0 70 42/ 2 10 38

Bestockte Rebfläche
20 ha

Spezialität:
Lemberger im neuen Eichenfaß ausgebaut

Anfahrt:
aus Westen und Norden:
B 35 Maulbronn
aus Süden:
B 10 Vaihingen
aus Osten:
A 81, Ausfahrt Mundelsheim

Erstmals bei der DLG-Bundesweinprämierung 1977

Der junge Betrieb – erst 1972 begann die Doppel-Familie mit der Selbstvermarktung – hat ein stürmisches Wachstum hinter sich. Statt fünf Hektar bewirtschaftet Albrecht W. Fischer heute zwanzig. Ungewöhnliche Ausbauarten (Lemberger im neuen Eichenfaß, keine Standardschönung und -entsäuerung) und risikoreiche Lesen (viele Beerenauslesen und Eisweine, z. B. eine 1979er Müller-Thurgau Trockenbeerenauslese von über 260 Grad Oechsle) haben den Sonnenhof bekannt gemacht. Ansonsten hält man es eher mit trockenen (45% – steigend) und halbtrockenen (40%) Weinen. Neben Trollinger (25% Anbauanteil), Lemberger (17%), Spätburgunder (8,5%) und Riesling (22%) pflegt Fischer auch Raritäten wie Muskattrollinger, Muskateller oder Gewürztraminer.

Zur Preisorientierung: Eine Flasche Trollinger Kabinett kostet 10 DM.

Weingärtnergenossenschaft Roßwag-Mühlhausen, Roßwag

Geschäftsführer:
Bernd Essig,
weiterer
Ansprechpartner:
Kellermeister
Roland Weber

7143 Vaihingen-
Roßwang
Manfred-Behr-
Straße 34
☏ 0 70 42/29 50

Bestockte
Rebfläche
62 ha

Spezialität:
Lemberger aus
Terrassenlagen

Anfahrt:
Über die B 10

Erstmals bei der
DLG-Bundes-
weinprämierung
1962

178 Mitglieder bewirtschaften rund 62 Hektar «Wengert», in denen vorwiegend die Rebsorten Lemberger (16%), Trollinger (12%), Spätburgunder (11%), Müller-Thurgau (16%) und Riesling (12%) stehen, ergänzt durch Silvaner und Kerner. Kellermeister Roland Weber legt Wert auf sortentypischen Ausbau und geschmackliche Reinheit. Gewächse aus dem Steilhang werden gesondert geerntet.

Muschelkalk-Verwitterungsboden und ein durch das enge Enztal begünstigtes, sehr gutes Kleinklima prägen die Weine, die zu 70% halbtrocken, zu 25% trocken und nur zu 5% lieblich ausgebaut werden durch milde, harmonische Säure. Der Preis für einen Lemberger Kabinett liegt bei 10,50 DM. Täglich sind Proben möglich, im großen Saal werden auf Anfrage kulinarische Weinproben für bis zu 100 Personen ausgerichtet.

Weinkellerei Wilhelm Ehrmann, Weinsberg

Besitzer:
Andreas Ehrmann,
weiterer Ansprechpartner:
Elke Ehrmann

7102 Weinsberg
Seufferheldstraße 12
☏ 0 71 34/25 87

Bestockte Rebfläche
23 ha

Spezialität:
Weine mit biologischem Säureabbau

Anfahrt:
Über A 81 und A 6, Abfahrt Weinsberg-Ellhofen (A 81)

Erstmals bei der DLG-Bundesweinprämierung 1974

Bisher bevorzugten die Kunden eindeutig Weine der halbtrockenen Geschmacksrichtung. Drei Viertel der Gesamterzeugung von rund 23 Hektar (Weinberge von Vertragswinzern und ein eigener Weinberg in Weinsberg) wurden deshalb so ausgebaut. In jüngerer Zeit erhöht sich der Trocken-Anteil jedoch merklich und steht nun bei 15%, während sich bei den lieblichen Weinen mit 10% Anteil keine Veränderung abzeichnet. Als Haupt-Rebsorten stehen Riesling (30% Anteil), Trollinger (25%), Kerner (20%) und Schwarzriesling (15%) auf der Weinpreisliste – der Kerner Kabinett zu 6,30 DM. Für alle Weine gilt, daß sie ihre Säure grundsätzlich nur biologisch abbauen. Weinproben sind bis zu 25 Teilnehmern möglich – nach Anmeldung auch am Wochenende. Hauptabnehmer des Betriebes ist der Weinhandel, etwa ein Drittel der Weine wird von den Weintrinkern direkt erworben.

Staatliche Lehr- und Versuchsanstalt für Wein- und Obstbau, Weinsberg

Direktor:
Dr. Gerhard Götz,
weiterer Ansprechpartner:
Kellereidirektor RDL Friedrich Meidinger

7102 Weinsberg
Traubenplatz 5
☎ 0 71 34/50 40

Bestockte Rebfläche
43 ha

Erstmals bei der DLG-Bundesweinprämierung 1951

Im Jahr 1868 wurde die «Königliche Weinbauschule» in Weinsberg gegründet. Der Betrieb eines Weinguts gehörte von Anfang an zu ihren Aufgaben. Die Rebfläche beträgt heute 53 Hektar (bestockt: 43 Hektar). Die Schule besitzt beste Lagen, verteilt im nördlichen Unterland.

Die Einzellagen «Weinsberger Schemelsberg» und Abstatter Burg Wildeck (Sitz eines wichtigen Außenbetriebes) sind im Alleinbesitz. Auch große Teile der stark terrassierten Gundelsheimer Lage «Himmelreich» gehören zum Betrieb. Die Reihe der angebauten Rebsorten ist – schon bedingt durch Züchtung und Erprobung neuer Rebsorten – sehr lang. Unter den Rotweinreben sind Spätburgunder und Lemberger mit jeweils 8% Anteil die wichtigsten. Ebenfalls im Anbau sind Trollinger (7%), Schwarzriesling (6%) und Samtrot (4%). Dazu kommen noch Neuzuchtanlagen auf 2% der Rebfläche. Bei den Weißweinsorten führt der Riesling (23%) die Liste an,

gefolgt von Müller-Thurgau (16%) und Kerner (der zweifellos erfolgreichsten Weinsberger Neuzüchtung – 15%), außerdem 6% weiße Neuzüchtungen und kleine Mengen Traminer, Muskateller und Silvaner. Die meisten Weine (70%) werden trocken ausgebaut, die Rotweine überwiegend im Holzfaß. Unter den 5% lieblichen Weinen finden sich vor allem Spezialitäten: Zahlreiche Beeren- und Trockenbeerenauslesen und Eisweine.

Probe: täglich außer Samstag und Sonntag. Ein Riesling Kabinett kostet 11 DM.

Spezialität: Sortenvielfalt aus unterschiedlichen Lagen

Praxisbezogene, weinbauliche Versuche

Säureregulierung generell über den biologischen Säureabbau

Älteste Weinbaufachschule in Deutschland

Anfahrt: A 81 oder A 6, Abfahrt Weinsberg-Ellhofen (A 81)

Remstalkellerei, Beutelsbach

Geschäftsführer:
R. Hannemann

7056 Weinstadt-
Beutelsbach
Kaiserstr. 13
☏ 0 71 51/
6 80 16

Bestockte
Rebfläche
970 ha

Ausschlaggebend für die Gründung der Remstalkellerei war eine Katastrophe. Am 20. September 1939 machte Frühfrost alle Hoffnungen auf einen guten Herbst zunichte. Die «Weinherren», die Gastwirte, die bei den kleinen Wengertern immer ihren Jahresbedarf an Wein eingekauft hatten, weigerten sich, den sauren '39er anzukaufen. Die Weingärtner im Remstal beschlossen, den Weinmarkt in Zukunft nicht mehr dem Zufall zu überlassen.

Um Preiseinbrüche in mengenmäßig guten Jahren und Abwanderung der Kunden in schlechten zu verhindern, brauchten sie eine zentrale Organisation und große Lagerkapazität. Sie schlossen sich zunächst in 21 örtlichen Genossen-

Spezialität: Trollinger

Boden: Keuperverwitterungsböden

Anfahrt: Schnellstraße B 29 bis Weinstadt-Beutelsbach

Erstmals bei der DLG-Bundesweinprämierung 1953

schaften zusammen, die schon ein Jahr später zur Remstalkellerei fusionierten. So kann die Genossenschaft mit eindrucksvollen Zahlen aufwarten: Trauben von rund 1000 Hektar Rebfläche, bearbeitet von rund 2000 Wengertern, werden erfaßt. 95% aller Weingärtner im Remstal sind Genossenschaftsmitglieder.

Auf den tiefgründigen Keuperverwitterungsböden des Remstals wachsen vorwiegend die beiden württembergischen Favoriten Trollinger (stolze 38% Anbauanteil) und Riesling (26%). Das Rotweinangebot ergänzen kleine Mengen von Schwarzriesling und Spätburgunder. Das Weißweinangebot wird durch Müller-Thurgau (13%), Kerner (11%) und Silvaner (8%) bereichert. Schon heute haben 55% der Weine die trockene Geschmacksrichtung – der Anteil steigt weiter.

Zur Preisorientierung: Für eine Flasche Riesling Kabinett zahlt der Endverbraucher um 6 DM.

Weingut Bernhard Ellwanger, Weinstadt-Großheppach

Besitzer:
Bernhard Ellwanger

7056 Weinstadt-Großheppach
Rebenstr. 9
☏ 0 71 51/ 6 21 31

Bestockte Rebfläche
6,5 ha

Spezialität:
Muskat-Trollinger, Gewürztraminer

Die «Weinstadt» liegt vor den Toren Stuttgarts, doch der Stadtteil Großheppach ist ein schmukkes, typisches Remstäler Dorf geblieben: Fachwerk im Dorfkern, schwäbisch-emsig wachsend drumherum, «viertelesschlotzend» in den Gasthäusern. Bernhard Ellwanger ist dieser Tradition verpflichtet. Durch lange Weinbaugeschichte der Familie – schon seit 1514 (!), und in der Weinerzeugung (6,5 ha): Sortenreiner Ausbau, Verzicht auf Schönung, Abfüllung der Weine im Frühjahr, um die natürliche Kohlensäure zu erhalten und die Schwefelgabe zu senken. 90% der Weine sind trocken oder halbtrocken. Hauptrebsorten: Riesling, Trollinger und Spätburgunder; ein Riesling Kabinett kostet 7,50 DM. Probieren können (außer sonntags, dienstags, mittwochs) Gruppen bis zu 10 Personen.

Anfahrt:
Schnellstraße B 29 bis Weinstadt-Großheppach

Erstmals bei der BLG-Bundesweinprämierung 1981

Weingut Jürgen Ellwanger, Winterbach

Besitzer:
Jürgen Ellwanger,
weiterer Ansprechpartner:
Gottlob Ellwanger

7065 Winterbach
Bachstr. 21
☏ 0 71 81/45 25

Bestockte Rebfläche
10 ha

Spezialität:
Rotweine werden teilweise im neuen Eichenfaß ausgebaut

Anfahrt:
An der B 29

Erstmals bei der DLG-Bundesweinprämierung 1969

Der Holzfaßkeller sieht genauso aus, wie sich viele Weinkunden auch heute noch das Bild eines solchen Kellers wünschen. Die neuen kleinen Eichenholzfässer, in denen seit einigen Jahren ein Teil des Rotweins ausgebaut wird, passen besonders gut zur alten Kellerromantik.

Daß der Rotwein traditionell auf der Maische vergoren und die eine Hälfte der Weine trocken, die andere Hälfte halbtrocken und nichts lieblich ausgebaut wird, hängt mit dem sehr persönlichen Weingeschmack von Vater und Sohn Ellwanger zusammen. Der Vater gründete das Weingut erst 1949, ist aber Sproß einer alten Winzerfamilie. 10 Hektar Keuperböden sind jetzt bestockt – zur Hälfte mit Riesling und Kerner (Ausbau im Stahltank) und fast zur anderen Hälfte mit Trollinger und Spätburgunder.

Der Kerner Kabinett kostet 7 DM. Weinproben sind für bis zu 30 Personen möglich.

Franken –
das Land der herben Tropfen

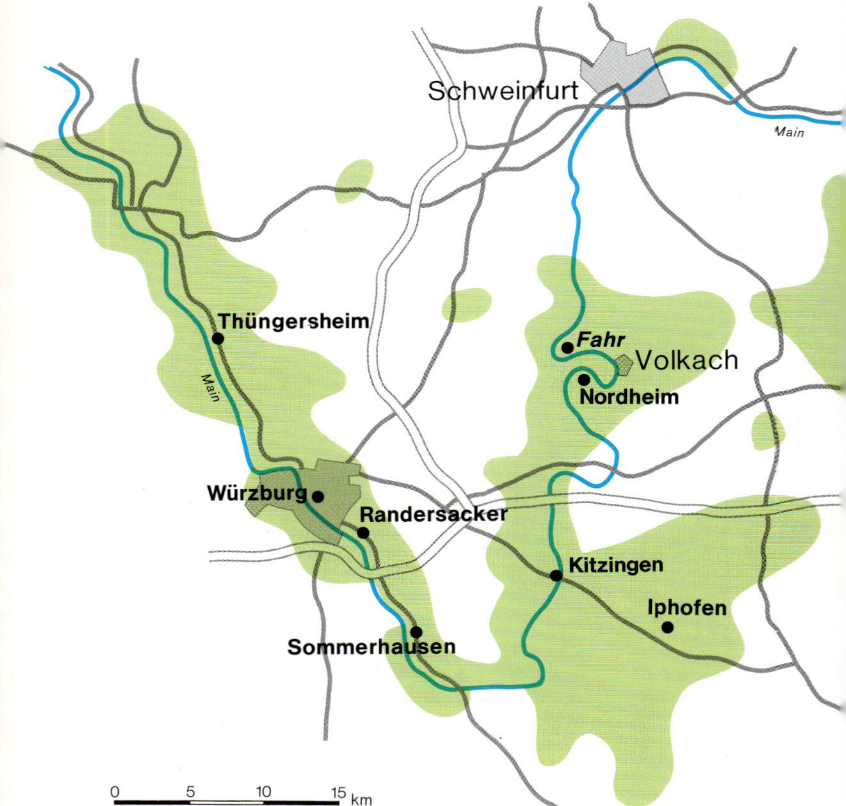

«Erdig» – mit diesem Wörtchen hat irgendwann mal jemand den Frankenwein beschrieben. Damit wird man der Vielfalt der Weine vom Main natürlich nicht gerecht. Der Müller-Thurgau als führende Sorte hat meist eine leichte Blume und eine hübsche würzige Art. Der Silvaner, *die* Traditionssorte Frankens, ist ein grundsolider, kräftiger, ja rustikaler Wein; in höheren Prädikatsstufen werden Silvanerweine markant, voluminös. Der Riesling ist ebenso eine Spezialität wie die interessanten Neuzüchtungen Rieslaner, Scheurebe und Kerner. Der lange Zeit beliebte Bacchus ist, weil doch nicht «frankentypisch», etwas im Rückzug. Frankenweine sind vorwiegend herbe Weine. Zwischenzeitlich gab es zwar einen Trend zu mehr Süße. Aber die Winzer und die Genossenschaften, die ein freundschaftliches Nebeneinander pflegen, füllen inzwischen wieder verstärkt durchgegorene Tropfen in ihre berühmte, oft kopierte bauchige Flasche – den Bocksbeutel.

Seite	Prämierungs-Betrieb	Bundes-Ehrenpreise seit 1961	Erzielte DLG-Preise 1985–87 insges.	Groß	Silber	Bronze
162	Iphofen, Ernst Popp KG, Weingut	2	26	31%	46%	23%
164	Iphofen, Hans Wirsching, Weingut	2	42	57%	26%	17%
166	Iphofen, Johann Arnold, Weinbau – Winzerhof	1	20	45%	45%	10%
167	Kitzingen, Gebietswinzergenossenschaft Franken	5	95	42%	39%	19%
168	Nordheim, Winzergenossenschaft Nordheim eG	1	44	41%	36%	23%
169	Randersacker, Winzergenossenschaft Randersacker eG	–	31	32%	39%	29%
170	Randersacker, Martin Göbel, Inh. H. Göbel, Weinbau	–	18	33%	50%	17%
172	Randersacker, Adam und Karl Schmitt, Weingut Schmitt's Kinder	–	11	64%	36%	–
174	Sommerhausen, Ernst Gebhardt, Weingut/Sektkellerei	5	25	32%	40%	28%
175	Thüngersheim, Rudolf Hart, Weingut/Winzerhof	1	15	47%	33%	20%
176	Thüngersheim, Winzergenossenschaft Thüngersheim	4	42	67%	19%	14%
178	Volkach-Fahr, Franz Kirch, Weingut	–	9	56%	33%	11%
180	Würzburg, Bürgerspital zum Hl. Geist, Weingut	5	43	56%	30%	14%
182	Würzburg, Juliusspital, Weingut	8	50	50%	36%	14%

Weingut Ernst Popp KG, Iphofen

Besitzer:
Popp KG,
Ansprechpartner:
Michael und
Josef Popp

8715 Iphofen
Rödelseer Str. 15
☏ 0 93 23/33 71

Bestockte
Rebfläche
19,6 ha

Spezialität:
vorwiegend
trockene Weine

Schöne Lage am
Rand der mittelalterlichen Stadt
Iphofen

Erstmals bei der
DLG-Bundesweinprämierung
1962

Iphofen gehört zu den schönsten Dörfern Frankens und das «Rödelseer Tor» zu den reizvollsten Ortseingängen. Dahinter weist ein großer Bocksbeutel den Weg zum Haus Popp, und, um im Bild zu bleiben, zum Blick auf bauchige Fässer im Holzfaßkeller.

Da reifen vorwiegend trockene Weine. Schon 65% aller Gewächse des Weingutes werden so ausgebaut, und auch im Stahltankkeller gibt es keine lieblichen Weine, denn die restlichen 35% erfüllen die Bedingungen der «Halbtrocken»-Bezeichnung, aber ihr Anteil sinkt weiter zugunsten der «Trockenen».

Was da auf rund 20 Hektar Gipskeuperboden an den Süd- und Südwesthängen des in die Mainebene hineinragenden Schwanberges wächst, trägt berühmte Namen wie «Iphöfer Julius Echter-Berg» und «Iphöfer Kalb» oder «Rödelseer Schwanleite» und «Rödelseer Küchenmeister».

Es sind zumeist Müller-Thurgau und Silvaner, die – mit gleichen Anteilen – 70% der Rebfläche bedecken. Die restlichen 30% teilen sich Scheurebe, Riesling und Bacchus mit Anteilen in dieser Reihenfolge.

Holzfaßkeller

Gäste sind zur Probe in den behaglichen, eichengetäfelten Probierstuben des im Jahr 1878 gegründeten Familienbetriebes jederzeit willkommen. Für Besuche in den Abendstunden oder mit größeren Gruppen bitten die Weingutsbesitzer um vorherigen Anruf. Bis zu 40 Personen haben Platz, um die Weine zu verkosten, die als Silvaner Kabinett zum Beispiel 9,80 DM kosten und weitgehend an Endverbraucher, an die Gastronomie, den Feinkost- und Fachhandel geliefert – oder vom Empfänger sehr gern «vor Ort» abgeholt werden.

Anfahrt: Von Würzburg auf der B 8 über Kitzingen

Weingut Hans Wirsching, Iphofen

Besitzer:
Hans und
Dr. Heinrich
Wirsching,
weiterer
Ansprechpartner:
Armin Huth

8715 Iphofen
Ludwigstr. 16
☏ 0 93 23/30 33

Bestockte
Rebfläche
40 ha

Eines der größten
Privatweingüter
in Franken

Erstmals bei der
DLG-Bundes-
weinprämierung
1952

Die Geschichte vom «Papstwein», einer Auslese aus dem Weingut Hans Wirsching, die Papst Johannes Paul in Altötting eigentlich als freundliche Gabe überreicht worden war, die aber unversehens zum Meßwein wurde, gehört nun zum Weingut wie seine 350 Jahre Tradition.

Es ist nicht nur alt – und schön, daß Haus mit seiner Fachwerkfassade, seinen weingerechten Probierstuben, seinem imponierenden Gewölbekeller und seinen Holzfässern, es ist auch groß: 40 Hektar stehen im Ertrag, ausschließlich in Steil- und Hanglage auf Gipskeuperböden, die zum Teil schon seit 1630 von der Familie bewirtschaftet werden.

Silvaner und Müller-Thurgau sind mit jeweils rund 30% Anteil die hier meistangebauten Rebsorten, ergänzt durch Riesling, Scheurebe und Kerner mit jeweils etwa 10%.

Zur Scheurebe hat die Winzerfamilie eine besondere Verbindung, weil sie vor drei Jahrzehn-

Alter Gewölbekeller mit geschnitzten Holzfässern

Spezialität: Trockene Silvaner

Anfahrt: Von Würzburg auf der B 8 über Kitzingen

ten zu den ersten gehörte, die diese damals noch wenig anerkannte Rebe anpflanzte. Auch bei den anderen Sorten suchen die Brüder Wirsching durch geringe Erträge die Qualität zu fördern und Jahr für Jahr Spitzenweine zu erzeugen. Die bauen sie dann in Holz und Stahl so gut wie ausschließlich trocken und halbtrocken aus, wobei der «Trocken»-Anteil, der jetzt schon 70% beträgt, noch weiter steigt.

Die trockenen Spätlesen von Silvaner und Riesling gehören zu den Wein-Besonderheiten des Hauses.

Was da zu 95% in Iphofen und zum kleinen Teil in Rödelsee und Frankenberg auf nährstoffreichen Böden wächst und in frischer reduktiver Art ausgebaut wird, kann von Montag bis Sonntagmittag – auch in Gruppen bis 60 Personen – im Hause probiert werden. Der Silvaner Kabinett kostet 9,50 DM.

Weingut Winzerhof Arnold, Iphofen

Besitzer:
Johann Arnold,
weiterer
Ansprechpartner:
Anita Arnold

8715 Iphofen
Lange Gasse
26/28
☏ 0 93 23/36 43

Bestockte
Rebfläche
4,68 ha

Spezialität:
trockene
Silvaner

Anfahrt:
Von Würzburg
auf der B 8
über Kitzingen

Erstmals bei der
DLG-Bundes-
weinprämierung
1972

Süße Weine werden im Weingut Arnold nicht erzeugt. Man legt Wert auf fränkische Tradition und typische Weine, zur Hälfte trocken, zur Hälfte halbtrocken in Stahl und Kunststoff ausgebaut. Die Hauptrebsorten Silvaner (35%), Müller-Thurgau (30%), Kerner, Scheurebe, Bacchus und Huxelrebe (zusammen 35%) wachsen auf ca. 4,7 Hektar Gipskeuper-Boden.

Trockene Silvaner (Kabinett zu 8 DM) sind die Spezialität des Weinguts. Die Kunden kommen aus dem Ruhrgebiet und aus Norddeutschland ins alte, renovierte Fachwerkhaus der Arnolds – der Kundenstamm erweitert sich nach dem bekannten «Schneeball»-Prinzip. Drei Gästezimmer und eine Ferienwohnung bieten Übernachtungsmöglichkeiten. Die rustikale Probierstube ist täglich geöffnet (max. 30 Personen).

Gebietswinzergenossenschaft Franken, Kitzingen

Geschäftsführer: Klaus Häuser, weiterer Ansprechpartner: Technischer Betriebsleiter Helmut Schätzlein

8710 Kitzingen-Repperndorf
Postfach 5 05
☎ 0 93 21/ 7 00 50

Sie ist die Nummer eins in Franken – mit 1450 Hektar Rebland, die von 2850 Winzern bearbeitet werden. Mit rund 300 Weinen ist die Gebietswinzergenossenschaft Franken auch der Erzeugerbetrieb mit dem umfangreichsten Angebot. Ganz Franken gewissermaßen aus einer Hand, denn die sieben Winzergenossenschaften, die 1959 ihre «GWF» gründeten, hatten Mitglieder in zahlreichen Orten des Landes. Heute sind es Winzer aus 90 Gemeinden, die ihre Trauben zu den 18 Kelterstationen liefern. Daß daraus viele Spitzenqualitäten entstehen, kann die GWF nicht nur mit ihren Prämierungserfolgen, sondern auch mit dem Hinweis auf den Bundesrekord der meistverliehenen Weinsiegel belegen. Daß bei der erwähnten Weinvielfalt eine Vielzahl essensgeeigneter Weine geboten ist, demonstriert die «Fränkische Tafelrunde», die allmonatlich in einem anderen Restaurant zu besten kulinarischen Kombinationen von Wein und Speise einlädt.

Haupt-Rebsorten sind Silvaner, Müller-Thurgau, Bacchus und Kerner; nur noch 3% dieser Weine werden lieblich ausgebaut, während der Trocken-Anteil auf 40% gestiegen ist. – Ein Müller-Thurgau Kabinett kostet 6,50 DM. Probenmöglichkeiten für Gruppen bis zu 200 Personen. Anfahrt auf der A 3, Abfahrt Biebelried. – Erstmals bei der DLG-Bundesweinprämierung 1961.

Winzergenossenschaft Nordheim eG, Nordheim

Geschäftsführer:
Herr Prokorny,
weiterer
Ansprechpartner:
Kellermeister
Ernst Braun

8711 Nordheim
Langasse 33
☏ 0 93 81/23 45

Bestockte
Rebfläche
280 ha

Spezialität:
Müller-Thurgau

Anfahrt:
A 3, Abfahrt
Kitzingen,
Richtung
Volkach

Erstmals bei der
DLG-Bundes-
weinprämierung
1965

Der Holzfaßkeller ist im alten Zehnthof «über die Straße» vom neuen Genossenschaftsgebäude. Dort hat die Winzergenossenschaft 1951 ihre ersten Gehversuche gemacht. Dort hat sie noch heute über dem mächtigen Kreuzgewölbe eine – historische – Gaststätte, die zur Spargelzeit oder zu den Fischwochen niemals genügend Plätze hat. Der Keller ist jedoch mit mehr als tausend Führungen pro Jahr ebenso beliebt und am steten Erfolg der größten örtlichen WG Frankens beteiligt. Die Kennzahlen: 254 Mitglieder, 280 Hektar Rebland. 55% Müller-Thurgau (Kabinett zu 7,80 DM), 20% Silvaner. Rotweine nur trocken und maischevergoren. 35% trockene, 60% halbtrockene und nur 5% liebliche Weine.

Weinproben mit besagter Kellerführung sind für Gruppen bis 200 Personen auch am Wochenende möglich.

Winzergenossenschaft Randersacker eG, Randersacker

Geschäftsführer:
Leo Kemmer,
weiterer
Ansprechpartner:
Ludwig
Geißendörfer

8701 Randersacker
Maingasse 33
☏ 09 31/
70 90 01/02

Bestockte
Rebfläche
130 ha

Spezialität
Rotweine:
Portugieser,
Spätburgunder,
Domina

Anfahrt:
A 3, Abfahrt
Randersacker

Erstmals bei der
DLG-Bundesweinprämierung
1958

Das Kelterhaus, Zentrale für 200 Winzer und 130 Hektar Rebland, liegt dörflich an einer der engen und ansteigenden Straßen des Ortes. Die rustikale Probierstube ist im selben Haus untergebracht, der weiträumige Winzersaal mit Probenplatz für 200 Personen nicht weit davon entfernt.

Müller-Thurgau und Silvaner (Kabinett zu 7,50 DM die Flasche) sind mit 40% und 30% Anteil die wichtigsten Rebsorten, der «Pfülben» ist die berühmteste Lage. Bacchus und Scheurebe, Kerner und Riesling gehören ebenso zum Angebot der zu 100% trockenen und halbtrockenen Weine, wie die – hier besonders gepflegten – Rotweine des Spätburgunders, der Domina und des Portugiesers. – Beim Weinausbau steigt der jetzt bei 25% liegende Anteil trockener Weine ebenso stetig, wie sich der biologische Säureabbau durchgesetzt hat.

Weingut Martin Göbel, Randersacker

Besitzer:
Hubert Göbel

8701 Randersacker
Friedhofstr. 9
☏ 09 31/ 70 93 80

Bestockte Rebfläche 6 ha

Boden: Muschelkalk

Spezialität: breites Sorten-Angebot

Erstmals bei der DLG-Bundesweinprämierung 1977

Auf 6 Hektar Rebfläche werden Silvaner (30%), Müller-Thurgau (25%) und Riesling (15%), aber auch Ortega, Traminer, Rieslaner, Mariensteiner, Albalonga, Scheurebe, Bacchus, Kerner, Perle, Spätburgunder und Domina angebaut. Die Weine wachsen auf Muschelkalkböden in den Lagen Sonnenstuhl, Marsberg, Lämmerberg, Pfülben und Teufelskeller rund um Randersacker.

Der Weinbau hat in der Familie Göbel Geschichte, die bis ins 17. Jahrhundert zurückgeht, aber erst die junge Generation hat das Weingut auf seine heutige Größe erweitert. Winzermeister Hubert Göbel ist stolz auf den Sortenreichtum seines Angebots und setzt sein ganzes Engagement daran, die Weine sortentypisch und individuell auszubauen. Sie reifen in Holzfässern, Edelstahl- und Kunststoffbehältern heran. Inter-

essierte Weinfreunde können sie täglich in der rustikal eingerichteten Probierstube (bis zu 30 Personen) verkosten. Geschmacklich liegt man, auch was die eigenen Vorlieben betrifft, ganz in der fränkischen Tradition: Die Hälfte der Weine wird trocken ausgebaut, 45% halbtrocken, nur 5% lieblich.

Fränkisch-rustikal eingerichtete Probierstube

Die Göbels selbst schätzen die fränkische Küche mit den kräftigen Speisen, zu denen ihre erdigen Weine besonders gut passen, vor allem ein Silvaner Kabinett, der zum Preis von 8 DM angeboten wird.

Anfahrt: A 3, Abfahrt Randersacker

Weingut Schmitt's Kinder, Adam und Karl Schmitt, Randersacker

Besitzer:
Adam und Karl Schmitt,
weitere Ansprechpartner:
Maria und Renate Schmitt

8701 Randersacker
Am Sonnenstuhl
☏ 09 31/ 70 83 03

Bestockte Rebfläche
12 ha

Spezialität:
fränkische Traditionsrebsorten

Erstmals bei der DLG-Bundesweinprämierung 1975

Balthasar Neumann war gelegentlich auch in Randersacker ansässig, baute dort zur eigenen Freude einen Gartenpavillon und kaufte, ebenso zur eigenen Freude, 1747 sechs Fuder 1743er «Ämter-Wein» von Johann Adam Schmitt.

Was vor mehr als 200 Jahren dem genialen Barockbaumeister mundete, ist heute noch aus derselben Familie zu erwerben: Der Silvaner Kabinett im 0,75-Liter-Bocksbeutel zum Beispiel zum Preis von 8 DM. Und auch zur baulichen Seite gibt es etwas zu berichten: Die Schmitts haben ausgesiedelt, dermaßen schön, daß es vom zuständigen Ministerium einen Preis für «landschaftsgebundenes Bauen» gab.

Auch im neuen Keller liegen Holzfässer. Was darin reift, entscheidet der Kellermeister von Fall zu Fall, meist aber sind es Silvaner, die auf den 12 Hektar Rebfläche gemeinsam mit Müller-

Thurgau und Bacchus die größten Anteile haben (je 20%).

Blumige, fruchtige Weine werden dagegen im Edelstahltank ausgebaut, um ihre Eigenschaften

möglichst reintönig zu erhalten. Alle wachsen auf Muschelkalk, einige der besten im berühmten «Randersackerer Pfülben», der, nach Flurbereinigung, jetzt wieder voll im Ertrag steht.

Stammhaus aus dem Jahr 1710

Boden: Muschelkalkverwitterungsboden

Anfahrt: A 3, Abfahrt Randersacker

Vater und Sohn, Mutter und Ehefrau können mit bis zu 34 Gästen die Weine des Hauses probieren, bitten aber um telefonische Anmeldung, wenn Gruppen kommen oder eine Probe im barocken Stammhaus gewünscht ist. Da dieses Weingut auch als Ausbildungsbetrieb für Weinbau und ländliche Hauswirtschaft geführt wird, ist ansonsten für überraschenden Besuch im neuen Weingut bis 18 Uhr «immer jemand im Haus».

Weingut/Sektkellerei Ernst Gebhardt, Sommerhausen

Besitzer:
Karl und Ernst Hügelschäffer und Ernst Gebhardt-Hügelschäffer

8701 Sommerhausen
Hauptstr. 21–23
☏ 0 93 33/2 87

Bestockte Rebfläche 15 ha

Spezialität:
Jahrgangssekt extra Brut

Anfahrt:
A 3, Abfahrt Randersacker, über die B 13 Richtung Ochsenfurt

Erstmals bei der DLG-Bundesweinprämierung 1965

Wer schon einmal bei den Hügelschäffers zu Gast war, weiß, daß auch ein «großer» Winzerbetrieb sich sehr wohl und auf höchst angenehme Weise individuell präsentieren kann. Als Gast oder in kleinerer Gruppe wird man in diesem Haus in eine der schönsten Probierstuben Frankens geführt – Wohlbefinden ist zwangsläufig.

Der Wein tut sein übriges: Mit 25% führt die Traditionssorte Silvaner den Rebsortenspiegel vor Müller-Thurgau, Scheurebe, Bacchus und Kerner an. 90% der Weine, die insgesamt auf 15 Hektar prägendem Muschelkalk gedeihen, werden trocken oder halbtrocken ausgebaut (Silvaner Kabinett 6,60 DM).

Wer die sehr breite Lagen- und Sortenpalette des Betriebes sowie den Sekt aus der eigenen Kellerei – seit 1911 (!) – näher kennenlernen möchte, ist stets willkommen, auch in Gruppen bis 100 Personen.

Weingut Winzerhof Rudolf Hart, Thüngersheim

Besitzer:
Rudolf Hart,
weiterer
Ansprechpartner:
Hans-Jürgen
Hart

8702 Thüngersheim
Veitshöchheimer
Straße 285b
☏ 0 93 64/96 37

Bestockte
Rebfläche
6,4 ha

Spezialität:
sortentypische,
schwefelarme
Weine

Anfahrt:
Über die B 27,
von Würzburg
über Veitshöchheim

Erstmals bei der
DLG-Bundesweinprämierung
1971

Bei der Weinbereitung hat er das Sagen im Haus, und was er sagt, ist deutlich: Geringer Anschnitt gleich geringer Ertrag – gleich hoher Anteil an Prädikatsweinen und gute Qualität. Und: Sehr geringe Schwefelgaben – gleich Bekömmlichkeit. Schließlich: Unbedingt sortenreiner Ausbau von Müller-Thurgau (25% Anteil), Silvaner (20%), Kerner (20%) und Riesling (10%). Bei der Geschmacksrichtung entscheiden mehr die Kunden als Kellermeister Hans-Jürgen Hart: 60% der Weine werden halbtrocken, 30% trocken und 10% lieblich ausgebaut. Ein Müller-Thurgau Kabinett kostet 6,80 DM. Weinproben-Gäste führen die Harts in ihr eigenes Gasthaus «Winzerhof» (auch am Wochenende). Wer dorthin zum Essen kommt, kann aus einem großen Angebot von Eigenbauweinen den passenden Tropfen zur fränkischen Küche wählen.

Winzergenossenschaft Thüngersheim, Thüngersheim

Betriebsleiter:
Georg Lutz,
weiterer
Ansprechpartner:
Verkaufsleiter
Reinhold Frank

8702 Thüngers-
heim
Untere
Hauptstraße
☏ 0 93 64/10 52
und 10 53

Bestockte
Rebfläche
217 ha

Es gibt weltweit nur wenige große Stahltankkeller, in denen ästhetisch empfindsame Besucher den Eindruck gewinnen, ein kundiger Innenarchitekt habe gestalterisch positiv mitgewirkt. Die Thüngersheimer besitzen einen dieser seltenen Keller, in denen die Anforderungen von Technik, Hygiene, Rationalisierung und Gestaltung eine glückliche Synthese erreicht haben: Keramik-Boden und kluge, symmetrisch abwechslungsreiche Tankanordnung, das richtige Gefühl für Proportionen sind für den Ausbau individueller Lagenweine sehr wichtig.

Ein neuer Holzfaßkeller rundet das optische Bild der Genossenschaft, das mit ungewöhnlicher Etiketten-Gestaltung auf den Bocksbeutelflaschen seine logische Fortsetzung hat.

In der Preisliste der «Schatzkammer-Weine» finden sich Beerenauslesen und vor allem derzeit acht verschiedene Trockenbeerenauslesen – auch vom Spätburgunder, der auf den 217 Hektar Rebland das weiße Spektrum von Silvaner, Müller-Thurgau, Riesling, Scheurebe und Kerner ergänzt.

Die Reben der 360 Mitglieder gedeihen auf Muschelkalk und Buntsandstein (Spätburgunder!) – auch in Retzbach und Himmelstadt und zum überwiegenden Teil im Steilhang. Einige ihrer Weine reifen bereits in den neuen Holzfässern, eine in diesem Haus gepflegte Ausbauart für alle Rot-

Spezialität: Rotweine und Silvaner im Holzfaß ausgebaut

weine und die meisten Silvaner. Letztere haben in jüngster Zeit, trocken ausgebaut, einen guten Teil zum Erfolg der Genossenschaft beigetragen. Sie stehen als Kabinett mit 6,90 DM auf der Preisliste und werden interessanterweise außer

Größtes Faßlager der fränkischen Ortsgenossenschaften

von fränkischen Weinfreunden auch zunehmend im Alpenraum einerseits und an der deutschen Küste andererseits von den Verbrauchern bevorzugt. Zum erwähnten Erfolg gehört zweifellos auch der «Bundesehrenpreis 1986».

Anfahrt: B 27, von Würzburg über Veitshöchheim

Von der Gesamternte wird etwa die Hälfte trocken ausgebaut, 40% halbtrocken, nur 10% lieblich. Der Vertrieb erfolgt über alle Kanäle: Weinhandel, Gastronomie, Großabnehmer und Direktverkauf an den Verbraucher.

Erstmals bei der DLG-Bundesweinprämierung 1961

Zu Weinproben und den hier besonders interessanten Kellerführungen sind Besucher an allen Tagen willkommen. Bis zu 100 haben gleichzeitig Platz, um zu erfahren, daß das bescheidenschlichte Äußere des Betriebs innen im Kellerbereich und bei den Weinen keine Fortsetzung findet.

Weingut Franz Kirch, Volkach-Fahr

Besitzer:
Franz Kirch,
weitere
Ansprechpartner:
Margarete und
Matthias Kirch

8712 Volkach-
Fahr
Mönchbergstr. 11
☏ 0 93 81/30 09

Bestockte
Rebfläche
9 ha

Fahr ist ein idyllischer, kleiner Ort an einer Mainschleife in der fränkischen Wein- und Kulturlandschaft. Auf dem Weg von Volkach nach Fahr kann man die Wallfahrtskirche Maria im Weingarten mit der berühmten Riemenschneider-Madonna besichtigen.

Die Familie Kirch widmet sich hier seit dem 17. Jahrhundert dem Weinbau. Das heutige Weingut, ein stattliches Anwesen am Ortsrand inmitten von Reben, hat Franz Kirch im Jahr 1964 errichtet. Er bewirtschaftet mit seiner Frau Margarete und Sohn Matthias überwiegend Hang- und Steillagen im «Volkacher Ratsherr» und «Zeilitzheimer Heiligenberg» auf Muschelkalkböden.

Die Hauptrebsorten sind Silvaner (26%), Müller-Thurgau (27%), Riesling (11%) und Spätburgunder (8%), in kleineren Anteilen er-

Spezialität:
trockene
Silvaner,
gerbstoffreiche
Spätburgunder

Erstmals bei der
DLG-Bundes-
weinprämierung
1978

gänzt durch Scheurebe, Bacchus, Rieslaner und Kerner. Neben den Trauben, die auf eigenen 9 Hektar Rebfläche wachsen, übernimmt man das Traubengut von angeschlossenen Winzern zur kellerwirtschaftlichen Weiterverarbeitung und Vermarktung.

Hofschoppenfest am 1. Juliwochenende

Besuche während der Spargelzeit empfehlenswert

Die Weine werden überwiegend trocken (50%) und halbtrocken (30%) in Holzfaß, Stahltanks und Kunststoffbehältern ausgebaut. Spezialitäten sind die «fränkisch» trockenen Silvaner, Spätlesen (durchgegoren) und die in traditioneller «offener» Vergärung (Maischegärung) erzeugten gerbstoffreichen Spätburgunder. Die Weine werden vorwiegend an den Endverbraucher verkauft, ein Silvaner Kabinett zum Preis von 9 DM.

Anfahrt: A 7, Abfahrt Würzburg-Estenfeld, Richtung Volkach

Für einen Besuch empfiehlt sich die Spargelzeit oder das «Hofschoppen-Fest» am ersten Juli-Wochenende. Zur Weinprobe erwartet Familie Kirch auch am Wochenende die Gäste in der altfränkisch eingerichteten Probierstube mit ihren mächtigen Eichenbalken und altdeutschen Tischen. Telefonische Voranmeldung ist ratsam (bis zu 80 Personen).

Weingut Bürgerspital zum Heiligen Geist, Würzburg

Direktor:
Heinz Zeller,
Betriebsleiter:
Weinbau-Oberamtsrat
Rudolf Frieß,
weiterer Ansprechpartner:
Verkaufsleiter
Reinhard Sauer

8700 Würzburg
Theaterstr. 19
☎ 09 31/ 30 80 20

«Auf gnädige fürstliche Anordnung hin ließ der Stadtrat die im Keller des Bürgerspitals zum Hl. Geist lagernden Steinweine des Jahrgangs 1718 in Bocksbeuteln mit einem Maß Inhalt abfüllen ... Der Preis für ein Fuder stieg von 100 auf 500 Reichstaler.» – Damit war der Bocksbeutel geboren, und die erste Füllung kam aus dem Keller einer Stiftung, die schon 1321, zwei Jahre nach ihrer Gründung, über eigenen Wein verfügte. Noch heute erhält jeder Pfründner des Hauses zur täglichen Kost einen Schoppen Wein.

Aus den 13 Morgen Weinbergen des Jahres 1321 sind mittlerweile 140 Hektar geworden. Das berühmte Weingut gilt dank seines engagierten Betriebsleiters inzwischen als der Riesling-Spezialist unter den «großen Drei» Würzburgs (25% Anteil). Müller-Thurgau und Silvaner folgen mit je 20%. Die «Ergänzungssorten» Traminer, Weiß-, Grau- und Spätburgunder werden besonders gepflegt.

Im großartigen Holzfaßkeller und im neuen Stahltankkeller werden die Weine zu 60% trocken und zu 40% halbtrokken ausgebaut, der Spätburgunder mit Maischegärung, biologischem Säureabbau und immer im Holzfaß. – Riesling Kabinett kostet 14,85 DM. Probenrunden für 25 bis 360 Personen.

Den Ruhm des Hauses haben die Weine aus dem «Würz-

Bestockte Rebfläche 140 ha

Anfahrt: Über die A 3 und A 7

Erstmals bei der DLG-Bundesweinprämierung 1952

burger Stein» begründet, aber auch in vielen weiteren großen Lagen Frankens ist die Stiftung begütert: in Randersacker, Veitshöchheim, Thüngersheim, Himmelstadt, Gössenheim, Leinach und Michelau/Steigerwald. Auf den wärmespeichernden Muschelkalk-Steilhängen und Keuper-Böden erhalten die Weine den typisch fränkischen Bodengeschmack.

In den «Bürgerspital-Weinstuben», zehn rustikal gestalteten Räumen mit insgesamt 425 Sitzplätzen, werden täglich (dienstags Ruhetag) viele bauchige Bocksbeutel geleert und mancher Schoppen «gepfetzt» (fränkisch deftig für «getrunken»). Für viele Einheimische und Gäste gehört der Wein eben genauso zu den Schätzen Würzburgs wie die Werke Riemenschneiders oder Balthasar Neumanns.

Weingut Juliusspital, Würzburg

Besitzer:
Stiftung Juliusspital,
Ansprechpartner:
Weingutsleiter Horst Kolesch

8700 Würzburg
Klinikstr. 5
☎ 09 31/30 84, 147 und 148

Bestockte Rebfläche 168 ha

Spezialität: fränkische Weine aus besten Lagen

Erstmals bei der DLG-Bundesweinprämierung 1952

Es ist für seine Weine bei Frankenfreunden so bekannt wie für seine Weinstuben bei Würzburg-Besuchern. Der Keller mit seinen 230 Fässern auf 250 Meter Länge bietet kunstvoll geschnitzte Faßböden und immer neue Ausblicke auf immer neue Faßreihen. Er bietet alle fünf weltweit bekannten Frankenlagen: den «Würzburger Stein», den «Randersackerer Pfülben», den «Iphöfer Julius Echter-Berg», den «Escherndorfer Lump» und den «Rödelseer Küchenmeister».

Der Krönungswein der englischen Königin ist in diesen Gewölben gereift und vieles mehr, was prominenten wie unbekannten Weinfreunden gemundet hat. Bei der Queen war es eine Riesling-Auslese, ansonsten aber wird eher der Silvaner – und zwar «fränkisch trocken» – als Spezialität des Hauses genannt. Er hat hier 35% Anteil an

den 126 Hektar Rebland Buntsandstein-, Muschelkalk- und Keuperböden und kostet als Kabinett 9,50 DM die Flasche.

Schöner Holzfaßkeller

Auch Müller-Thurgau und Riesling (25% und 12%) haben größere Umsatzbedeutung, während die Rebsorten Traminer und Weißer Burgunder, Rieslaner, Scheurebe, Kerner und Spätburgunder mit kleineren Anteilen das Sortiment ergänzen.

Große Weinstube mit gepflegter Gastronomie

Der Rotwein wird im klassischen Verfahren auf der Maische vergoren, mit ihm ist auch allen «Weißen» der Holzfaßausbau gemeinsam. Die Hälfte dieser Weine geht heute bereits unmittelbar an den Verbraucher, und der mag es offenbar zunehmend trocken (jetzt 40% Anteil) und halbtrocken (55%). – Weinproben für bis zu 120 Personen möglich.

Anfahrt: Über die A 3 und A 7

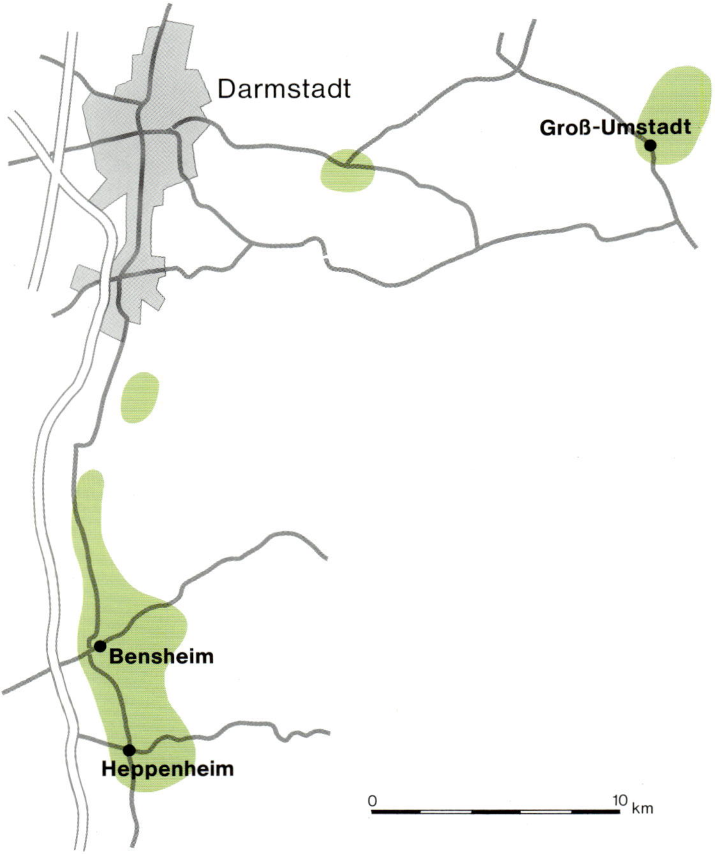
Darmstadt
Groß-Umstadt
Bensheim
Heppenheim
0
10 km

Hessische Bergstraße – klein, aber fein

«Strata montana» nannten die alten Römer das Gebiet bei Bensheim und Heppenheim. Heute gilt das kleinste deutsche Anbaugebiet (rund 350 Hektar) als «Frühlingsgarten Deutschlands». Denn in dem milden Klima der Bergstraße präsentieren sich Mandel- und Kirschblüte besonders zeitig. Die Weine, die hier wachsen, werden meist «vor Ort» genossen, in den gemütlichen Weinstuben. Nur die größeren Betriebe (Genossenschaften und ein Staatsweingut) betreiben etwas «Export» in andere deutsche Regionen. Ganz besonders rar ist der Wein der kleinen «Odenwälder Weininsel» bei Groß-Umstadt, östlich von Darmstadt.

Die Hessische Bergstraße ist zu 99% ein Weißweingebiet. Mehr als die Hälfte davon ist fruchtiger Riesling mit filigraner Säure. Blumig und frisch ist der Müller-Thurgau; markant, aber nicht zu füllig, gerät der Ruländer. Vereinzelt gibt es ausgeprägten Gewürztraminer.

Seite	Prämierungs-Betrieb	Bundes-Ehrenpreise seit 1961	Erzielte DLG-Preise 1985–87			
			insges.	Groß	Silber	Bronze
135	Bensheim, Staatsweingut Bergstraße	3	35	71%	20%	9%
136	Groß-Umstadt, Odenwälder Winzergenossenschaft eG	–	19	58%	37%	5%
137	Heppenheim, Bergsträßer Gebietswinzergenossenschaft eG	3	51	43%	45%	12%

Die Betriebe können jährlich zur DLG-Bundesweinprämierung nur eine begrenzte Zahl von Weinen anmelden. Die Begrenzung ergibt sich jeweils aus der betrieblichen Rebfläche. Kleinere Prämierungsbetriebe können bis zu sechs Weine prüfen lassen, mittlere bis zu 15 und nur ganz wenige große bis zu 50.
Wundern Sie sich also nicht, wenn die Zahl prämierter Weine von Betrieb zu Betrieb so stark abweicht. Zum besseren Verständnis der unterschiedlichen Betriebsleistungen werden deshalb die erzielten DLG-Preise (Groß, Silber, Bronze) in Prozenten ausgewiesen.

Staatsweingut Bergstraße, Bensheim

Betriebsleiter:
Heinrich Hillenbrand

6140 Bensheim
Grieselstr. 34–36
☏ 0 62 51/31 07

Bestockte Rebfläche 36 ha

Erstmals bei der DLG-Bundesweinprämierung 1969

Wer «Hessische Bergstraße» sagt und Deutschlands kleinstes Weinbaugebiet kennt, denkt auch an diesen 36 Hektar-Musterbetrieb, der seit 1977 alljährlich einen Eiswein liefert, der zur einzigen Weinversteigerung der Region einlädt, der auf mehr als zwei Drittel seiner Flaschen «Riesling» schreiben kann und schon über die Hälfte der Weine trocken ausbaut. Auch die Doppelmagnum-Riesling-Abfüllung gehört zu dieser Geschmacksrichtung; ausdrucksvolle, trockene Spätlesen sind Selbstverständlichkeit geworden.

Auf Lößlehm- und Granitverwitterungsgestein wachsen neben 70% Riesling auch Müller-Thurgau, Weißburgunder und Ruländer. Alle Sorten erleben ihre Reifung im Holzfaß – und damit in einem «Vorzeigekeller» des Gebietes. Sicher, weil urkundlich belegt, ist, daß hier in Bensheim schon im Jahre 765 Weinbau war; auch die Anfänge des Staatsweingutes reichen weiter zurück als die Anlage der ersten Versuchs- und Musterparzellen durch die Großherzogliche Verwaltung von Hessen-Darmstadt im Jahre 1904. Seitdem wird die Qualitätsentwicklung, vor allem der Rebsorte Riesling, sehr systematisch betrieben. Eine Flasche Kabinett davon steht heute mit 8,40 DM auf der Liste.

Zu Proben sind bis zu 50 Personen willkommen. Anfahrt über die A 5, Abfahrt Bensheim.

Odenwälder Winzergenossenschaft eG, Groß-Umstadt

Geschäftsführer:
Otto Heß,
weiterer
Ansprechpartner:
Kellermeister
Jürgen
Kronenberger

6114 Groß-
Umstadt
Riegelgarten-
weg 1
☏ *0 60 78/23 49*

Bestockte
Rebfläche
25 ha

Spezialität:
«Odenwälder
Wein»

Anfahrt:
Von Darmstadt
in den Odenwald

Erstmals bei der
DLG-Bundes-
weinprämierung
1982

Sie ist jung (1959 gegründet) und klein (25 Hektar), hat aber viele Mitglieder (150) – und für die besondere Repräsentation einen Raum im alten «Pfälzer Schloß», wie ihn viele «Große» nicht aufzuweisen haben. In diesem Schloß residierte die Winzergenossenschaft, bis der anhaltende Zustrom von Kleinwinzern eine Erweiterung notwendig machte. Heute ist die Erzeugergemeinschaft mit 25 Hektar verwittertem Quarzporphyr- und Lößhanglehm-Boden größter Erzeuger der nur 47 Hektar umfassenden «Odenwälder Weininsel». 40% Müller-Thurgau, 30% Riesling und 20% Silvaner sind im Anbau. Zu 40% werden diese Weine trocken (Anteil steigend), zu 30% halbtrocken (Anteil steigend) und zu ebenfalls 30% lieblich (Anteil sinkend) ausgebaut. Eine Flasche Müller-Thurgau Kabinett kostet etwa 6 DM. – Bis zu 20 Probengäste sind jederzeit willkommen (tel. Anmeldung).

Bergsträßer Gebiets-Winzergenossenschaft eG, Heppenheim

Geschäftsführer: Ewald Petermann, weitere Ansprechpartner: Kellermeister Adam Jakobi und Hans-Jürgen Weber

6148 Heppenheim
Postfach 1 53
☏ 0 62 52/ 7 30 16

Bestockte Rebfläche 300 ha

Spezialität: Riesling

Anfahrt: A 5, Abfahrt Heppenheim

Erstmals bei der DLG-Bundesweinprämierung 1956

In der Innenstadt gibt es das traumschöne Rathaus, den herrlichen Saal des alten Amtshofes und eine der schönsten deutschen Weingaststätten. Dort bechern Besucher gern den Wein der Genossenschaft, der für sie auch am Ortseingang gleich neben der «strata montana», jener, zu Römerzeiten wie heute, stark benutzten «Bergstraße», zum Kosten bereitsteht. In der «BGW» werden Weine von allen Orten der «Frühlingsblüten-Region», vor allem aber Riesling (52% Anteil, Kabinett zu 6,40 DM), Müller-Thurgau (18%), Ruländer (10%) und Silvaner (9%) in Holz und Stahl ausgebaut. Sie kommen von 620 Mitgliedern und über 300 Hektar Rebfläche auf Urgesteins-, Löß- und Sandböden, sind zu 35% trocken, zu 16% halbtrocken und zu 49% lieblich. Ein großer Teil dieser Weine wird im Erzeugungsgebiet getrunken – zum Probieren sind Gruppen bis 60 Personen willkommen.

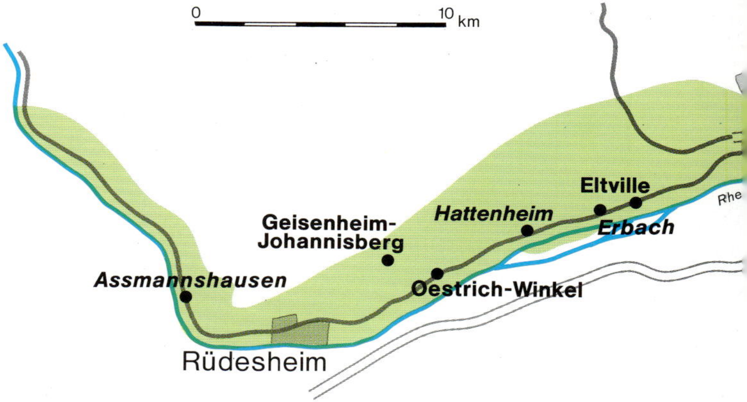

Rheingau – das hohe Lied auf den Riesling

Anno 1435 wurden die ersten «seczreben riesslingen» im Rheingau gesetzt – ein glorreiches Jahr! Denn auf den Riesling begründet sich der Ruf des 38 Kilometer langen Anbaugebiets am Rhein, von Wicker bis hin nach Lorchhausen. Den Grundstein für die Weinqualität aber haben schon Jahrhunderte vorher Klosterbrüder gelegt, deren Weinwirken in dieser Region als besonders segensreich bezeichnet werden kann. Der Rhein ist hier fast seenartig breit; seine Wasserfläche trägt wesentlich zu den hervorragenden klimatischen Bedingungen des Gebiets bei. Im Rheingau wurde 1775 die Spätlese «geboren», als man den Wert der Edelfäule für den Riesling entdeckte, von hier stammt das Wort «Kabinett» (ursprünglich Cabinet) für einen leichten, rassigen Wein. Das weltweit bekannte Anbaugebiet hat viel Tradition, die von Winzern mit einem bemerkenswert hohen Ausbildungsstand mit Leben erfüllt wird. So ist der Rheingau die Heimat wahrlich großer Weißweine, deren beste noch nach Jahrzehnten begeistern. Um es nicht zu vergessen: Im Rheingau wird auch ein fein nuancierter Spätburgunder erzeugt. Aber er ist rar.

Seite	Prämierungs-Betrieb	Bundes-Ehrenpreise seit 1961	Erzielte DLG-Preise 1985–87			
			insges.	Groß	Silber	Bronze
192	Eltville, Hans-Josef Ernst, Weingut	1	20	40%	50%	10%
194	Eltville-Erbach, Weingut Kremer-Ettingshausen	1	18	17%	72%	11%
195	Eltville-Hattenheim, Balthasar Ress, Weingut	2	28	43%	43%	14%
196	Geisenheim, Forschungsanstalt Geisenheim, Institut für Kellerwirtschaft	–	15	47%	40%	13%
197	Geisenheim-Johannisberg, Landgräflich Hessisches Weingut Johannisberg	–	29	34%	52%	14%
198	Hochheim, Domdechant Werner'sches Weingut	–	23	26%	44%	30%
200	Hochheim, Franz Künstler, Weingut	2	16	56%	44%	–
202	Hochheim, Peter Velten, Weingut	–	17	29%	47%	24%
203	Rüdesheim-Assmannshausen, Staatsweingut Assmannshausen	1	27	30%	55%	15%
204	Oestrich-Winkel, Fritz Allendorf, Weingut	–	20	30%	45%	25%

Die Betriebe können jährlich zur DLG-Bundesweinprämierung nur eine begrenzte Zahl von Weinen anmelden. Die Begrenzung ergibt sich jeweils aus der betrieblichen Rebfläche. Kleinere Prämierungsbetriebe können bis zu sechs Weine prüfen lassen, mittlere bis zu 15 und nur ganz wenige große bis zu 50.
Wundern Sie sich also nicht, wenn die Zahl prämierter Weine von Betrieb zu Betrieb so stark abweicht. Zum besseren Verständnis der unterschiedlichen Betriebsleistungen werden deshalb die erzielten DLG-Preise (Groß, Silber, Bronze) in Prozenten ausgewiesen.

Weingut Hans-Josef Ernst, Eltville

Besitzer:
Hans-Josef Ernst,
weiterer Ansprechpartner:
Giesela Ernst

6228 Eltville
Holzstr. 40
☏ 0 61 23/23 63

Bestockte Rebfläche 17 ha

Spezialität: Spätburgunder im Holzfaß ausgebaut

Erstmals bei der DLG-Bundesweinprämierung 1963

Im Februar 1961 stand ein strahlender Jugendlicher vor dem damaligen Bundespräsidenten Heinrich Lübke und freute sich über seine Auszeichnung als Bundessieger im Leistungswettbewerb der deutschen Landjugend, Sparte Weinbau, jüngste Klasse.

Das mit solchen Siegen unausgesprochene Erfolgsversprechen für die Zukunft hat Hans-Josef Ernst eingelöst: Er baute den kleinen elterlichen Betrieb, der 1971 durch das Zusammenführen dreier Weingüter aus dem Verwandtenkreis auf sieben Hektar vergrößert wurde, noch weiter aus und bearbeitet heute 17 Hektar Weinberge in Eltville, Rauenthal, Kiedrich, Walluf und Martinsthal.

Aus dem Auszubildenden jener Zeit ist inzwischen ein erfolgreicher Ausbilder geworden, ein Winzer, der für seine klare Linie und für sein Bestreben bekannt ist, mit neuester Technik Bestes zu erreichen.

Rieslinganteil liegt bei 80%

Anfahrt: Über die B 260 oder B 42

Auf den Lößböden und kiesigen wie auch tonigen Lehmböden seiner Weinberge wächst in erster Linie Riesling. Neben 80% Anteil der weißen Edelsorte sind vor allem Spätburgunder und Müller-Thurgau angepflanzt.

Alle Weine des Hauses werden auch zur Weinsiegelprüfung angemeldet, dem Spätburgunder ist grundsätzlich der Holzfaß-Ausbau vorbehalten, der Anteil trockener und halbtrockener Weine liegt derzeit bei 65%, wobei trocken mit 40% dominiert.

Zwei Drittel der Erzeugung gehen unmittelbar an den Endverbraucher und werden zum guten Teil an anreisende Weinfreunde «ab Hof» verkauft. Der Hof liegt im nördlichen Teil Eltvilles in der schön gestalteten, verkehrsberuhigten Holzstraße; die Probierstube im Haus beweist ebenfalls guten Geschmack. Bis zu 30 Personen sind dort an Wochentagen willkommen. – Der Riesling Kabinett kostet 6 DM.

Weingut Kremer-Ettingshausen, Eltville-Erbach

Besitzer:
August und Hans Ettingshausen

6228 Eltville-Erbach
Rheinstr. 9
☏ 0 61 23/ 6 24 42

Bestockte Rebfläche 6,8 ha

Spezialität:
Spätburgunder Rotwein trocken

Geringere Jahrgänge werden teilweise im Faß verkauft, ansonsten aber ist dies der typische Familienbetrieb – auch mit der Größe von knapp 7 Hektar –, der seinen gesamten Ertrag auf der Flasche vermarktet und, von einem geringen Anteil Gastronomie abgesehen, an den Endverbraucher verkauft.

Auf den unterschiedlichen Böden in Erbach, Kiedrich und Hattenheim wachsen neben der Leitsorte Riesling (82%) Müller-Thurgau, Ruländer und Spätburgunder. In jüngerer Zeit zeigt sich bei den Kunden ein Trend zu «trocken» und «halbtrocken» (jetzt 40 und 22%), während der Bedarf an lieblichen Weinen rückläufig ist. – Der Riesling Kabinett wird auf der Preisliste mit 5,40 DM verzeichnet; Weinfreunde können auch am Wochenende zur Probe kommen – allerdings nicht mehr als 20 Personen gleichzeitig.

Anfahrt:
Über die B 260 oder B 42

Erstmals bei der DLG-Bundesweinprämierung 1973

Weingut Balthasar Ress, Hattenheim

Besitzer:
Stefan Ress,
weiterer
Ansprechpartner:
Fritz Charisse

6229 Eltville-
Hattenheim
Rheinallee 7
☏ *0 67 23/30 11*

Bestockte
Rebfläche
22 ha

Spezialität:
seit 1979 jährliche Edition
Künstleretiketten

Anfahrt:
Über die B 42

Erstmals bei der
DLG-Bundesweinprämierung
1961

Das deutsch-französische Besitzerehepaar lebt perfekt jene Weltläufigkeit, die unter den deutschen Weinregionen besonders dem Rheingau zuzuordnen ist. Das Weingutsgebäude «paßt» dazu, noch mehr aber die Tatsache, daß hier 1979 die Idee wiederbelebt worden ist, besondere Weine mit Künstleretiketten auszustatten. Die alljährlich ergänzte Edition hat auch im Ausland bei Riesling-Freunden Erfolg – und inzwischen zahlreiche Parallelen, die das Weingeschehen insgesamt beleben. Ress-Wein ist zu 89% Rieslingwein (7% Spätburgunder). Er kommt von 22 Hektar Rebfläche – unter anderem aus der Lage «Schloß Reichartshausen» im Alleinbesitz des Gutes. (Riesling Kabinett 9,50 DM.) Er wird zu 40% lieblich ausgebaut, dieser Anteil sinkt jedoch zugunsten der trockenen und halbtrockenen Weine, die je 30% Anteil erreicht haben. – Proben nach Anmeldung bis zu 50 Personen möglich.

Forschungsanstalt für Weinbau, Geisenheim

Besitzer:
Land Hessen,
Ansprechpartner:
Prof. H. Haubs

6222 Geisenheim
von-Lade-Str. 1
☎ 0 67 22/50 21

Bestockte
Rebfläche
24 ha

Spezialität:
Weine nach
neuesten
Erkenntnissen
an- und
ausgebaut

Anfahrt:
Über die B 42

Erstmals bei der
DLG-Bundes-
weinprämierung
1966

«Geisenheimer» haben in der Weinwirtschaft weltweit einen guten Ruf. Der Name meint die Absolventen der Hochschule, die der gleichnamigen Forschungsanstalt angegliedert wurde. Selbstverständlich wird dort auch praxisnah gearbeitet, und so besitzt das Weingut der Forschungsanstalt 24 Hektar Ertragsrebfläche in Geisenheim und Rüdesheim, auf der vor allem Riesling (64% Anteil), Müller-Thurgau (9%), Spätburgunder (4%), Ruländer (3%) und Traminer (2%) wachsen. Drei Viertel des Ertrages wird auf Flaschen gefüllt, etwa zur Hälfte trokken und zu je einem Viertel halbtrocken und lieblich ausgebaut. Die Weine sind verkäuflich, der Riesling Kabinett zu 7,50 DM die Flasche, und können vom Weintrinker auch direkt erworben werden. Außer Wein sind Sekt aus eigenen Weinen («brut» und «trocken»), Weinbrand und Obstbrände im Angebot.

Landgräflich Hessisches Weingut, Geisenheim-Johannisberg

Besitzer:
Kurhessische Hausstiftung,
Ansprechpartner:
Betriebsleiter Karl-Heinz Glock

6222 Geisenheim-Johannisberg
Im Grund 1
☏ 0 67 22/81 72

Anfahrt:
Über die B 42

Wie das berühmte «Schloßhotel Kronberg» und der ebenfalls bekannte «Hessische Hof» in Frankfurt gehört das Weingut zur Kurhessischen Hausstiftung, einer von den Prinzen und Landgrafen von Hessen errichteten Familienstiftung. Es ist ein Riesling-Weingut, und die Reben dieses Wein-Aristokraten wachsen gleich hinter und vor den Gutsgebäuden im Johannisberg-Tal.

Rund 40 Hektar Weinberge sind in sechs Gemarkungen des Rheingaus bestockt – zu 88% mit Riesling. Eine Flasche davon kostet als Kabinett um 9 DM. Die höheren Qualitäten spielen hier eine besondere Rolle, denn noch 70% der Weine werden in der «vollmundig-saftigen» Geschmacksrichtung ausgebaut. Das mag auch am hohen Exportanteil liegen, der rund ein Drittel der Gesamtmenge ausmacht.

Der neue Jahrgang wird jeweils bei der Eberbacher Weinmesse im April vorgestellt. Das Weingut ist Mitglied in der Vereinigung der Rheingauer Traditionsweingüter und auch im V. d. P. – Weinrunden bis zu 40 Teilnehmern sind, vorangemeldet, willkommen.

Eine Abrundung des Verkaufsprogramms sind Spätburgunder Rotweine und der Sekt «Kurhessen» aus Riesling-Trauben des Gutes. – Erstmals bei der DLG-Bundesweinprämierung 1972.

Domdechant Werner'sches Weingut, Hochheim

Besitzer:
Dr. Franz Werner Michel,
weiterer Ansprechpartner:
Oda Michel

6203 Hochheim
Rathausstr. 30
Postfach 12 05
☏ 0 61 46/20 08

Der Rheingau hat auch ein Stück Mainfront, ein Stück vom Besten: Weinberge, die genau nach Süden schauen und darüber einige repräsentative Häuser von bestem Patrizierzuschnitt. Das Werner'sche gehört mit seiner klassizistischen Fassade in freundlichem Gelb dazu – und sieht genauso aus, wie man es unter diesem Namen erwartet: Gediegen und mit lebensfrohem Akzent. Der Domdechant wurde berühmt, weil er seinen schönen Dom in Mainz während der französischen Revolutionskriege vor dem Abbruch bewahrt und Zerstörtes wieder aufgebaut hatte. Sein Vater hatte das Gut vom Grafen York gekauft, und der Wein war dem Sohn sicher reichlich gegönnt. Heute sorgt die siebte Generation

Bestockte Rebfläche 12 ha

95% Riesling im Anbau

Spezialität: klassische Rheingauer Rieslinge

Weine mit guter Essenseignung

Anfahrt: A 67, Abfahrt Hochheim

Erstmals bei der DLG-Bundesweinprämierung 1952

der Familie dafür, daß die Qualitätstradition inklusiv malerischem Gutshof, altem Gewölbekeller und kleinem Familien-Weinmuseum erhalten bleibt.

Was die Besitzerfamilie im Museum oder im Keller zur Probe reicht, wächst auf 12 Hektar Kalkmergelböden, ist zumeist langlebiger Riesling (95% Anteil, ein wenig Spätburgunder als «Liebhaberei») und wird im Holzfaß ausgebaut. Je 40% der Weine kommen trocken und lieblich auf die Flasche, 20% halbtrocken. Trockene Hochheimer haben ihre Essenseignung als «fränkische Rheingauer» bewiesen. Ein Kabinett dieser Art kostet um 9 DM. Das Gut ist Mitglied der Vereinigung Rheingauer Traditionsweingüter im V.d.P. (erste Versteigerung schon 1795), exportiert 40% seiner Weinmenge, verkauft viel an Weinhandel und Gastronomie (50%), bietet aber auch Endverbrauchern gern Weinproben bis 30 Personen – auf Wunsch in Englisch.

Weingut Franz Künstler, Hochheim

Besitzer:
Franz und Edith Künstler,
weiterer Ansprechpartner:
Gunter Künstler

6203 Hochheim
Freiherr von Stein Ring 3
☏ 0 61 46/56 66

Zwei Kriege bestimmten das Weinbauschicksal der Familie Künstler: Nach dem Dreißigjährigen Krieg begannen die Vorfahren 1648 an der Thaya in Südmähren Reben anzupflanzen, nach dem zweiten Weltkrieg taten dies die Nachfahren am Main. Allerdings nicht unmittelbar, sondern nach gründlicher Vorbereitung. Für Franz Künstler begann die Fachausbildung in Württemberg – er ist «Weinsberger» (Fachschule) – und dann folgten später 15 Verwalterjahre in Hochheim. Erst danach wagte er den Schritt in die Selbständigkeit, der erstmals 1978 mit dem selten vergebenen Bundesehrenpreis gekrönt wurde – 1986 dann abermals.

So bietet Franz Künstler nun erfolgreich Rheingauer Wein von 5 Hektar Weinbergen an, «Original – Hock», wie er als englische Abkürzung des Städtenamens «Hochheim» und als Inbegriff für Rheingauer Wein oder Rheinwein in der englischsprechenden Welt gebraucht wird. Sicher ist, daß «Hochheimer» dank der englischen Königin Victoria in Großbritannien weite Verbreitung fand. Franz Künstler knüpft mit seinem Leitspruch an die englische Weisheit «A good hock keeps off the doc!» («Guter Hochheimer hält den Doktor fern!»), wenn er Plutarch auch in der Preisliste zitiert: «Der Wein ist . . . unter den Arzneien die schmackhafteste . . .»

Bestockte Rebfläche 5 ha

Diese Liste bietet den Riesling Kabinett zu 6,50 DM an und wendet sich vor allem an Endverbraucher, die 90% des Künstler-Weines ab Hof kaufen – oder «ab Weinfest», denn die Künstlers sind regelmäßig Anfang Juli beim Hochheimer Weinfest, Anfang November beim Hochheimer Markt, Anfang September beim Darmstädter Weinfest, und am «Tag der offenen Tür» Ende April/Anfang Mai zu Hause. Da gibt es dann Riesling (78% Anbauanteil), Müller-Thurgau, Spätburgunder, Scheurebe und Ehrenfelser in betont reduktiver Art. Zu 35% trocken, zu 15% halbtrocken und zu 50% lieblich ausgebaut und – fast ausschließlich prämiert, vom Qualitätswein bis zur Auslese. Dazu den eigenen Riesling-Sekt und den Blick in den Holzfaßkeller.

Riesling-Sekt aus eigenen Weinen

Anfahrt: A 671, Abfahrt Hochheim

Erstmals bei der DLG-Bundesweinprämierung 1966

Weingut Peter Velten, Hochheim

Besitzer:
Peter Velten,
weiterer
Ansprechpartner:
Sigrid und
Marianne Velten

6203 Hochheim
Bauerngasse 3
☏ 0 61 46/56 65

Bestockte
Rebfläche
4 ha

Spezialität:
Riesling,
Weißherbst und
Spätburgunder

Anfahrt:
A 671, Abfahrt
Hochheim

Erstmals bei der
DLG-Bundes-
weinprämierung
1974

Der Familienbetrieb paßt so recht in die malerisch und fußgängergerecht restaurierte Altstadt Hochheims: 4 Hektar zu drei Vierteln mit Riesling bepflanzte Weinberge (Müller-Thurgau, Spätburgunder, Kerner und Faber als Ergänzung), Vater und Tochter (mit Winzermeister-Prüfung) in Weinberg und Keller, die Ehefrau kümmert sich um den Absatz.

Die Probenrunden werden mit höchstens zehn Personen klein gehalten. Es gibt eine trockene Riesling Spätlese und auch andere «Trockene», aber die meisten Weine sind lieblich ausgebaut (75%), während der «Trocken»-Anteil zur Zeit bei 20% liegt (steigend).

Ein Riesling Kabinett kostet 6,50 DM. Während der «Rheingauer Schlemmerwochen» und bei den Festen ist immer geöffnet, ansonsten sind Gäste an allen Wochentagen willkommen.

Staatsweingut Assmannshausen, Rüdesheim-Assmannshausen

Besitzer:
Land Hessen,
Ansprechpartner:
Dipl.-Ing.
W. Mengel

6220 Rüdesheim-
Assmannshausen
Aulhauser
Straße 19
☎ 0 67 22/22 73

Bestockte
Rebfläche
20 ha

Verfehlen kann man es nicht. Wer von Assmannshausen zum stillen Aulhausen hochfährt, sieht die Wirtschaftsgebäude kurz vor dem Dorf links unter ihren Weinbergen. Von 1108 bis 1803 hat hier der Kurfürst von Mainz seine Rotweine und wohl auch Weißweine bezogen. Später war es der Herzog von Nassau, dann wechselte der Besitz zum Land Preußen und schließlich zum Land Hessen. Jetzt stehen auf den 20 Hektar nur noch Spätburgunder, und für viele Freunde deutscher Rotweine ist hier das Profil des deutschen «Roten» geformt worden.

Der Boden: Phyllitschieferverwitterung. Der Ausbau: schonendste Maischebehandlung, biologischer Säureabbau, nur Holzfaß, mindestens ein Jahr Faßlagerung. Die Hälfte der Weine kommt trocken auf die Flasche, 10% mild (Weißherbst-Auslesen und -Beerenauslesen).

Es gibt einen Wein ohne Schwefelzusatz und einen roten Jahrgangssekt. Was wozu beim Essen paßt, sagt eine Broschüre «Assmannshäuser Harmonie»; außerdem ist in der Preisliste zu jedem Wein ein informierendes Symbol abgedruckt. Ein Kabinettwein kostet 14 DM. – Proben werktags bis 25 Personen. Weinseminare auf Anfrage. Erstmals bei der DLG-Bundesweinprämierung 1968.

Weingut Fritz Allendorf, Oestrich-Winkel

Besitzer:
Fritz und Lotte Allendorf,
weitere Ansprechpartner:
Georg und Ulrich Allendorf und Herr Schönleber

6227 Oestrich-Winkel
Kirchstr. 69
☏ 0 67 23/50 21

Bestockte Rebfläche
25 ha

Spezialität:
Riesling und Spätburgunder

Erstmals bei der DLG-Bundesweinprämierung 1968

Zitat: «Die Geschichte der Allendorfs gehört zum Rheingau, wie das lebendige Erscheinungsbild der heutigen drei Generationen Allendorf zum Wein dieses Hauses. Und die fröhliche Vitalität des Fritz Allendorf hat wesentlich dazu beigetragen, daß sich auch der offizielle Rheingau immer sympathisch präsentieren konnte . . .» – Die Geschichte der Familie läßt sich bis in das Jahr 1292 zurückverfolgen; ein uraltes, schönes Grabmalrelief ist in der Kirche des Klosters Eberbach zu besichtigen.

Ungeachtet derart großer Familientradition tritt insbesondere der Weingutschef unbekümmert locker auf, und auch in den Jahren seiner Tätigkeit als Präsident des Rheingauer Weinbau-

verbandes wurde ihm eher das Prädikat «verschmitzt» denn das der Würde zugeordnet. (Und ist dabei VdP- und Charta-Mitglied!) Für diese Art des Lebens mit dem Wein und für den Wein stehen am ehesten die Weinfeste im «Georgshof», dem – ausgesiedelten – Familiengut.

Zweimal im Jahr – 14 Tage über Pfingsten und 14 Tage Anfang Oktober – können 120 Weine aus dem ganzen Rheingau probiert werden, begleitet von herzhaften Spezialitäten nach Winzerart.

Die Vielzahl der Weine kommt nicht nur aus dem Georgshof und dem 1980 erworbenen Rotweingut Jung in Assmannshausen (zusammen 25 Hektar), sondern auch aus anderen berühmten Gütern.

Im Bild das Ehepaar Allendorf

Deren Weine stehen als Erzeugerabfüllungen mit den Original-Etiketten auf der Allendorf-Liste, in der ein Kabinett aus eigenem Anbau in Winkeler Gemarkung mit 7,80 DM verzeichnet ist. Ein Riesling natürlich, denn hier dominiert die Traditionsrebe mit dem hohem Anteil von 80% vor dem Spätburgunder, der – dank Assmannshausen – 13% erreicht, also beide weit vor Müller-Thurgau, Kerner und Schwarzriesling.

Kulinarische Weinproben Gutsausschank

Offene Weinkeller – 14 Tage über Pfingsten und 14 Tage im Oktober

Nach telefonischer Anmeldung sind Gruppen bis 40 Personen, an Wochentagen auch außerhalb der «Tage der offenen Keller», im Haus willkommen, übrigens auch zur Sektprobe, denn neben den Weinen (jeweils zu einem Drittel in den drei Geschmacksrichtungen) gibt es auch Sekte von mild bis sehr herb.

Anfahrt: Über die B 42

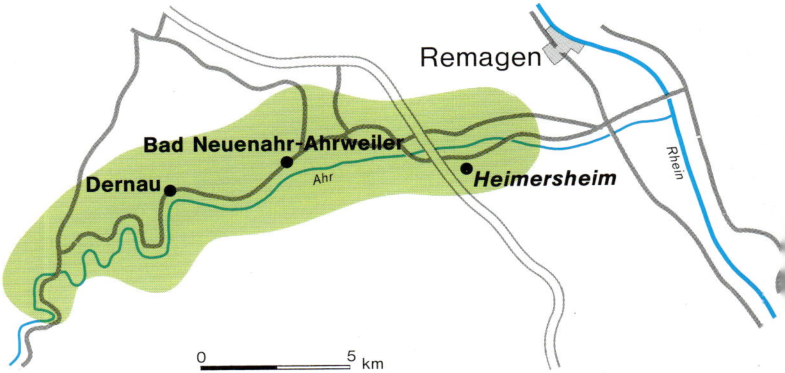
Remagen
Bad Neuenahr-Ahrweiler
Dernau
Ahr
Heimersheim
Rhein
0
5 km

Die Ahr – nicht nur Rotwein

Der Spruch ist alt, aber er beschreibt trefflich die «Größe» des Anbaugebiets Ahr: «Wer an der Ahr war und nicht weiß, daß er da war, der war an der Ahr.» Flott aufs Gas gedrückt, hat man schnell die paar «Wein-Kilometer» am Flüßchen Ahr bei Bad Neuenahr passiert. Aber ein Halt lohnt sich. Das wissen nicht nur die Touristen aus dem Raum Köln-Bonn, sondern zunehmend auch die echten Genießer, die bei manchem Weingut und den Genossenschaften interessante Entdeckungen machen können. Hier wachsen Spät- und Frühburgunder, Portugieser, Müller-Thurgau und Riesling – was wiederum deutlich macht, daß das knapp 500 Hektar umfassende Gebiet nicht nur – wie oft vermutet wird – eine Rotweinregion ist.

Die Reben stehen häufig im Steilhang. Die Weine selbst sind meist schlank, leicht, spritzig, lassen dabei aber Eleganz nicht vermissen. Bei den Rotweinen ist ein leichter Trend zu mehr Gerbstoffbetonung erkennbar, ohne die typische Samtigkeit zu vernachlässigen. Konstant zugenommen hat die Zahl trockener Weine.

Seite	Prämierungs-Betrieb	Bundes-Ehrenpreise seit 1961	Erzielte DLG-Preise 1985–87			
			insges.	Groß	Silber	Bronze
208	Bad Neuenahr-Ahrweiler, Görres & Linden, Weingut Sonnenberg	1	13	46%	39%	15%
210	Bad Neuenahr-Ahrweiler, Vereinigte Ahrwinzergenossenschaften eG Dernau	8	21	53%	33%	14%
213	Bad Neuenahr-Heimersheim, Toni Nelles, Weingut	–	21	19%	52%	29%

Die Betriebe können jährlich zur DLG-Bundesweinprämierung nur eine begrenzte Zahl von Weinen anmelden. Die Begrenzung ergibt sich jeweils aus der betrieblichen Rebfläche. Kleinere Prämierungsbetriebe können bis zu sechs Weine prüfen lassen, mittlere bis zu 15 und nur ganz wenige große bis zu 50.
Wundern Sie sich also nicht, wenn die Zahl prämierter Weine von Betrieb zu Betrieb so stark abweicht. Zum besseren Verständnis der unterschiedlichen Betriebsleistungen werden deshalb die erzielten DLG-Preise (Groß, Silber, Bronze) in Prozenten ausgewiesen.

Weingut Sonnenberg, Görres & Linden, Bad Neuenahr-Ahrweiler

Besitzer:
Familien Görres und Linden,
Ansprechpartner:
Manfred und Birgit Linden sowie Norbert und Elsbeth Görres

5483 Bad Neuenahr-Ahrweiler
Heerstr. 98
☏ 0 26 41/67 13

Bestockte Rebfläche
4 ha

Spezialität:
Spätburgunder

Erstmals bei der DLG-Bundesweinprämierung 1982

«Erst später kommen die Rundungen und das Feuer.» Norbert Görres meint in diesem Fall nicht die holde Weiblichkeit, sondern den Spätburgunder-Rotwein, dem er im eigenen Weingut möglichst hohe Mostgewichte in jeder Qualitätsstufe, kräftige, ahrtypische Säure und lange Holzfaßlagerung von mindestens sechs Monaten verordnet. 70% der Lößlehm- und Schieferböden sind mit Spätburgunder bestanden, weitere 20% mit Portugieser. Die Rotweine erreichen zusammen 95% Anteil am Gesamtbesitz.

Bis 1981 gab es weder eine für einen Familienbetrieb ausreichende Rebfläche noch überhaupt das Weingut «Sonnenberg» im Görres-Besitz. Da war der Kellermeister Norbert Görres noch Nebenerwerbswinzer, der seine Trauben zur Genossenschaft lieferte. Zusammen mit Tochter und Schwiegersohn erwarben die Görres in jenem Jahr ein um die Jahrhundertwende errichte-

Gutsausschank/ Besenwirtschaft (3 Monate von Ende September an)

3. Wochenende im September privates Wein- und Erntedankfest mit Tanz

Anfahrt: A 61, Abfahrt Bad Neuenahr-Ahrweiler

tes Bürgerhaus mit Fachwerk-Dachgeschoß, renovierten es liebevoll, erweiterten ihren Weinbergsbesitz von 1,5 auf jetzt 4 ha – und nannten das neue Weingut nach dem Gemarkungs- und Lagenamen «Sonnenberg».

Da gibt es nun im schönen Probierraum Gästerunden bis 40 Personen, da wird alljährlich am dritten Wochenende im September das eigene Wein- und Erntedankfest gefeiert – und anschließend für drei Monate die «Besenwirtschaft» offengehalten, in der ebenfalls alle Weine zur Verkostung stehen. Außerdem ist allabendlich – außer sonntags – für das leibliche Wohl auch mit Speisen gesorgt.

Die Gäste neigen zunehmend zum trockenen Rotwein (jetzt 50% Anteil). Der 20%-Anteil der «Lieblichen» geht zurück. Kunden sind ausschließlich Endverbraucher, der Preis für einen Spätburgunder Kabinett trocken liegt bei 9 DM.

Vereinigte Ahrwinzergenossenschaften eG, Bad Neuenahr-Ahrweiler

Geschäftsführer: Ernst Bender, weiterer Ansprechpartner: Betriebsleiter Helmut Hartmann

5483 Bad Neuenahr-Ahrweiler Heerstr. 91–93 ☎ 0 26 41/ 2 10 22

Bestockte Rebfläche 160 ha

Spezialität: Rotwein-Ausbau teilweise in Maischevergärung

Erstmals bei der DLG-Bundesweinprämierung 1952

In ihrem Prospekt schreiben sie: «Die vereinigte Rotweintradition und Qualität seit 1873», womit auf die Rotwein-Spezialisierung und die lange Tradition hingedeutet ist. Letztere begann 1873, als sich Dernauer Winzer schon zusammenschlossen, um gemeinsam stärker zu sein. Später entstand im selben Ort ein zweiter Winzerverein; erst als diese beiden 1970 fusionierten und sich noch drei andere Vereinigungen anschlossen, war die Grundlage für die «Vereinigte» – und für weiteren Erfolg gegeben. Zum Erfolg hat zweifellos die günstige Lage zu den Ballungsgebieten an Rhein und Ruhr beigetragen – und die Tatsache, daß deutscher Rotwein seit einigen Jahren gut gefragt ist. Da liegt die Genossenschaft mit drei Vierteln Rotweinanteil genau richtig.

Daß die 600 Genossenschaftswinzer auch in der Qualität richtig liegen, bestätigten ihnen unter anderem 5 Staatsehrenpreise und 4 Ehrenpreise des Bundes-Ernährungsministers. Offen-

Gute Wandermöglichkeiten/ Rotweinwanderweg

Auch am Wochenende Weinprobe

Anfahrt: A 61, Abfahrt Bad Neuenahr-Ahrweiler

bar stimmt auch der Preis, eine Flasche Spätburgunder Kabinett ist mit 8 DM auf der Preisliste verzeichnet. Der Spätburgunder hat im Sortenspektrum 45% Anteil vor dem Portugieser, der bei 30% liegt. Riesling mit 11% und Müller-Thurgau mit 9% sind die wichtigsten weißen Sorten.

Die Holzfässer in den schönen, alten, aber äußerst aufwendig zu bewirtschaftenden Stollenkellern, u. a. von Dernau, erfreuen den Besucher. Ausgebaut wird der Wein in moderneren Behältnissen, auch der Rotwein, der zumindest zum Teil auf der Maische vergoren wird. – Der hohe «Lieblich»-Anteil von 63% sinkt, «trocken» und «halbtrocken» haben steigende Tendenz. – Zur Probe: Bis 60 Personen und – kein Ruhetag.

Weingut Toni Nelles, Bad Neuenahr-Heimersheim

Besitzer:
Toni Nelles

5482 Bad Neuenahr-Ahrweiler
Göppinger Straße 13 a
☏ 0 25 41/ 2 43 49

Bestockte Rebfläche 4,5 ha

Spezialität:
Spätburgunder

Anfahrt:
A 61, Abfahrt Bad Neuenahr-Ahrweiler

Erstmals bei der DLG-Bundesweinprämierung 1970

Die Weinpreisliste beginnt mit den Rotweinen (Spätburgunder-Kabinett 10,50 DM), bei 40% Spätburgunder und 30% Portugieser gegenüber 20% Riesling. Weiße wie rote Trauben werden vor dem Keltern abgebeert, nachdem sie am Stock durch Stallmist, Stroh und andere organische Humusstoffe Saft und Kraft erhalten haben. Auch im Kelterhaus setzt man auf traditionelle Verfahren wie Maischegärung, Holzfaßausbau und Schönung ohne chemische Hilfe. Nachdem die Familie seit über 500 Jahren die Schieferhänge rund um die «Landskrone» bearbeitet, fühlen sich die Nelles den «Erfahrungen der Großväter» besonders verpflichtet. Die Weine sind je 35% trocken und halbtrocken. Zum Weingut gehören ein Probierkeller für 180 Personen, ein Hotel mit zwei Sälen und ein Restaurant – vielfältige Gelegenheiten für Weinproben an allen Tagen.

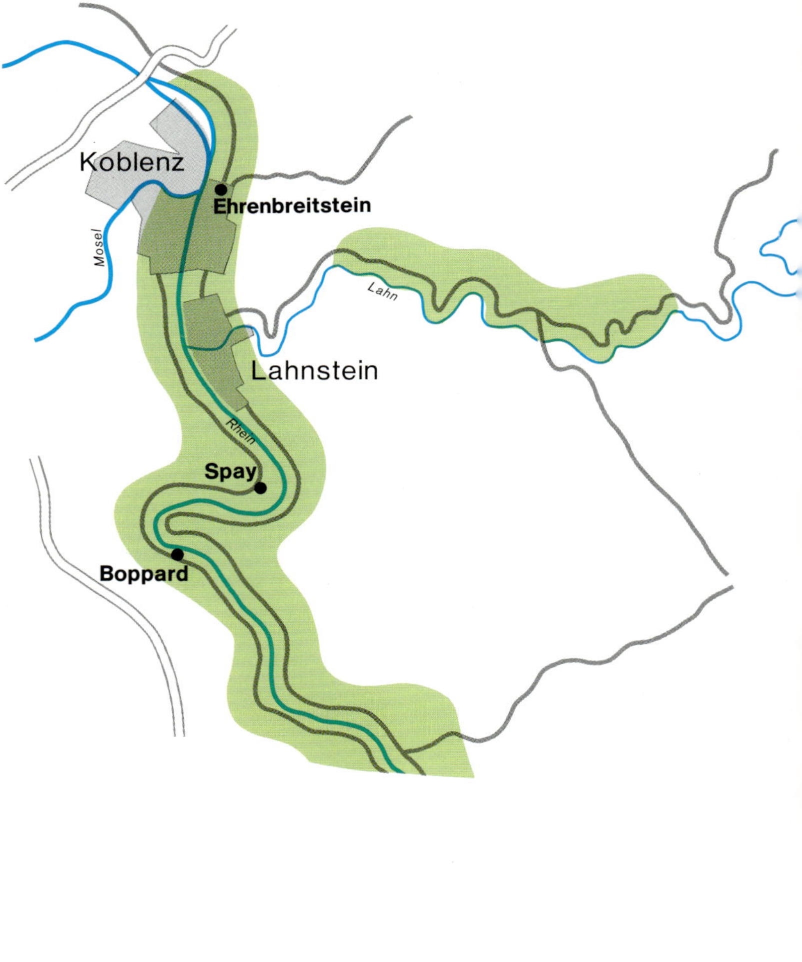
Koblenz
Ehrenbreitstein
Mosel
Lahn
Lahnstein
Rhein
Spay
Boppard
0
10 km

Mittelrhein – zarter Riesling von steilen Lagen

Hier ist die Loreley beheimatet. Und eine Burg- oder Schloßruine folgt auf die andere. Ihre Namen Stolzenfels, Stahleck, Sonneck, Reichenstein sind Synonyme für den Wein, der auf den extrem steilen Lagen zur linken und zur rechten Seite des Rheins wächst. Es sind stolze, reiche, manchmal stahlige Rieslingweine mit genau der richtigen Dosis Sonne, die für Feinheit und Eleganz sorgt. Ein Wein vom Mittelrhein ist nie schwer und belastend; er ist zart, fruchtig, mit belebender Säure. Das gilt sowohl für den dominierenden Riesling, der rund 70% der etwa 770 Hektar belegt, als auch für den feinen, delikaten Müller-Thurgau, der in diesem kleinen Anbaugebiet oft zu beachtlicher Haltbarkeit fähig ist – fast wie der Riesling.

Die Weingüter sind meist klein. Zu etlichen gehören hübsche Gaststätten in romantischen Fachwerkhäusern, wo man trefflich Weinstudium «an der Quelle» betreiben kann.

Seite	Prämierungs-Betrieb	Bundes-Ehrenpreise seit 1961	Erzielte DLG-Preise 1985–87			
			insges.	Groß	Silber	Bronze
216	Boppard, August Perll, Weingut	5	17	52%	24%	24%
217	Boppard, Walter Perll, Weingut	4	18	61%	33%	6%
218	Koblenz-Ehrenbreitstein, Klaus Wagner, Weingut	4	22	36%	41%	23%
219	Spay, Heinrich Müller, Weingut	–	20	40%	55%	5%
220	Spay, Hermann Volk, Weingut	–	8	75%	25%	–
221	Spay, Adolf Weingart, Weingut	–	24	33%	50%	17%

Die Betriebe können jährlich zur DLG-Bundesweinprämierung nur eine begrenzte Zahl von Weinen anmelden. Die Begrenzung ergibt sich jeweils aus der betrieblichen Rebfläche. Kleinere Prämierungsbetriebe können bis zu sechs Weine prüfen lassen, mittlere bis zu 15 und nur ganz wenige große bis zu 50.
Wundern Sie sich also nicht, wenn die Zahl prämierter Weine von Betrieb zu Betrieb so stark abweicht. Zum besseren Verständnis der unterschiedlichen Betriebsleistungen werden deshalb die erzielten DLG-Preise (Groß, Silber, Bronze) in Prozenten ausgewiesen.

Weingut August Perll, Boppard

Besitzer:
August Perll

5407 Boppard
Oberstr. 81
☏ *0 67 42/39 06*

Bestockte
Rebfläche
4 ha

Spezialität:
Riesling-Weine
(85%)

Anfahrt:
An der B 9

Erstmals bei der
DLG-Bundes-
weinprämierung
1962

Die Vorfahren waren Landwirte. Um 1870 begannen sie auch ein wenig Wein anzubauen, aber bis 1950 blieb der Wein mit nur einem Hektar Rebland im «Bopparder Hamm» Nebenerwerb. Danach begann der Aufstieg zu dem heute mit 4 Hektar Besitz gesunden Familienbetrieb. Auf Schieferböden wird vorwiegend Riesling gepflegt (85% Anteil), ergänzt durch Müller-Thurgau und Kerner. Die Haupt-Rebsorte kostet als Kabinett 5 DM je Flasche; nahezu der gesamte Wein wird unmittelbar an den Endverbraucher verkauft. Die Kundenwünsche sorgen offenbar für Ausgewogenheit in den drei Geschmacksrichtungen, die jeweils mit etwa einem Drittel im Gesamtangebot vertreten sind – allerdings bei «trocken» und «halbtrocken» mit steigender Tendenz. Zu Weinproben mit dem Winzermeister werden Gruppen bis zu 45 Personen jederzeit gern bewirtet. Das persönliche Verhältnis zum Kunden und der Verkauf ab Hof sind hier erklärtes Ziel.

Weingut Walter Perll, Boppard

Besitzer:
Walter Perll,
weiterer
Ansprechpartner:
Doris Perll

5407 Boppard
Ablaß-Gasse 11
☏ 0 67 42/36 71

Bestockte
Rebfläche
4 ha

Spezialität:
Riesling,
Spätburgunder

Anfahrt:
An der B 9

Erstmals bei der
DLG-Bundes-
weinprämierung
1974

Der Winzer lehnt den Zusatz von Süßreserve ab und ist für Riesling, für das Holzfaß, für frühe Abfüllung und damit für Weine, die sich lange lagern lassen und ihre Feinheit erst auf der Flasche entwickeln. 4 Hektar Rebland im «Bopparder Hamm» tragen zu 80% Rieslingreben, zu 8% Müller-Thurgau, zu 3% Spätburgunder und weitere Rebsorten, die zusammen 9% ausmachen. Jeweils ein Viertel wird trocken und halbtrocken ausgebaut, die andere Hälfte lieblich. Zwei Drittel des Weines werden an deutsche Weinfreunde verkauft, die häufig zur Probe in die große Weinprobierstube kommen. Sie faßt bis zu 50 Personen und steht nach Vereinbarung auch an Wochenenden zur Verfügung. Etwa ein Fünftel der Erzeugung wird inzwischen in England getrunken; 15% nimmt die Gastronomie ab. – Der Preis einer Flasche Riesling Kabinett ab Hof: 5,50 DM. Nicht unbedingt Spezialität, aber durchaus etwas Besonderes im Weingut: Weißherbst.

Weingut Klaus Wagner, Koblenz-Ehrenbreitstein

Besitzer:
Klaus Wagner,
weiterer
Ansprechpartner:
Astrid und
Michael Wagner

5400 Koblenz-
Ehrenbreitstein
Mühlental 23
☏ 02 61/7 36 14

Bestockte
Rebfläche
5 ha

Spezialität:
breites Sorten-
angebot

Anfahrt:
Über die A 48
und A 61,
Abfahrt Koblenz

Erstmals bei der
DLG-Bundes-
weinprämierung
1962

Für Klaus Wagner ist Wein Leben, Wärme und Herz. Er verkündet auch öffentlich, daß der rechte Wein «A Maulvoll, aber nit a Arschvoll» bringen soll – leicht und intensiv, aber nicht schwer und wuchtig. So bevorzugt er im Weingut, dem ehemals kurfürstlichen, und in der eigenen Weinstube, die «offen ist, wenn die Familie auf ist», leichte Gewächse. Die 5 Hektar Schieferverwitterungs- und sandiger Lehmboden seiner Weinberge liegen rund ums Haus im Mühlental. Die Rieslinge (55%) und seine bewußt gepflegten, zahlreichen anderen Weine in Rot und Weiß werden weitgehend halbtrocken ausgebaut (60%) – und sämtlich an den Endverbraucher verkauft (Riesling Kabinett um 6 DM). – Mit Sohn Michael und Schwiegertochter Astrid (Moselimport) sorgen drei Winzermeister für den Direktkontakt, Ehefrau Christa und den Groß-Umsatzträger «Weinstube» nicht zu vergessen.

Weingut Heinrich Müller, Spay

Besitzer:
Heinrich Müller,
weitere
Ansprechpartner:
Hilde und
Matthias Müller

5401 Spay
Mainzer Str. 45
☏ 0 26 28/87 41

Bestockte
Rebfläche
5 ha

Spezialität:
trockene und
halbtrockene
Riesling-Weine

Anfahrt:
An der B 9

Erstmals bei der
DLG-Bundes-
weinprämierung
1965

Der Weinbergbesitz liegt ausschließlich in der «Bopparder Hamm», einer in die größte Rheinschleife eingebetteten Südlage. Der Devonschiefer des Bodens ist ideal für den Riesling, der drei Viertel der 5 Hektar Weinbergfläche des Familienbetriebes bedeckt. Vater Heinrich Müller, der Winzermeister, und Sohn Matthias, der Weinbautechniker haben jedoch auch Kerner, Grauer Burgunder, Müller-Thurgau und Optima gepflanzt. Sie bauen ihre Weine nach Eignung in Holz- oder Kunststoffgebinden aus und zwar zur Hälfte halbtrocken, zu 20% trocken und zu 30% lieblich. Ihre Stärke, so sagen sie, liegt vor allem bei den trockenen und halbtrockenen Rieslingweinen vom Qualitätswein bis zur Auslese. Ein Kabinett dieser Sorte kostet 5,50 DM.

Der Endverbraucher ist Hauptkunde und zu Weinproben (maximal 20 Personen) jederzeit willkommen.

Weingut Hermann Volk, Spay

Besitzer:
Hermann Volk

5401 Spay
Koblenzer Str. 6
☏ 0 26 28/82 90

Bestockte
Rebfläche
2 ha

Spezialität:
Kerner und
Müller-Thurgau
halbtrocken

Ein junger Betrieb. Bis 1966 waren Obstbau und Landwirtschaft Haupterwerb. Dann kam der Wein hinzu und schon 1968 die Umstellung auf Weinbau als Haupterwerb. Zwei Hektar Steilhang in den Bopparder Lagen «Hamm», «Ohlenberg» und «Weingrube» stehen im Ertrag. Riesling stellt dabei mit 60% den größten Anteil, gefolgt vom Kerner (25%), dessen Verwandtschaft zum Riesling hier besonders deutlich wird, und vom Müller-Thurgau (15%), dem weiteren Riesling-Verwandten.

Bei den letztgenannten bemühen sich die Volks, besondere Qualitäten zu erzielen, und so sind halbtrockene Kerner und Müller-Thurgau zu ihren Spezialitäten geworden. 40% aller Weine gehören inzwischen zu dieser Geschmacksrichtung, 30% werden trocken ausgebaut, ebensoviel lieblich, aber dieser Anteil fällt stetig. – Riesling Kabinett kostet 5,50 DM. Weinproben (maximal 40 Personen).

Anfahrt:
An der B 9

Erstmals bei der DLG-Bundesweinprämierung 1974

Weingut Adolf Weingart, Spay

Besitzer:
Adolf Weingart,
weiterer
Ansprechpartner:
Helga Weingart

5401 Spay
Mainzer Str. 32
☏ 0 26 28/87 35

Bestockte
Rebfläche
3,5 ha

Spezialität:
klassischer
«Mittelrhein-
Riesling»

Anfahrt:
An der B 9

Erstmals bei der
DLG-Bundes-
weinprämierung
1967

Der Name verpflichtet, und tatsächlich bewirtschaftet die Familie seit 1718 Steillagen in der «Bopparder Hamm», unweit der Loreley. Heute sind es 3,5 Hektar, überwiegend mit Riesling bestanden (80%), der in diesem Hause ausschließlich in den geschmacksneutralen Kunststoffgebinden ausgebaut wird – immer mit einem Geschmacksziel, das der Winzer so umreißt: Würze, viel Frucht und kräftiger Körper – «rassiger, klassischer Mittelrhein-Riesling».

Ein guter Teil der zu 40% trockenen und zu jeweils 30% halbtrockenen und lieblichen Weine wird im Gutsausschank getrunken. Der ist über das ganze Jahr an den Wochenenden geöffnet und natürlich auch ein guter Platz für Weinproben mit bis zu 40 Personen – auch an Wochentagen. Der Riesling Kabinett kostet 5,50 DM und ist auch in England besonders beliebt (10% Export).

Mosel-Saar-Ruwer – Weine aus Steillagen

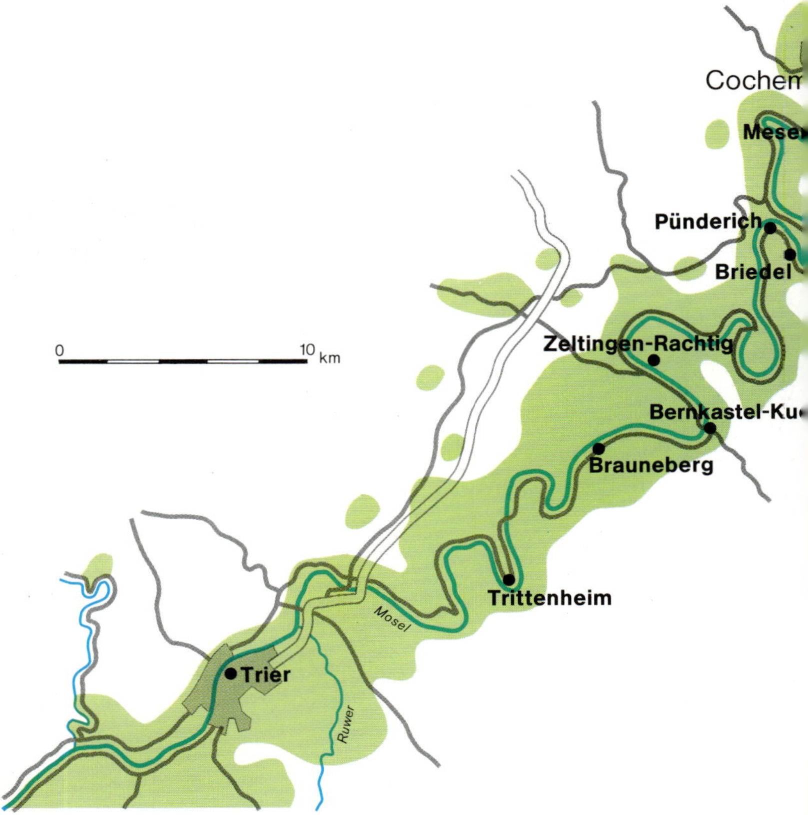

«Du Strom, dich umrahmen weintragende Höhen, wo Bacchus läßt reifen schön-duftenden Wein», so schwärmte schon 371 der römische Dichter Ausonius von der Mosel und ihren Winzern, die geschäftig «oben am Gipfel» ihre Weinstöcke pflegten. In keinem anderen Anbaugebiet Deutschlands gibt es so viele Steillagen wie an Mosel-Saar-Ruwer. Daß der Weinstock hier so gut gedeiht, ist der mühsamen Arbeit von rund 11 000 Winzerbetrieben zu verdanken, die an steilen Hängen mehr Zeit und Kosten investieren müssen als der Durchschnitt der übrigen Winzer.

Die charakteristischste Rebsorte des Anbaugebiets ist der Riesling seit Ende des 18. Jahrhunderts, als der Trierer Kurfürst Clemens Wenzeslaus den Anbau dieser Sorte dekredierte. Mancher Winzer läßt ihn noch – oder wieder – im Holzfaß reifen, und viele Weingüter betonen beim Ausbau die feine delikate Frucht. So wird's ein Wein mit zarter, pikanter Note, der auch kritische Weinfreunde begeistert. Vor allem die jungen qualitätsbesessenen Winzer, die oft nur über ein, zwei Hektar gebieten, werden ihren Weg machen.

Bei den heute stärker gefragten trockenen und halbtrockenen Moselrieslingweinen tritt die Säure deutlich hervor. Viele Kenner schätzen daher gerade beim Mosel eine zart dosierte Süße. Sowohl Riesling als auch Elbling, eine Rebsortenspezialität des Anbaugebiets, gelten als exzellente Sektgrundweine.

Seite	Prämierungs-Betrieb	Bundes-Ehrenpreise seit 1961	Erzielte DLG-Preise 1985–87			
			insges.	Groß	Silber	Bronze
225	Bernkastel-Kues, Moselland eG, Winzergenossenschaft, Zentralkellerei M-S-R	–	51	31%	47%	22%
226	Brauneberg, Christian Karp-Schreiber, Weingut	–	14	50%	43%	7%
228	Brauneberg, Weingut Oskar Prüm-Mertes	–	7	43%	57%	–
229	Briedel, Alfons Goeres, Weingut	1	13	46%	46%	8%
230	Briedel, Weingut Kurt Gibbert-Pohl	1	8	25%	63%	12%
231	Briedel, E. Walter Erben, Weingut, Inh. Egon Walter	–	18	28%	56%	16%
232	Ernst, Günter Andre, Weingut Georg Andre Söhne	–	7	43%	14%	43%
233	Ernst, Alfons und Josef Thielmann, Weingut	1	15	33%	47%	20%
234	Koblenz-Moselweiß, Josef Reif, Weingut	1	17	29%	18%	53%
236	Mesenich, Rudolf Kochems, Weingut	2	15	27%	40%	33%
238	Müden/Mosel, Georg Schwarz, Weingut Sonneneck	–	16	19%	37%	44%
240	Pünderich, Herbert Dahm, Weingut	1	15	47%	40%	13%
241	Pünderich, Roman Simon, Weingut, Inh. Ernst-Martin Simon	–	10	50%	20%	30%
242	Treis-Karden, Otto Knaup, Weingut	1	4	50%	50%	–
243	Trier, Reichsgraf v. Kesselstatt GmbH	8	40	53%	45%	2%
244	Trier, Peter Terges, Weingut	–	20	30%	50%	20%
245	Trier, Verwaltung der Bischöflichen Weingüter	–	54	9%	56%	35%
246	Trittenheim, Hermann Basten, Weingut Bastenhof	1	7	72%	14%	14%
247	Zell, Weingut Heinrich Mayer	6	11	73%	18%	9%
248	Zell-Kaimt, Weingut Josef Friedrich	1	12	33%	50%	17%
250	Zeltingen-Rachtig, Geschw. Selbach-Oster, Weingut	–	15	40%	47%	13%

Die Betriebe können jährlich zur DLG-Bundesweinprämierung nur eine begrenzte Zahl von Weinen anmelden. Die Begrenzung ergibt sich jeweils aus der betrieblichen Rebfläche. Kleinere Prämierungsbetriebe können bis zu sechs Weine prüfen lassen, mittlere bis zu 15 und nur ganz wenige große bis zu 50.
Wundern Sie sich also nicht, wenn die Zahl prämierter Weine von Betrieb zu Betrieb so stark abweicht. Zum besseren Verständnis der unterschiedlichen Betriebsleistungen werden deshalb die erzielten DLG-Preise (Groß, Silber, Bronze) in Prozenten ausgewiesen.

Moselland eG, Zentralkellerei Mosel-Saar-Ruwer, Bernkastel-Kues

*Vorstands-
vorsitzender:
Jakob
Monshausen,
Geschäftsführer:
Dr. Rudolf Rinck*

*5550 Bernkastel-
Kues
Bornwiese
☏ 0 65 31/5 70*

*Bestockte
Rebfläche
3000 ha*

*Spezialität:
breites Angebot
an Weinen
bekannter Lagen*

*Anfahrt:
A 48, Abfahrt
Wittlich*

*Erstmals bei der
DLG-Bundes-
weinprämierung
1973*

Mit etwa 3000 Hektar bestocktem Rebland, die von 5200 Winzern bearbeitet werden, ist die Genossenschaft mit großem Abstand der bedeutendste Erzeugerbetrieb der Region mit einem Viertel Anteil der Gesamterzeugung – und einer Spitzenstellung im Export: 42% der Rieslinge und Müller-Thurgau, des Elblings und des Kerners sowie einiger anderer Rebsorten werden von Freunden des leichten und lebendigen Moselweins in den USA, in England und Holland, in Japan und Schweden, Dänemark, Kanada und Belgien getrunken. Die Mehrzahl der bekannten Weinlagen des Gebietes sind auf der Weinliste vertreten, ein Angebot, das zur Hälfte lieblich, aber zu jeweils einem Viertel auch trocken und halbtrocken ausgerichtet ist.

Ein Riesling Kabinett kostet 4 DM. – Weinproben bis 250 Personen.

Weingut Christian Karp-Schreiber, Brauneberg

Besitzer:
Alwin Karp,
weiterer
Ansprechpartner:
Günter Karp

5551 Brauneberg
Hauptstr. 118
☏ 0 65 34/2 36
und 80 09

Bestockte
Rebfläche
4 ha

Kunden können in der Weinpreisliste nachlesen, mit welchen Analysewerten «ihr» Wein auf die Flasche gekommen ist. Und wenn dort gelegentlich Säurewerte um 10 Gramm je Liter auftauchen, dann ist das Beweis dafür, daß der Kellermeister sein Bekenntnis zum klassischen Mosel-Riesling mit der betonten Säure ernst nimmt. Da ist zum Beispiel eine Riesling-Spätlese aus der «Juffer» dabei – mit 10,1 Gramm Säure und 14,7 Gramm Restsüße oder ein traditionell rassiger «Halbtrockener», für viele der Inbegriff des traditionellen Moselweins. (Insgesamt 40% werden trocken und halbtrocken ausgebaut – mit steigender Tendenz). Die Weine erhalten ihr Profil

Spezialität: säurebetonte Weine

Überwiegend Ausbau im Holzfaß

Angabe von Analysewerten

Anfahrt: An der B 53

Erstmals bei der DLG-Bundesweinprämierung 1956

nach Eignung zur Hälfte in den Fuderfässern des Tonnengewölbes und zur anderen Hälfte in Kunststofftanks. «Juffer» ist eine der weltberühmten Brauneberger Lagen, die schon zu Römerzeiten mit Wein bestanden waren, «Juffer-Sonnenuhr» die zweite, in der die Familie begütert ist. 4 Hektar stehen insgesamt im Ertrag, mit einem 40%-Anteil des Rieslings, mit 30% Müller-Thurgau, mit Kerner und Findling, der eine Mutation des Müller-Thurgau ist.

Ein Drittel der Erzeugung geht an die Genossenschaft, die weiteren zwei Drittel füllt man auf Flaschen und verkauft sie zum großen Teil an Endverbraucher: «Moselfahrt zum Weineinkauf» lautet auch hier der Leitgedanke zur Vermarktung, und nur für die Proben größerer Runden (bis 50 Teilnehmer) und für Besuche an Wochenenden bittet die Familie um Voranmeldung. – Preis-Richtlinie ist der Riesling Kabinett mit 7 DM für die Flasche.

Weingut Oskar Prüm-Mertes, Brauneberg

Besitzer:
Oskar Prüm,
weitere
Ansprechpartner:
Martin und
Doris Prüm

5551 Brauneberg
Im Neudorf 7
☏ 0 65 34/83 24

Bestockte
Rebfläche
2,4 ha

Spezialität:
sorten- und lagentypische Weine durch den Ausbau in kleinen Gebinden

Anfahrt:
An der B 53

Erstmals bei der DLG-Bundesweinprämierung 1983

An der Mosel mit ihren Steillagen ist 2,5 Hektar Rebfläche die typische Größe eines Familienbetriebes. Rund 70% der Parzellen dieses Gutes liegen in Steil- und Hanglagen. Auf den Schieferverwitterungs- und sandigen Lehmböden (im «Flachen») wachsen 56% Riesling- und 23% Müller-Thurgau-Reben (ergänzt durch andere Sorten), wobei die berühmte «Juffer» ausschließlich dem Riesling vorbehalten ist, einer Steillage, die bei den früher üblichen Lagebewertungen in der Spitzengruppe der Mosel eingestuft wurde.

Mehr als die Hälfte der Ernte wird noch als Faßwein vermarktet, der verbleibende Teil jedoch besonders gepflegt – und weitgehend unmittelbar an Endverbraucher verkauft. Die holzfaßgereiften Weine sind zu 45% lieblich, zu 34% halbtrocken und zu 21% trocken (letztere Anteile steigend).

Der Riesling Kabinett kostet 6,70 DM die Flasche. – Weinproben bis 20 Personen.

Weingut Alfons Goeres, Briedel

Besitzer:
Alfons Goeres,
weiterer
Ansprechpartner:
Ursula Goeres

5581 Briedel
Im Weingarten 3
☎ 0 65 42/43 15

Bestockte
Rebfläche
2,3 ha

Spezialität:
Riesling-Weine
(85%)

Einen Ruhetag gibt es nicht, zu Weinproben sind jederzeit bis zu 40 Besucher willkommen. Wer im Weingut wohnen möchte, kann das in einem der Gästezimmer tun. Fast alle Weine werden über den persönlichen Kontakt zum Kunden abgesetzt – und zum großen Teil vom Winzer selbst ins Haus geliefert.

Riesling (85%), Müller-Thurgau und Kerner sind die drei moseltypischen Weinsorten, die auf den 2,3 Hektar Rebland in Briedel und Zell angebaut – und im Holzfaßkeller zu 90% lieblich ausgebaut werden! Der «Trocken-Anteil» von 5% stagniert, während der bisher ebenso große «Halbtrocken»-Anteil leicht steigt. – Ein Riesling Kabinett – fast durchweg aus dem Schiefer-Steilhang – kostet 5,50 DM. Die Weinpreisliste bietet alle zurückliegenden fünf Jahrgänge – und einen außergewöhnlich großen Anteil von Prädikatsweinen.

Anfahrt:
An der B 53

Erstmals bei der
DLG-Bundes-
weinprämierung
1967

Weingut Kurt Gibbert-Pohl, Briedel

Besitzer:
Kurt Gibbert

5589 Briedel
Moselstr. 4
☏ 0 65 42/
4 12 70

Bestockte Rebfläche
1,5 ha

Spezialität:
in Eichenholzfässern ausgebaute Weine

Anfahrt:
An der B 53

Erstmals bei der DLG-Bundesweinprämierung 1968

Ein Familienbetrieb mit 1,5 Hektar Rebland und 15 Gästebetten. Der Wein wächst in Briedel und Kinheim an einer der schönsten Moselschleifen und wird ausschließlich auf der Flasche vermarktet. Geschmacklich sind die Familienmitglieder mit den meisten Kunden einig: Sie bevorzugen liebliche Weine. 80% werden in dieser Geschmacksrichtung ausgebaut, 10% sind halbtrocken und ebenfalls 10% trocken – allerdings mit steigender Tendenz. Vier Fünftel der Reben stehen im Steilhang, ein Fünftel in der Flachlage. Angebaut sind ausschließlich die drei Standardsorten dieses Moselbereichs: Riesling (80%), Kerner (15%) und Müller-Thurgau (5%). Es ist eine der erwähnenswerten Besonderheiten des Betriebes, daß die Weine in Fuderfässern aus Eichenholz reifen. Zur Preisorientierung: Eine Flasche Riesling Kabinett ist für 5,50 DM zu haben. Weinproben sind für bis zu 30 Personen möglich.

Weingut E. Walter Erben
Familie Egon Walter, Briedel

Besitzer:
Alfred Walter

5589 Briedel
Hauptstr. 188
☏ 0 66 42/47 96

Bestockte
Rebfläche
4 ha

Spezialität:
Riesling-Sekt aus eigenen Weinen

Anfahrt:
An der B 53

Erstmals bei der DLG-Bundesweinprämierung 1984

Der eigene Sekt heißt «Walter's Royal». Er wird aus Riesling im klassischen Flaschengärverfahren hergestellt und «trocken» sowie «brut» angeboten. Neben Qualitäts- und Prädikatsweinen gibt es den herben «Pokalwein» der Kategorie Tafelwein und einen trocken ausgebauten «Landwein der Mosel». Bei diesem Familienweingut steigt der Anteil der trockenen und halbtrockenen Weine (jetzt 25% und 15%), während die Vorliebe für «lieblich» (60%) bei den Kunden zurückgeht. Vier Hektar Weinberge in Briedel, Pünderich und Zell stehen im Ertrag – nur mit den drei Sorten bestockt, die sich für die Mosel als besonders geeignet erwiesen haben: Riesling (65% Anteil – eine Flasche Kabinett kostet 5,50 DM), Müller-Thurgau (30%) und Kerner (5%). Sie werden im Holzfaß ausgebaut und weitgehend an Endverbraucher vermarktet. 20% Export nach England und in die USA.

Weingut Georg Andre Söhne, Günter Andre, Ernst

Besitzer:
Günter Andre,
weitere
Ansprechpartner:
Hiltrud und
Elisabeth Andre

5591 Ernst
Zehnthausstr. 8
☏ 0 26 71/73 78

Bestockte
Rebfläche
1,8 ha

Spezialität:
Weißburgunder

Anfahrt:
An der B 49

Erstmals bei der
DLG-Bundes-
weinprämierung
1965

Seit Generationen bauten auch die Vorfahren schon Riesling in den gegenüberliegenden Steillagen von Valwig an. Diese sind mit ihren extremen Steilstücken, Felspartien und eingezogenen Weinbergsmauern heute noch so schön anzusehen wie zu Römerzeiten – und genauso aufwendig – von Hand (!) – zu bearbeiten. «Herrenberg» und «Schwarzenberg» heißen die Edellagen. Daneben besitzt die Familie noch Parzellen in Ernst selbst, in Cochem und Bruttig. Insgesamt sind es 1,8 Hektar Weinberge, in denen Riesling (65%) und Kerner (10%) wachsen und wo außerdem der an der Mosel seltene Weißburgunder gedeiht. Dessen Weine werden vorwiegend trocken ausgebaut. Geschmacksrichtung insgesamt 18% trocken, 25% halbtrocken (Anteile steigend), 57% lieblich (Anteil zurückgehend). Weinproben jederzeit nach Anmeldung. – Riesling Kabinett kostet 5,60 DM.

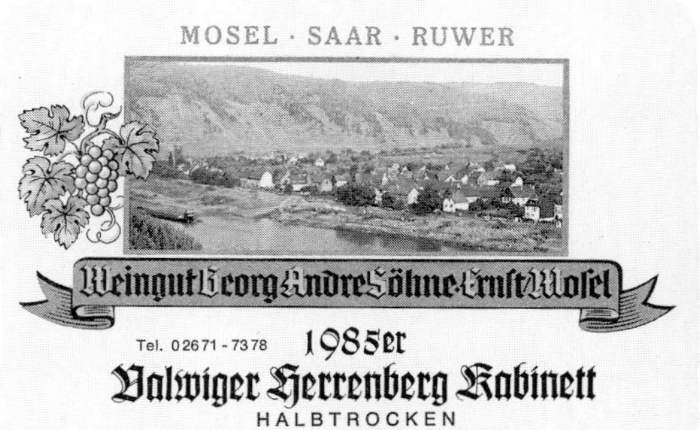

Weingut Alfons und Josef Thielmann, Ernst

Besitzer:
Alfons und Josef Thielmann

5591 Ernst
Herrenstr. 10
☏ 0 26 71/70 78

Bestockte Rebfläche
2,8 ha

Spezialität:
leichte, fruchtige Riesling-Weine

Anfahrt:
An der B 49

Erstmals bei der DLG-Bundesweinprämierung 1977

Die gültige Weinpreisliste bietet 21 Weine aus drei Jahrgängen – und nur drei davon, drei Qualitätsweine, sind nicht von der DLG prämiert. Dazu gehört die ergänzende Information, daß alle Weine der 2,8 Hektar auf Flaschen gezogen und selbst vermarktet werden – und zwar nur an Endverbraucher. Die meisten gehen ins Ruhrgebiet und den Köln/Bonner Raum. Die beiden Winzer (Vater und Sohn) haben ausgerechnet, daß sich 60% ihrer Weinfreunde den «Nachschub» im Weingut selbst abholen.

Hauptlage ist der Valwiger «Herrenberg», Hauptsorte der Riesling (75%), ergänzt durch Müller-Thurgau, Kerner und andere. Rieslinge reifen im Holzfaß, andere in Kunststofftanks. Die Leitsorte (Kabinett 5,90 DM) ist, leicht und fruchtig, die von seinen Erzeugern bevorzugte Spezialität. Drei Viertel aller Weine sind lieblich ausgebaut. Proben jederzeit – bei Gruppen bis 40 Personen nach Anmeldung.

Weingut Josef Reif, Koblenz-Moselweiß

Besitzer:
Josef Reif,
weiterer
Ansprechpartner:
Elfriede Reif

5400 Koblenz-
Moselweiß
Niedergasse 10
☏ 02 61/
40 95 40
und 3 11 77

Bestockte
Rebfläche
2,2 ha

Spezialität:
Riesling und
Scheurebe

Mit dem Gründungsjahr 1696 betreibt die Familie neben dem Weingut zugleich auch die älteste Weinstube am Platze. Sie gehört zu den wenigen, die nicht nur die eigenen Erzeugnisse anbietet: Bei einer Auswahl von insgesamt 120 Weinen sind dort auch alle anderen deutschen Anbaugebiete vertreten. Nebenbei: Der Offen-Ausschank hat stolze 30 Positionen. Interessant ist, daß der Trocken-Anteil in der Weinstube, bei noch stark steigender Tendenz, über 50% ausmacht, während er im Gesamtverkauf des Weingutes noch bei 40% liegt – allerdings auch dort steigt, und im übrigen drei Viertel der eigenen Erzeugung in der Weinstube konsumiert werden.

Die Familie bewirtschaftet 2,2 Hektar Steillagen-Weinberge in Moselweiß: Riesling (81%), Scheurebe und Kerner auf Schieferböden. Der gesamte Ertrag wird auf Flaschen gefüllt, ein Teil als «Riesling und Scheurebe». Das ist eine fruchtige Spezialität des Hauses, die sich in der

Erstmals bei der
DLG-Bundes-
weinprämierung
1969

«Weinhaus Hubertus» in Koblenz in Familienbesitz – 120 Flaschenweine und 30 «Offene» sind dort im Ausschank

Anfahrt: Über die A 48 und A 61, Abfahrt Koblenz

Weinstube großer Beliebtheit erfreut. Dennoch ist, wie Winzer Josef Reif sagt, «Riesling ganz klar die Nummer eins». Er kostet ab Weingut 5,50 DM für die Flasche Kabinett und kann – mit maßvollem Aufschlag – wie alle anderen Erzeugnisse des Gutes in der Weinstube probiert werden. Sie ist an allen Abenden – außer dienstags – geöffnet.

Diese Weinstube befindet sich übrigens in einem der schönsten Fachwerkhäuser von Koblenz – abseits der hektischen Einkaufsstraßen am idyllischen Florinsmarkt gelegen. Das markante, im Sommer blumengeschmückte Haus ist leicht zu finden. Die Inneneinrichtung und der Hirschkopf über der Eingangstür tragen dem Namen Rechnung.

Weingut Rudolf Kochems, Mesenich

Besitzer:
Rudolf Kochems,
weiterer
Ansprechpartner:
Erika Kochems

5594 Mesenich
Wiesenweg 31
☎ 0 26 73/45 24

Bestockte
Rebfläche
3,2 ha

Wer Cochem als Touristenort will, aber lieber etwas dörflich wohnen möchte, kann 15 Kilometer flußaufwärts in Mesenich bei Kochems Ferien machen. Rudolf Kochems ist bei der eigenen Ahnenforschung inzwischen bis in das 16. Jahrhundert zurückgelangt. Winzer waren sie immer schon, und auch die heutigen Nachfahren leben vom Weinbau, den sie durch die Winzerpension mit acht Gästebetten ergänzt haben.

Der neue Winzerhof liegt in der weiten Moselschleife vor dem Ort buchstäblich «inmitten der Reben». Die Parzellen der 3,2 Hektar Weinberge sind ringsum verteilt, von der Sonnenterrasse geht der Blick auf ein beeindruckendes Moselpanorama.

In den Weinbergen der Familie hat Riesling 60% Anteil. Für einige Ergänzungssorten ist der Betrieb als Versuchsgut registriert. Alle Weine werden im Haus auf Flaschen gefüllt und selbst vermarktet.

Spezialität:
Weine werden in
Eichenholz-
fässern ausgebaut

Erstmals bei der
DLG-Bundes-
weinprämierung
1973

Aus dem alten Betrieb wurden Holzfässer mit in das neue Haus hinübergenommen, und so reift ein großer Teil der Weine auch heute noch auf diese traditionelle Art in einem ansonsten modernen Keller, der auch mit Kunststofftanks ausgerüstet ist.

Selbst in den Riesling-Fässern lagert vorwiegend lieblicher Wein. Mit 60% hat diese Geschmacksrichtung im Gesamtverkauf den größten Anteil. Etwa halb soviel Wein wird «trokken» abgefüllt; ein Zehntel halbtrocken. Die Vorliebe der meisten Kunden entspricht hier nicht dem Geschmacksbild der Erzeuger, denn

Erika und Rudolf Kochems trinken am liebsten «Trocken».

Übernachtungsmöglichkeit für Gäste in der Pension Kochems

Der hohe «Lieblich»-Anteil wird wohl auch von den Engländern mitbestimmt – denn der Export nach England und Lieferungen an Soldaten der Royal Air Force in Deutschland sind für das Weingut wichtige Absatzwege.

Anfahrt: An der B 49

Bei einer Führung durch den Keller und einer Weinprobe (auch für Gruppen bis zu 50 Personen) können Besucher die Weine kennenlernen. Zur Preisorientierung: Eine Flasche Kabinettwein aus der klassischen Moselrebsorte Riesling kostet 5,50 DM.

Weingut Sonneneck, Georg Schwarz, Müden

Besitzer:
Georg Schwarz,
weiterer
Ansprechpartner:
Margret Schwarz

5401 Müden
Bachstr. 19a
☎ 0 26 72/25 42

Bestockte
Rebfläche
3 ha

Spezialität:
Rieslingweine
jeder
Geschmacks-
richtung

Erstmals bei der
DLG-Bundes-
weinprämierung
1969

Müden am Unterlauf der Mosel. Burg Eltz, dieses Paradebeispiel einer vollkommen erhaltenen, mittelalterlichen Burg, «Titelbild» des 500-DM-Scheines, mit einem Spaziergang bergauf zu erreichen. Historie ist hier Alltag – auch bei der Familie Schwarz. Der Holzfaßkeller zeigt das, die Probierstube und am stärksten vielleicht das Hobby des Winzers: Trockenmauerwerk aus Schiefer-Bruchsteinen. Er gehört zu den wenigen, die solch traditionsreiches Gewerk in Deutschland noch beherrschen. Er möchte seine Kenntnisse gern weitergeben, und, wie bei der Weinlese, Amateure zu Könnern und Kennern machen. Zur Lese kommen die Weinfreunde regelmäßig – schon wegen des Schwenkbratens, den der Winzer bereitet. Ein anderer Grund ist das von der Familie angebotene Ferienhaus, ein renoviertes, 200 Jahre altes Fachwerkgebäude. Obwohl das Weingut erst 1970 gebaut wurde, findet man hier gepflegte Tradition bei Wein und stimmigem Äußerem. Vorher ernährte sich die

100% Riesling im Anbau

200 Jahre altes Fachwerkhaus frisch renoviert als Ferienhaus

Anfahrt: An der B 49

Familie von Weinbau und Landwirtschaft. Erst das jetzige Besitzerehepaar Margret und Georg Schwarz sorgte dafür, daß aus dem einen Hektar Weinbergsland des Familienerbes eine für den Vollerwerbsbetrieb tragfähige Größe von 3 Hektar wurde: Nur Riesling (!), nur Müdener Gemarkung, nur Schiefer und überwiegend Steillage. Alle Trauben werden entrappt, die Weine in Holz oder Stahl zu 70% lieblich, zu 20% halbtrocken und zu 10% trocken ausgebaut. – Die Anteile «Trocken» und «Halbtrocken» steigen. – Zur Preisorientierung: Eine Flasche Riesling Kabinett kostet 5,80 DM.

Bemerkenswert ist in diesem Weingut der enge Kontakt zu den Kunden. Bestellter Wein wird von Herrn Schwarz persönlich ausgeliefert, und auch bei den Weinproben in der gemütlichen Probierstube oder im Keller kennt Familie Schwarz keinen Ruhetag. Bis zu 40 Personen sind willkommen. – Auf Wunsch wird ein halbstündiger Tonfilm über die Mühen des Weinbaus in den Steillagen über Müden gezeigt.

Weingut Herbert Dahm, Pünderich

Besitzer:
Herbert Dahm,
weiterer
Ansprechpartner:
Maria Dahm-Ternes

5581 Pünderich
Hauptstr. 78
☏ 0 65 42/25 64

Bestockte Rebfläche
2,4 ha

Spezialität:
reintönige, trockene Rieslingweine

Anfahrt:
Über die B 49 und die B 53

Erstmals bei der DLG-Bundesweinprämierung 1981

Geringer Anschnitt (kleine Erntemenge), sehr späte Lese – und dann im Keller Holzfaßausbau, vor allem für die durchgegorenen Rieslinge: Kernige Gewächse nach alter Moselart. Der «Trocken»-Anteil liegt bei 30% und steigt genauso stetig wie der «Halbtrocken»-Anteil (jetzt 20%). Alle Weine kommen aus Pündericher Lagen. 2,4 Hektar sind es insgesamt, weitgehend mit Riesling bestanden. Für einige gute Kunden gab es schon exklusive Fuder-Füllungen, und für jedermann gibt es viel Spaß in der Probierstube.

Eigene Straußwirtschaft in einem Haus aus dem 17. Jahrhundert, das in der Ortsmitte steht. Fröhlichkeit und Herzlichkeit gehören zur Linie des Hauses, das stolz ist auf die Prämierungserfolge seiner Rieslingweine: 1984 Staatsehrenpreis, 1986 Ehrenpreis des Bundesministers. – Große Proberunden für bis zu 50 Personen möglich. – Riesling Kabinett kostet 6 DM.

Weingut Roman Simon, Ernst-Martin Simon, Pünderich

Besitzer:
Ernst-Martin Simon,
weitere Ansprechpartner:
Eva Krath-Simon und Roman und Agnes Simon

5587 Pünderich
Bahnhofstr. 20
☏ 0 65 42/24 48

Bestockte Rebfläche
2,2 ha

Spezialität:
trockene Rieslingweine im Eichenfaß ausgebaut

Anfahrt:
Über die B 49 und die B 53

Erstmals bei der DLG-Bundesweinprämierung 1982

Die Weinbautradition ist in der Familie sehr alt, das Weingut als Vollerwerbsbetrieb jedoch sehr jung, da erst der jetzige Besitzer mit der Flaschenweinvermarktung begonnen hat. Er setzt auf zwei Rebsorten, Riesling und Müller-Thurgau, mit 56 und 32% Anteil, auf Holzfaßausbau (ausschließlich) und, als einer der «Trocken-Pioniere» der Mosel, auf durchgegorene Weine. Die «Trockenen» sind inzwischen mit 40% im Angebot vertreten, und seine Kunden verlangen zunehmend danach (50% liebliche Weine). Vom Ertrag der 2,2 Hektar füllt er bisher nur 40% selbst auf Flaschen, vermarktet aber diese Menge ausschließlich im Direktvertrieb und vor allem in Nordrhein-Westfalen. – Weinproben bis 30 Personen. Riesling Kabinett zu 5,60 DM.

Weingut Otto Knaup, Treis-Karden

Besitzer:
Otto Knaup,
weiterer
Ansprechpartner:
Tino Knaup

5402 Treis-Karden
Am Rathaus 321
☏ 0 62 72/24 46

Bestockte Rebfläche
2,6 ha

Spezialität:
sortentypische Rieslingweine im Holzfaß ausgebaut

Anfahrt:
An der B 49

Erstmals bei der DLG-Bundesweinprämierung 1977

Der Holzfaßkeller aus Bruchsteingewölbe war den Gestaltern des Ortsprospektes beispielhaft genug, daß er auf der Titelseite abgebildet wurde. In diesem Tonnengewölbe liegen die Fuderfässer, in denen fast nur Riesling reift. Die Edelsorte hat auf den 2,6 Hektar Rebfläche einen Anteil von 95% und wird ausschließlich in Steillagen angebaut (Ergänzungssorten in Flachlage).

Wer probieren will: Nach vorheriger Vereinbarung sind Gruppen bis zu 60 Personen auch am Wochenende willkommen; vom 15. Juni bis Oktober ist die Straußwirtschaft geöffnet. Mit solcherart engem Kundenkontakt trinken die Endverbraucher einen Teil der Erzeugung im Hause des Winzers und den größeren Teil in den eigenen «vier Wänden». Sie bevorzugen zu 25% «trocken» (steigend), zu 15% «halbtrocken» (steigend) und zu 60% «lieblich». – Eine Flasche Riesling Kabinett kostet 4,80 DM.

Weingut Reichsgraf von Kesselstatt GmbH, Trier

Besitzer:
Familie
Günther Reh,
Ansprechpartner:
Geschäftsführer
Annegreth Reh
und
Gert Nußbaum

5500 Trier
Liebfrauenstr. 9
☏ 06 51/7 51 01

Bestockte
Rebfläche
80 ha

Spezialität:
10 Jahres-Garantie

Anfahrt:
A 602,
Abfahrt Trier

Erstmals bei der
DLG-Bundesweinprämierung
1951

Günther Reh hat dem 600 Jahre alten Weingut neuen Glanz gegeben: Das alte Palais in Trier ist prachtvoll renoviert. Der Probierkeller gehört zum Schönsten, was deutsche Weingüter zu bieten haben. Ein Spitzenrestaurant im Palais, ein Gutshotel in Neumagen-Dhron. Und beim Wein: 80 Hektar, zu 95% mit Riesling bestockt. Nur Riesling im Angebot (Kabinett 10 DM). 10 Jahres-Garantie – Rücknahmeverpflichtung bei nicht zufriedenstellender Weinentwicklung. Wahl unter die 50 besten Weingüter der Welt durch die US-Fachzeitschrift «The Wine Spectator». – Besitz in fast allen bekannten Lagen von Mosel, Saar und Ruwer; «Josephshöfer» im Alleinbesitz. Ausbau in Holz und Stahl zu 40% trocken (steigend) und zu je 30% halbtrocken und lieblich. Weinprobenrunden (zum Teil buchstäblich an zwei außergewöhnlichen Tischrunden) bis 100 Personen nach Anmeldung.

Weingut Peter Terges, Trier-Olewig

Besitzer:
Peter Terges

5500 Trier
Olewiger Str. 145
☏ 06 51/3 10 96

Bestockte
Rebfläche
4,9 ha

Spezialität:
Analysewerte der
Weine in der
Preisliste

Weinlehrpfad

Olewig ist Triers «Weindorf» und die Weinstube «Zur Laube» eines der Trierer Ausflugsziele im Nahbereich. Sie gehört zum Weingut und hilft mit, den Ertrag von 4,9 Hektar Rebfläche zu vermarkten.

Riesling ist hier mit 60% Anteil die führende Rebsorte, aber Müller-Thurgau, Kerner und vor allem der an der Mosel recht selten angebaute Weißburgunder haben hier mit jeweils 10% Anteil ebenfalls Bedeutung. Der Weißburgunder wird überwiegend trocken ausgebaut, aber auch beim Riesling gibt es die trockene Variation bis zur Auslese – und bis zu 9 Gramm Säure. Die ist auf der Preisliste ebenso angegeben wie der Restzucker.

Das Geschmacksspektrum: 20% trocken, 10% halbtrocken, 70% lieblich. Der Preis für einen Riesling-Kabinett: 6,30 DM. – Proben bis zu 80 Personen nach Anmeldung auch am Wochenende.

Anfahrt:
A 602,
Abfahrt Trier

Erstmals bei der
DLG-Bundes-
weinprämierung
1984

Verwaltung der Bischöflichen Weingüter, Trier

Besitzer:
Hohe Domkirche, Bischöfliches Priesterseminar, Bischöfliches Konvikt
Ansprechpartner:
Herr Fox und Herr Engel

5500 Trier
Gervasiusstr. 1
☏ 06 51/4 34 41

Bestockte Rebfläche
107 ha

Spezialität:
Rieslingweine von Mosel, Saar und Ruwer (97% Anbau-Anteil)

Anfahrt:
A 602, Abfahrt Trier

Erstmals bei der DLG-Bundesweinprämierung 1973

«Priesterseminar», «Hohe Domkirche» und «Bischöfliches Konvikt», drei kirchliche Güter mit großem Namen bei deutschen Rieslingfreunden, wurden 1966 zusammengefaßt und bieten nun unter gemeinsamer Leitung, aber durch die drei Wappen nach dem alten Besitz unterschieden, Rieslinge von der Mosel, der Saar und der Ruwer – und, als einziges Moselweingut, seit Jahrzehnten schon ein wenig Spätburgunder aus einem Versuchsanbau in Kanzem. Die «Bischöflichen» gehörten auch zu den ersten Weinbaubetrieben, die einen Gutssekt auf den Markt brachten. 107 Hektar sind derzeit bestockt, zu 97% mit Riesling.

Alle Weine werden in den Fuderfässern des 400 Jahre alten, weitläufigen Trierer Kellers ausgebaut – zu 55% trocken, zu 20% halbtrocken und zu 25% lieblich. Allein dieser Keller mit dem Stück einer original erhaltenen römischen Wasserleitung wäre eine Trier-Reise wert. – Eine Flasche Riesling Kabinett kostet 9 DM.

Weingut Bastenhof
Hermann Basten, Trittenheim

Besitzer:
Hermann Basten

5559 Trittenheim
Joh.-Trithenius-Straße 65
☏ 0 65 07/21 59

Bestockte Rebfläche
6 ha

Spezialität:
gebietstypische Mosel- und Ruwerweine

Der stattliche Weingutsneubau liegt am Ortsrand von Trittenheim, der Weinbergsbesitz von insgesamt 6 Hektar ist auf drei Orte an der Mosel (Trittenheim, Dhron und Klüsserath) und drei Orte an der Ruwer (Eitelsbach, Kasel und Waldrach) verteilt. 70% dieser Rebfläche ist mit Riesling bestockt – überwiegend im Steilhang. Müller-Thurgau, Optima und Bacchus ergänzen das Angebot des Familienbetriebs, der seit dem 17. Jahrhundert an der Mittelmosel ansässig ist.

Trockene und halbtrockene Rieslinge werden besonders gepflegt, ebenso die trockene Optima und der halbtrockene Bacchus. – Im Angebot dominiert «lieblich» mit 62% vor «trocken» mit 26% und «halbtrocken» mit 12%. Weinproben mit maximal 40 Gästen nach Anmeldung. Mit Ausnahme eines Export-Anteils von 10% wird der Wein unmittelbar an den Endverbraucher verkauft. – Riesling Kabinett kostet um 5 DM.

Anfahrt:
A 48, Abfahrt Schweich

Erstmals bei der DLG-Bundesweinprämierung 1971

Weingut Heinrich Mayer, Zell

Besitzer:
Heinrich Mayer,
weitere
Ansprechpartner:
Winzermeister
Heinz Mayer,
Christine und
Ruth Mayer

5583 Zell
Jakobstr. 64
☏ 0 65 42/45 30

Bestockte
Rebfläche
2,4 ha

Spezialität:
Riesling-Weine
im Holzfaß
ausgebaut

Anfahrt:
An der B 53

Erstmals bei der
DLG-Bundes-
weinprämierung
1976

Neben dem Weingut betreibt die Familie ein Hotel-Restaurant, dessen Weinkarte unter 70 Positionen auch mehrere ältere Jahrgänge wie 70er oder 71er und 40 Weine bietet, die mit DLG- oder Kammer-Gold ausgezeichnet sind. Neun Zehntel aller Weine des Gutes sind prämiert. Seit 1960 gab es zehn Staatsehrenpreise und sechs Ehrenpreise des Bundesernährungsministers. Diese Erfolge waren auch deshalb möglich, weil der jetzige Besitzer den ererbten Betrieb durch Zukauf von Parzellen in der Spitzenlage «Petersborn-Kapertchen» auf die heutige Größe von 2,4 Hektar erweiterte. Weitere Charakteristika: Nur Holzfaß, jeweils 20% trocken und halbtrocken, 60% lieblich. 80% Riesling (Kabinett 7 DM). Proben bis 100 Personen. Kein Ruhetag.

Weingut Josef Friederich, Zell-Kaimt

Besitzer:
Ewald Friederich,
weitere Ansprechpartner:
Dr. Franz-Josef und Christian Friederich

5583 Zell-Kaimt
Marientaler Au 50
☏ 0 65 42/40 11

Die «Zeller schwarze Katz» gehört dazu, auch ein ähnlich fröhlich aufgemachter Typenwein «Jung Gretel». Immerhin ist das Haus mit 50% seiner Gesamterzeugung von den eigenen 5 Hektar und von 6 Hektar der Erbengemeinschaft Friederich im Export vertreten. – Die Gutsweine wachsen in den Gemarkungen Merl, Bullay und Zell des Bereichs Zell/Mosel.

Man lebt im modernen Betrieb mit sehr viel Tradition: 1126 werden die Friederichs erstmals in Verbindung mit dem Heimatort erwähnt. Seit 1794 beurkundeter Weinbau in der Familie, 1884 erster Weinexport nach Brasilien, 1908 Gründung des Handelsbetriebes.

Spezialität: «Zeller Schwarze Katz»

Anfahrt: An der B 53

Erstmals bei der DLG-Bundesweinprämierung 1952

Das Bild zeigt Ewald Friederich mit seinen Söhnen

Die Gutsweine werden in Holzfässern eines Kellers ausgebaut, in dem schon vor mehr als 500 Jahren die Mönche des Minoritenklosters ihre Weine lagerten. 70% der Weine sind aus der Rebsorte Riesling gekeltert – zu 20% trocken, zu 10% halbtrocken und zu 70% lieblich. Bundes- und Staatsehrenpreise und der «Grand prix de vin 1982» zieren die stilvoll eingerichtete Weinstube, in der nach wie vor auch Kunden aus Brasilien ihre Auswahl treffen. Daneben sind heute Japan, die USA und England die Hauptabsatzländer. Der deutsche Weinhandel wird beliefert, aber etwa ein Fünftel der Erzeugung kaufen die Verbraucher direkt. Sie sind zu Besuchen im Gewölbe- und Felsenkeller und zu Weinproben im neuen Betriebsgebäude nach Anmeldung jederzeit willkommen. 50 Personen haben maximal Platz. – Eine Flasche Riesling Kabinett kostet 6 DM.

Weingut Geschwister Selbach-Oster, Zeltingen

Besitzer:
Hans Selbach,
Sigrid Selbach,
Marlies Weber-Selbach

5553 Zeltingen-Rachtig
Uferallee 23
☏ 0 65 32/20 81

Bestockte Rebfläche
4,3 ha

Spezialität:
Riesling Auslese trocken

Anfahrt:
A 48, Abfahrt Wittlich, B 50 in Richtung Bernkastel-Kues

Erstmals bei der DLG-Bundesweinprämierung 1978

Die Vorfahren der Selbachs kommen aus Ürzig; ihr Metier war der Schiffstransport von Wein. Die Osters aus Zeltingen hatten neben dem Weinbau das Küferhandwerk zum Beruf. – 300 Jahre ist die gemeinsame Weintradition zurückzuverfolgen.

Die heutige Generation der «vereinigten Familien» beschäftigt sich sowohl mit der Weinerzeugung als auch mit dem Export. Letzteres gilt nicht nur für die Weine aus dem eigenen Weingut, das 4,3 Hektar Rebfläche vorwiegend in Steillagen von Zeltingen, Graach, Wehlen und Bernkastel hat. – Zu 100% wird Riesling in Holzfässern des alten Tonnengewölbe-Kellers ausgebaut (eine Flasche Kabinett kostet 7,50 DM). Ob trocken (20%), halbtrocken (30%) oder lieblich (50%) – die Linie heißt «leicht, bekömmlich und spritzig». Andererseits gibt es aber auch süße Edelweine und trockene Auslesen. – Proben bis 40 Personen.

Rhein
Bingen
Burg Layen
Laubenheim
Langenlonsheim
Bretzenheim
Nahe
Bockenau
Bad Kreuznach
Niederhausen
Oberhausen
Nahe
Duchroth
Feilbingert
Meddersheim
Alsenz
Obermoschel
Oberndorf
0
10 km

Die Nahe – zarte Wein-Vielfalt

Die Weinwerbung des Gebiets spricht vom «Probierstübchen der deutschen Weinlande» und vom «Nahewein – dem Edelstein». Beides ist richtig. Es gibt in dem mittelgroßen Gebiet (4600 Hektar) am Flüßchen Nahe Weine, die die Brillanz eines wertvollen Pretiosen haben. Meist handelt es sich dann um den Riesling, der hier nach dem Müller-Thurgau und vor dem Silvaner den zweiten Platz in der Sorten-Rangliste belegt. Der Nahe-Riesling ähnelt häufig etwas dem zarten, filigranen Typ, der an der Saar wächst. Er gerät selten so kräftig wie zum Beispiel im Rheingau; aber er hat Spiel und Finesse.

Die Bezeichnung «Probierstübchen» nimmt Bezug auf die (nicht übertriebene) Sortenvielfalt des Gebiets. Kerner und Scheurebe mit jeweils ausgeprägtem Sortentyp spielen eine wichtige Rolle. Stark im Kommen ist der Weißburgunder in der trockenen Version. Vereinzelt gehegt und gepflegt werden der feinduftige, «schlanke» Gewürztraminer. Einige Betriebe widmen zunehmend der Nahe-Rarität Spätburgunder Aufmerksamkeit.

Ein Vorzug der Nahe und seiner Weinbauern ist die Beständigkeit. Man setzte immer schon in der Hauptsache auf bewährte Reben. Und die wurden und werden nur dort gepflanzt, wo schon vor Jahrhunderten Wein wuchs. Mit einem Nachteil mußten die Winzer noch vor 150 Jahren leben: Ihr feinster Wein wurde meist als «Rheinwein» verkauft. Das trug nicht eben zur Popularität des Gebiets bei. Doch renommierte Güter, junge «Newcomer» und leistungsstarke Genossenschaftler, verleihen dem Anbaugebiet immer mehr Profil.

Seite	Prämierungs-Betrieb	Bundes-Ehrenpreise seit 1961	Erzielte DLG-Preise 1985–87			
			insges.	Groß	Silber	Bronze
255	Bad Kreuznach, Reichsgraf von Plettenberg, Weingut – Weinkellerei	4	21	24%	57%	19%
256	Bockenau, Schäfer-Fröhlich, Weingut	1	25	60%	36%	4%
258	Bretzenheim, Bischof-Klein, Weingut	2	24	42%	46%	12%
259	Burg Layen, Maria Höfer, Weingut Dr. J. Höfer, Schloßmühle	–	8	63%	37%	–
260	Burg Layen, Michael Schäfer, Weingut	–	11	73%	18%	9%
261	Duchroth, Alfred Porr, Weingut	1	19	58%	37%	5%
262	Feilbingert, Adolf Lötzbeyer, Weingut	3	26	84%	8%	8%
263	Laubenheim, Michael Klören, Weingut	–	18	56%	44%	–
264	Langenlonsheim, Hartmut Heintz, Weingut im Zwölberich	1	30	40%	47%	13%
266	Langenlonsheim, Willi Schweinhardt, Weingut	–	28	32%	57%	11%
268	Langenlonsheim, Weingut Erbhof Tesch	4	38	32%	50%	18%
270	Meddersheim, Winzergenossenschaft Rheingrafenberg eG	–	37	24%	62%	14%
272	Meddersheim, Reinhard Beck, Weingut	–	14	43%	36%	21%
273	Niederhausen, Karl-Ernst Lorenz, Weingut Lindenhof	–	19	37%	47%	16%
274	Obermoschel, Herbert Schmidt, Weingut	1	25	48%	44%	8%
276	Oberhausen, Hermann Dönnhoff, Weingut	–	21	62%	33%	5%
277	Oberndorf, Großmann, Weingut	–	7	42%	29%	29%

Die Betriebe können jährlich zur DLG-Bundesweinprämierung nur eine begrenzte Zahl von Weinen anmelden. Die Begrenzung ergibt sich jeweils aus der betrieblichen Rebfläche. Kleinere Prämierungsbetriebe können bis zu sechs Weine prüfen lassen, mittlere bis zu 15 und nur ganz wenige große bis zu 50.
Wundern Sie sich also nicht, wenn die Zahl prämierter Weine von Betrieb zu Betrieb so stark abweicht. Zum besseren Verständnis der unterschiedlichen Betriebsleistungen werden deshalb die erzielten DLG-Preise (Groß, Silber, Bronze) in Prozenten ausgewiesen.

Weingut Reichsgraf von Plettenberg, Bad Kreuznach

Besitzer:
Reichsgraf von Plettenberg,
Ansprechpartner:
Egbert Graf von Plettenberg

6550 Bad Kreuznach
Winzenheimer Straße
☏ 06 71/22 54

Bestockte Rebfläche
40 ha

Spezialität:
körperreiche, sortentypische Weine

Anfahrt:
A 61, Abfahrt Bad Kreuznach

Erstmals bei der DLG-Bundesweinprämierung 1951

Bis 1795 diente das heute gräfliche Haus dem «kurpfälzischen reitenden Erbförster» Friedrich Wilhelm Utsch, auch als «Jäger aus Kurpfalz» bekannt, als Sommersitz. Dann kam durch Einheirat schon bei der Tochter italienischer Adel namens Puricelli und 1912, wiederum durch Heirat, deutscher Adel namens von Plettenberg in die Familie. Heute ist das Gut ein moderner Betrieb am Stadtrand, in dem die Trauben von 40 Hektar Besitz und einigen Hektar Pachtland verarbeitet werden. Zwei Drittel Riesling (Kabinett um 7 DM), ein Fünftel Müller-Thurgau und einige andere Rebsorten sind im Ausbau. – Die Kunden des Grafen mögen es vorwiegend lieblich: 75% sind so ausgebaut (in Holz und Stahl), 15% trocken und 10% halbtrocken. Die Besonderheit des Ausbaus: Kühlung während des Gärprozesses. – Weinproben bis 45 Personen.

Weingut Schäfer-Fröhlich, Bockenau

Besitzer:
Karin und Hans-Dieter Fröhlich,
weitere Ansprechpartner:
Herbert und E. Schäfer

6551 Bockenau
Schulstr. 6
☏ 0 67 58/65 21

Bestockte Rebfläche
7,2 ha

Spezialität:
Riesling

Weine werden sortentypisch und säurebetont ausgebaut

Erstmals bei der DLG-Bundesweinprämierung 1977

Sie ist Winzertochter aus dem Haus Schäfer und damit die dritte Generation der Familie, die in Bockenau Wein anbaut. Er ist durch Sie zum Wein gekommen. Sie hat die Prüfung als Weinbautechnikerin abgelegt, er die des Winzermeisters. Beide zusammen bewirtschaften das Familienweingut mit seinen 7,2 Hektar Rebland in den Gemarkungen Bockenau und Meddersheim.

Auf Fels-, Kies- und Porphyrverwitterungsböden wachsen Riesling, Bacchus, Kerner, Optima, Müller-Thurgau, Ruländer, Ortega und Spätburgunder. Riesling dominiert mit 50% Anteil (6,50 DM der Kabinett) vor Bacchus (20%) und Kerner (10%).

Das junge Winzerehepaar, das den Betrieb seit 1983 verantwortlich führt, hat sich beim Ausbau auf eine betont reduktive Linie mit nur kurzem Holzfaßlager und früher Füllung im Januar oder Februar festgelegt, um durch betonte Säure lebendige Weine zu erhalten. Das gilt auch für die

Karin Fröhlich ist seit 1983 eine der ersten Prüferinnen in der Weinsiegel-Kommission

«Lieblichen», die, bei leicht fallender Tendenz, noch den größeren Teil des Angebots ausmachen («trocken» und «halbtrocken» haben jeweils etwa 20% Anteil).

Für die Sinnesprüfung der eigenen Weine bringt Karin Fröhlich viel Erfahrung mit. Sie ist eine der wenigen Frauen, die in der Weinsiegelkommission und der Prüfungskommission der Landwirtschaftskammer Weine bewerten. Umgekehrt wurde von anderen Prüfern das eigene Haus mit dem Bundesehrenpreis 1986 ausgezeichnet.

Anfahrt: Von Bad Kreuznach über die B 41

Durch die Vorarbeit der Eltern und durch eigene Initiative werden heute alle Weine auf Flaschen gefüllt und fast ausschließlich an Endverbraucher vermarktet – vorwiegend in Niedersachsen und Nordrhein-Westfalen. Die Weinfreunde des Hauses sind, nach Vereinbarung, zur Probe willkommen (max. 30 Personen). Dabei können auch die Winzersekte aus den Rebsorten Riesling und Bacchus probiert werden.

Weingut Bischof-Klein, Bretzenheim

Besitzer:
Erich Klein und
Ute Klein,
weiterer
Ansprechpartner:
Johann Klein

6551 Bretzen-
heim
Naheweinstr. 62
☏ *06 71/3 13 01*

Bestockte
Rebfläche
7,4 ha

Spezialität:
natursüße Weine

Anfahrt:
A 61, Abfahrt
Dorsheim,
weiter auf der
B 48

Erstmals bei der
DLG-Bundes-
weinprämierung
1974

Um das selbstgesteckte Ziel des betont sortentypischen Ausbaus zu erreichen, ist in diesem alten Familienweingut ein moderner Kühlkeller installiert worden. Damit kann der Gärprozeß früher beendet und dem Wein ein Teil seiner natürlichen Süße erhalten werden. Da die Kunden den lieblichen Wein eindeutig bevorzugen (65% Anteil, 18% trocken), wird dieses Mittel der Gärunterbrechung häufig angewandt (Reifung in Holz- und Kunststoffgebinden). Auf den 7,4 Hektar sandiger und kiesiger Lehmböden wachsen Riesling (27%) und Silvaner, Ruländer und Müller-Thurgau, Kerner und Scheurebe sowie einige andere Sorten, darunter auch Rotweinreben.

Abgesehen von einem kleinen Anteil für die Gastronomie wird der Ertrag unmittelbar an den Endverbraucher verkauft. – Weinproben gibt es für bis zu zwölf Personen – ohne Ruhetag. Eine Flasche Riesling Kabinett kostet um 4,50 DM.

Weingut Schloßmühle, Dr. Josef Höfer, Burg Layen

Besitzer:
Maria Höfer und Dr. Thomas Höfer,
weitere Ansprechpartner:
Ulla Höfer und Günter Krassnigg

6531 Burg Layen
Naheweinstr. 2
☏ 0 67 21/ 4 50 00

Bestockte Rebfläche
35 ha

Spezialität:
Lagen- und Jahrgangssekte aus eigenem Lesegut

Anfahrt:
A 61, Abfahrt Dorsheim

Erstmals bei der DLG-Bundesweinprämierung 1958

Das Weingut ist ein jüngerer Gutsneubau, die Weine aber lagern im alten Burgkeller. Die «Chefin» übernahm das Gut, nachdem ihr Mann früh verstarb. Sie wurde eine der Weinpersönlichkeiten der Nahe. Heute setzt auch Sohn Dr. Thomas Höfer neue Akzente im Weingeschehen. Es gibt in den Qualitätsstufen vom Qualitätswein bis zur Spätlese in jedem Jahrgang einen Qualitätsstandardwein des Hauses, der sich, dank selektiver Lesetechnik, vom übrigen Angebot deutlich abhebt. Daneben ist man bemüht, auch bei den Literflaschen hohes Niveau zu halten. Seit einiger Zeit gehören auch eigene Sekte zum Angebot – ebenso wie der gelegentlich inszenierte, fröhliche Spaß, der Weinfreunden des Hauses erlaubt, einige Weine mit altem Gerät selbst abzufüllen. – Die Kenndaten: 35 Hektar. 36% Riesling, 28% Müller-Thurgau, 18% Silvaner. 20% trocken, 15% halbtrocken, 65% lieblich. Riesling Kabinett 7,40 DM. Proben bis 20 Personen.

Weingut Michael Schäfer, Burg Layen

Besitzer:
Alfred Schäfer und Karl-Heinz Schäfer, weiterer Ansprechpartner: Judith Schäfer

6531 Burg Layen
Hauptstr. 15
☏ 0 67 21/ 4 30 97 und 4 55 93

Bestockte Rebfläche 13,9 ha

Spezialität: Proben «Wein und Essen»

Anfahrt: A 61, Abfahrt Dorsheim

Erstmals bei der DLG-Bundesweinprämierung 1973

Die Familie Schäfer baut seit rund 250 Jahren Wein an der Nahe an. Der heutige Winzerhof ist das ehemalige Amtshaus der Burg und – aufwendig restauriert mit seinen Probierzimmern, mit Keller und Innenhof – ein beliebtes Ziel für Weinfreunde. Das Winzerehepaar spricht fließend englisch (Frau Judith Schäfer ist Engländerin). Beide tauschen leidenschaftlich gern Erfahrungen über das Essen und die Weine der Welt aus. Der eigene Weinbau umfaßt rund 14 Hektar mit vorwiegend Riesling, Kerner und Silvaner – je nach Jahrgang zu 30 bis 60% halbtrocken und trocken ausgebaut. Die Vielfalt des Angebots charakterisieren Säurewerte von 3,8 bis 13,5 Gramm pro Liter. Maischegärung für Rotweine und biologischer Säureabbau sind üblich. Eine Flasche Riesling Kabinett kostet um 7,50 DM. Weinproben sind für bis zu 60 Personen möglich.

Weingut Alfred Porr, Duchroth

Besitzer:
Walter Porr,
weiterer
Ansprechpartner:
Alfred Porr

6551 Duchroth
Schloßstr. 1
☏ 0 67 55/2 07

Bestockte
Rebfläche
4,4 ha

Spezialität:
Riesling-Weine
im Holzfaß
ausgebaut

Anfahrt:
Über B 41 oder
B 48, an der
Naheweinstraße

Erstmals bei der
DLG-Bundes-
weinprämierung
1975

Aus dem früheren landwirtschaftlichen Gemischtbetrieb ist ein reiner Weinbaubetrieb geworden, der jetzt in der dritten Generation «auf Flasche vermarktet». Und was hier auf die Flasche kommt (etwa 80% der Erzeugung von den 4,4 Hektar Rebland), geht unmittelbar an den Verbraucher. Eine eigene Gaststätte hilft auf diesem Vermarktungsweg. Da sind Besucher ausdrücklich immer und ohne Anmeldung willkommen. Die Fahrt nach Duchroth lohnt schon allein, um mit diesem Dorf hoch über der Nahe einen jener stillen Plätze kennenzulernen, die den Begriff «Muße» greifbar machen. – Aus ausschließlich Duchrother Lagen kommen die angebotenen Weine. Der Riesling-Kabinett kostet 5,20 DM. Er stellt mit Müller-Thurgau und Silvaner den Großteil der Erzeugung, die zu 25% trocken, zu 10% halbtrocken und zu 65% lieblich ausgebaut wird.

Weingut Adolf Lötzbeyer, Feilbingert

Besitzer:
Adolf Lötzbeyer,
weiterer
Ansprechpartner:
Monika
Lötzbeyer

6767 Feilbingert
Kirchstr. 6
☏ 0 67 08/22 87

Bestockte
Rebfläche
6,13 ha

Spezialität:
Auswahl
verschiedener
Eisweine

Anfahrt:
Über die B 48

Erstmals bei der
DLG-Bundes-
weinprämierung
1973

Eine Trendwende deutet sich an, aber zur Zeit mögen es die Kunden noch weitgehend lieblich. Dementsprechend sind 87% des Angebots ausgerichtet; der Weingutsbesitzer hat sich für einen ausschließlich sortenreinen Ausbau, vornehmlich in Edelstahltanks, mit dem Erhalten der natürlichen Süße (Gärunterbrechung) entschieden. Alle Weine tragen das Deutsche Weinsiegel, vom Qualitätswein bis zu den hier vergleichsweise häufig vertretenen Eisweinen. Die Leistungen des 6 Hektar-Familienbetriebs wurden mit sechs Staatsehrenpreisen und zwei Bundesehrenpreisen anerkannt.

Ausgezeichnet wurde damit vor allem die Hauptsorte Riesling, die auf der Hälfte der Weinbergsfläche steht (Kabinett 6,40 DM). Ergänzt wird sie durch Scheurebe, Müller-Thurgau, Kerner und einige andere Rebsorten; bei Proben gibt es reiche Auswahl.

Weingut Michael Klören, Laubenheim

Besitzer:
Liesel und Michael Klören

6531 Laubenheim
Am Steinkreuz 17
☏ 0 67 04/5 00

Bestockte Rebfläche
4 ha

Spezialität:
Sonderfüllungen besonderer Weine

Erst im Jahr 1970 als Nebenerwerbsbetrieb gegründet und seit 1980 als Vollerwerbsbetrieb geführt, ist dieses Weingut nach Entstehung und Arbeitsweise sicherlich ungewöhnlich: Nahezu die gesamte Erzeugung (95%) geht durch Direktvermarktung unmittelbar an den Endverbraucher.

Die Kunden informieren sich durch Probesendungen, wobei der Winzer ihnen eine Vorauswahl bietet: Er füllt seine besten trockenen und halbtrockenen Weine in die klassischen, 350 mm langen antikgrünen oder rotbraunen Schlegelflaschen ab. Drei Spätlesen sind es zur Zeit: Riesling, Weißer Burgunder und Gewürztraminer.

Riesling ist mit 33% Anteil auf den 4 Hektar bestockter Rebfläche die Hauptsorte. Grauer und Weißer Burgunder folgen mit je 15%, andere Rebsorten wie Silvaner (trockener Ausbau) folgen mit kleineren Anteilen. – Eine Flasche Riesling Kabinett kostet 5,60 DM.

Anfahrt:
A 61, Abfahrt Dorsheim, weiter über die B 48

Erstmals bei der DLG-Bundesweinprämierung 1978

Weingut im Zwölberich, Hartmut Heintz, Langenlonsheim

Besitzer:
Hartmut Heintz,
weitere
Ansprechpartner:
Walter Heintz
und Kellermeister
Wilfried Strunck

6536 Langenlonsheim
Schützenstr. 14
☏ 0 67 04/12 13

Kenntnisse über die Heilkraft der Fuß-Reflexzonenmassage gehören eigentlich nicht zum Winzerberuf. Der Seniorchef beherrscht diese Technik jedoch und wandte sie schon bei einigen Kunden erfolgreich an. Sohn Hartmut konzentriert sich darauf, die Steigerung des Wohlbefindens allein über den Wein zu erzielen. Er versucht das durch naturbezogenen Weinbau mit breiten Zeilen («Luft an die Reben»), durch keine oder nur mäßige Entsäuerung und unter anderem auch durch frühe Füllung frischer Weine mit natürlichem Gehalt an Kohlensäure.

Bestockte Rebfläche 13 ha

Verschiedene seltene Rebsorten

Neue Ideen und andererseits eine alte Familientradition seit dem Gründungsjahr 1711. Der damals auf Getreidebau und Viehwirtschaft ausgerichtete Betrieb hatte ein wenig Wein zur Selbstversorgung. Nach dem Ersten Weltkrieg wurde daraus der Haupterwerb, aber erst der Vater des heutigen Betriebsleiters konnte das Gut, zuletzt mit Hilfe seines Sohnes, auf die heutige Betriebsfläche von 13 Hektar vergrößern.

Anfahrt: A 61, Abfahrt Dorsheim, weiter über B 48

Erstmals bei der DLG-Bundesweinprämierung 1975

Darauf wachsen jetzt in etwa gleichen Anteilen Müller-Thurgau, Kerner, Riesling und Silvaner, ergänzt durch Scheurebe und Ruländer. Letzterer wird bevorzugt im Holzfaß ausgebaut. Alle Weine kommen auf die Flasche – und unmittelbar zum Endverbraucher. Beim Ausbau der Weine geht Wohlgeschmack über alles. So hat die Hälfte der Weine eine feine Restsüße, die «Trockenen» und «Halbtrockenen» sind jedoch mit 22 und 28% stark «im Kommen». – Riesling Kabinett 9,20 DM. Weinproben sind auch mit Gruppen bis zu 25 Personen möglich.

Weingut Bürgermeister Willi Schweinhardt Nachf., Langenlonsheim

Besitzer:
Wilhelm Schweinhardt, weitere Ansprechpartner: Erika und Axel Schweinhardt, Frau Schirmbeck

6536 Langen-lonsheim
Heddesheimer Straße 1
☏ 0 67 04/12 76

Bestockte Rebfläche
25 ha

Spezialität:
Burgunder-Wein im Holzfaß gereift

Erstmals bei der DLG-Bundes-weinprämierung 1972

1630 taucht der Name Schweinhardt erstmals an der Nahe auf. 1859 baut die Familie ein Haus in Langenlonsheim. Das alte Gutshaus wird noch heute genutzt. Rundum aber sind neue Gebäude entstanden, Höfe und Innenhöfe – wirklich ein Weingut. Der Vater des heutigen Besitzers kam zu solchem Ansehen, daß ihn das Dorf zum Bürgermeister wählte. So wurde der Weinbaubetrieb zum «Weingut Bürgermeister Nachf.» – und unter diesem Namen durch den dynamischen Wilhelm Schweinhardt jun. noch mehr bekannt.

Wilhelm Schweinhardt ist es gelungen, seine frohe Weinbotschaft von der Nahe bundesweit zu verbreiten und sogar an die Spree zu tragen, wo ein Drittel seiner Kundschaft lebt. Das Wort Botschaft ist buchstäblich zu verstehen, denn der Chef des Gutes lädt auch im Verbrauchergebiet zu besonderen Weinproben ein, bei denen er seine Rieslinge, Silvaner, Müller-Thurgau, Kerner und Burgundersorten in entprechendem Um-

feld präsentiert. Im Weingut selbst gibt es jährlich mehrere Weinseminare, unter anderem zum Thema Essen und Wein, und auch dabei steht die Person des dynamischen Winzers im Mittelpunkt des Geschehens: Ein Missionar der frohen Botschaft des natürlichen Genießens.

Weinseminare im Weingut

Seine Weinliste bietet zur Hälfte liebliche Weine, zu 20% trockene und zu 30% halbtrokkene. Einen eigenen Absatz widmet der Winzer seinen «Auslesen besonderer Art», die in der Restsüße knapp über der Kategorie halbtrocken liegen. Auch in diesem Haus mit seinem hohen Anteil an Direktvermarktung (83%) ist der Trend zu den «Weinen zum Essen» mit einem Anstieg der Nachfrage nach den «Trockenen» und «Halbtrockenen» feststellbar. Andererseits finden auch die durchweg hochprämierten Auslesen und Beerenauslesen guten Absatz.

Sekte mit «Bürgermeisters Sekt-Cuvée» aus der Scheurebe

Das Weingut informiert seine Kunden das ganze Jahr über per Rundschreiben, auch zu nicht direkt dem Wein zugehörenden Themen. Zu Weinproben sind Gruppen bis 30 Personen nach Anmeldung jederzeit willkommen. – Der Preis eines Riesling Kabinett: 6,50 DM.

Anfahrt: A 61, Abfahrt Dorsheim, über B 48

Weingut Erbhof Tesch, Langenlonsheim

Besitzer:
Hartmut Tesch,
weiterer
Ansprechpartner:
Heinz Diderich

6536 Langen-
lonsheim
An den Nahe-
wiesen 24
☏ *0 67 04/*
2 04 04

Nach dem Selbstverständnis des Besitzers hat dieser Weinbaubetrieb eine klar umrissene Aufgabenstellung: erstens Rieslingspezialist zu sein (der Anteil liegt bei 75%), zweitens besonders viel Wissen und Sorgfalt im Weinberg zu investieren, drittens die Weine mit reintönigem Sortengeschmack und hoher Bekömmlichkeit auf die Flasche zu bringen. Die Wege zu diesen Zielen sind unter anderem: eigene Rebenselektion, individuelle Erziehungsform und Rebenpflege, organische Düngung (eigener Kompost), biologischer Bodenbau, geringstmögliche Anwendung von Pflanzenschutzmitteln, biologi-

Bestockte Rebfläche 27 ha

Spezialität: Riesling-„Selektion"

Anfahrt: A 61, Abfahrt Dorsheim, weiter über die B 48

Erstmals bei der DLG-Bundesweinprämierung 1969

scher Säureabbau, geringste Schwefelverwendung, Flaschenfüllung unter Luftausschluß. Daß diese Mittel offenbar taugen, beweisen die außerordentlichen Prämierungserfolge.

Hartmut Tesch verbreitet seine Botschaft der besonderen Weinerzeugung per sogenanntem «post mailing» bundesweit; dazu gehört auch ein engagiertes Bekenntnis zum trockenen Wein. Der macht inzwischen drei Viertel des Angebotes aus, und es ist abzusehen, daß sich dieser Anteil zuungunsten der jetzt mit 15% notierten «Lieblichen» noch weiter erhöht.

Die Weine wachsen auf zur Zeit 27 Hektar (Gesamt-Weinbaufläche 39 ha) und werden in Stahltanks ausgebaut.

Weinproben an Arbeitstagen mit bis zu zehn Personen. Zur Preisorientierung: Eine Flasche Riesling Kabinett kostet 12,80 DM.

Winzergenossenschaft Rheingrafenberg eG, Meddersheim

Geschäftsführer:
Helmut Reidenbach

6553 Meddersheim
Naheweinstr. 63
☏ 0 67 51/26 67

Bestockte Rebfläche
150 ha

Spezialität:
feinfruchtige Rieslingweine

Erstmals bei der DLG-Bundesweinprämierung 1963

Die «Meddersheimer» gehören zu den Genossenschaftsbetrieben, die in der einschlägigen Presse immer wieder positiv erwähnt werden. Sie gehörten auch zu den ersten, die in unserer Zeit bewußt wieder trockene Weine ausbauten – und das ausgerechnet mit dem «Jahrhundertjahrgang» 1959 beginnend (und gerade richtig zum «Dreißigjährigen» der Erzeugergemeinschaft).

Kurz vorher war der Bau des neuen Kellereigebäudes beendet worden, die Voraussetzung für eine Fusion mit dem Merxheimer Winzerverein. 1980 kamen noch die Hargesheimer Kollegen dazu, und so sind jetzt 100 Winzerbetriebe mit Besitz in den drei genannten Orten sowie in Kirschroth, Sobernheim und Bad Kreuznach zusammengeschlossen.

Auf 60% der 150 Hektar Gesamtfläche wächst Riesling. Ihm bekommt offenbar das hier vorwiegend vertretene Oberrotliegende (Schieferart)

Winzersekt nach der «Methode Champenoise» erzeugt

besonders gut. Ergänzt wird die Edelsorte durch Müller-Thurgau, Bacchus, Kerner, Silvaner und geringe Anteile anderer Rebsorten.

Aus dem bescheidenen Anfang 1959 ist inzwischen ein festes «Trocken»-Programm geworden, zu dem auch eine durchgegorene Auslese gehört. Der Anteil dieser, von den Medien in Vergleichen besonders anerkannten Weine wächst stetig und liegt jetzt bei 24%. (Halbtrocken 18% – ebenfalls steigend.) Da erscheint es nur folgerichtig, wenn die Genossenschaft auch einen sehr kernigen Brut-de-Brut-Sekt in ihr Angebot aufgenommen hat. Riesling Kabinett ist auf der Preisliste mit 5,90 DM ausgewiesen. – Proben bis 100 Personen, Samstag und Sonntag nach Vereinbarung.

Anfahrt: Über die B 41, an der Naheweinstraße

Weingut Reinhard Beck, Meddersheim

Besitzer:
Reinhard Beck,
weitere
Ansprechpartner:
Waltraud Beck
und Karina Enk

6553 Meddersheim
Oberer Winkel 1
☏ 0 67 51/27 76

Bestockte
Rebfläche
6,9 ha

Spezialität:
Winzersekt und
sortentypische
Rieslinge

Anfahrt:
Über die B 41,
an der Naheweinstraße

Erstmals bei der
DLG-Bundesweinprämierung
1975

Die junge Dame, die von 1978 bis 1980 als Weinkönigin das Nahezepter hielt, kommt aus diesem Haus, das eine alte Weintradition hat, aber erst seit 1965 selbst vermarktet. Und das so erfolgreich, daß inzwischen die gesamte Ernte von den 6,9 Hektar Familienbesitz auf die Flasche gefüllt und zu 90% an Verbraucher (vorwiegend Ruhrgebiet und Norddeutschland) verkauft wird. Riesling wächst auf 45% der Parzellen in Meddersheim und Monzingen, Kerner ist mit 20%, Bacchus mit 15%, Müller-Thurgau mit 5% beteiligt. Dem Riesling ist weitgehend das Holzfaß vorbehalten, andere Sorten lagern zur Reifung im Kunststofftank. Das Angebot lieblicher Weine ist recht groß (65% Anteil), schrumpft aber stetig zugunsten der trockenen und halbtrockenen Weine (20% und 15% Anteil).

Proben (kein Ruhetag) bis zu 40 Personen. Riesling Kabinett kostet 5,50 DM. 1987 kam der erste eigene Sekt auf den Markt.

Weingut Lindenhof, Karl-Ernst Lorenz, Niederhausen

Besitzer:
Karl Lorenz

6551 Niederhausen
Lindenhof
☏ 0 67 58/67 15

Bestockte Rebfläche
4,5 ha

Spezialität:
Riesling
Eiswein

Niederhausen liegt im sehr schönen, sehr stillen Teil des Nahetals; eine Landschaft für Wanderer – und für Weinfreunde. Hier ist der Lindenhof in drei der zwölf Lagen der Dorfgemarkung begütert, im «Rosenheck», im «Pfaffenstein» und in der «Kertz». Die Hälfte der 4,5 Hektar eigenen Weinlandes ist mit Riesling bestockt, ein Drittel mit Müller-Thurgau. Den Rest teilen sich Bacchus, Gewürztraminer und Optima. Die Böden sind sehr unterschiedlich, und das Weingut ist bemüht, jedem Boden die richtige Sorte zuzuordnen. Bei der Geschmacksrichtung der Weine ergibt sich eine einfache Einteilung: Nur 10% werden trocken ausgebaut. «Lieblich» ist beim Kunden mit 60% Anteil Favorit, wenn sich in jüngerer Zeit auch eine leichte Trendwende bemerkbar gemacht hat. Kunde ist ausschließlich der Endverbraucher; in diesem Haus gibt es nur Direktvermarktung. – Weinproben bis 20 Personen. Riesling Kabinett für 4 DM.

Anfahrt:
Über die B 48, an der Naheweinstraße

Erstmals bei der DLG-Bundesweinprämierung 1973

Weingut Herbert Schmidt, Obermoschel

Besitzer:
Herbert Schmidt,
weiterer
Ansprechpartner:
Marlies Schmidt

6763 Ober-
moschel
Luitpoldstr. 24
☏ *0 63 62/12 65*

Wenige Kilometer von der Nahe entfernt münden vier Täler ineinander. Dort liegt Obermoschel. Früher wurde hier Silber gewonnen, 1983 gewann ein Weingut aus dem Ort soviel Edelmetall, daß es der Tageszeitung einen Dreispalter wert war. Das Foto dazu zeigte die Deutsche Weinkönigin und den Winzer- und Küfermeister Herbert Schmidt, der gerade den Bundesehrenpreis für die beste Gesamtleistung eines Weinbaubetriebes an der Nahe entgegennimmt. Er hatte in jenem Jahr den besten Prämierungsdurchschnitt der DLG-Bewertung erreicht, mit Riesling (53% Anteil), der überwiegend im Holz-

Bestockte Rebfläche 10 ha

Spezialität: Riesling-Weine im Holzfaß ausgebaut

Anfahrt: Über die B 48, an der B 420

Erstmals bei der DLG-Bundesweinprämierung 1968

faß ausgebaut wird, mit Müller-Thurgau, Silvaner und anderen Rebsorten, die auf den für sie besten Böden angepflanzt sind: Das Weingut ist mit 10 Hektar in allen Obermoscheler Lagen begütert, und allein der pittoreske «Schloßberg» bietet 48 verschiedene Gesteinsarten in unterschiedlicher Mischung.

Die wichtigste Lage aber ist der «Silberberg», dem Schloßberg gegenüber, ein Steilhang, nach Süden ausgerichtet, der 1982 flurbereinigt wurde. Herbert Schmidt bebaut dort 3,6 Hektar ausschließlich mit Riesling. Sie werden bevorzugt trocken und halbtrocken ausgebaut (Kabinett 6,10 DM die Flasche). Der Anteil dieser Geschmacksrichtungen liegt insgesamt bei 30% und 20%. In der rustikalen Weinstube sind die Weine wie auch einige Sekte und Edelbrände aus eigener Erzeugung zu kosten.

Wenn mehr als 15 Personen kommen, geht es zur Weinprobe in den historischen Burgkeller der «Moschellandsburg».

Weingut Hermann Dönhoff, Oberhausen

Besitzer:
Helmut Dönhoff

6551 Oberhausen
Bahnhofstr. 11
☏ 0 67 55/2 63

Bestockte Rebfläche
6,8 ha

Spezialität:
trockene und halbtrockene Riesling-Weine

Anfahrt:
Über die B 48, an der Naheweinstraße

Über die alte, vielbogige Steinbrücke, die in der Zeit gebaut wurde, als Oberhausen noch bayrisch war, geht es hinein in einen Ort, der bescheiden wirkt und nur wenig Durchgangsverkehr hat. Das Weingut ist alt, seit 200 Jahren im Familienbesitz. Im Keller liegen Holzfässer, «Stückfässer» von 1200 Liter Inhalt. Der Ertrag der 6,8 Hektar Weinberge in den Gemarkungen Oberhausen, Niederhausen und Bad Kreuznach wird da ausgebaut, ausnahmslos auf Flaschen gefüllt und zu neun Zehnteln unmittelbar an den Weintrinker verkauft. Preisbeispiel: 6,50 DM kostet eine Flasche Riesling Kabinett.

Die Edelsorte stellt etwa zwei Drittel des Weinaufkommens. Das restliche Drittel wird von Müller-Thurgau, Silvaner und Kerner erbracht. Ausbau heißt hier: Weitgehend trockene Weine (zwei Drittel und noch steigend) und das Erhalten der den Wein prägenden Säuren. – Weinproben bis 15 Personen.

Erstmals bei der DLG-Bundesweinprämierung 1968

Weingut Großmann, Oberndorf

Besitzer:
Manfred Großmann, weiterer Ansprechpartner: Hilde Großmann

6762 Oberndorf
Hauptstr. 9
☏ 0 63 62/34 97

Bestockte Rebfläche
6 ha

Spezialität:
Eisweine und Riesling-Jahrgangssekt

Anfahrt:
An der B 48

Dem bäuerlichen Gemischtbetrieb aus dem 18. Jahrhundert wurde irgendwann eine Brennerei angegliedert, der Weinbau «lief nebenher». Seit 1960 aber gibt es im Hause Großmann nur noch Wein, und der Familienbetrieb bearbeitet immerhin 6 Hektar Rebfläche. Die sind auf drei Lagen und auf drei Bodenarten (Lehm, sandiger Lehm, Buntschiefer) verteilt und mit jeweils 30% Riesling und Müller-Thurgau, mit 15% Weißem Burgunder, mit jeweils 10% Kerner und Spätburgunder sowie 5% anderen Sorten bestockt. Rotwein vergärt auf der Maische, Prädikatsweine kommen zur Reifung ins Eichenholzfaß (andere in Beton oder Kunststoff). Der Ausbau geschieht zu je 40% trocken und mild, zu 20% halbtrocken. Tendenz: «Trocken» steigt. Ebenfalls im Angebot: Jahrgangssekte und Eisweine. – Weinproben mit bis zu 15 Personen. Riesling Kabinett kostet 6 DM.

Erstmals bei der DLG-Bundesweinprämierung 1971

Rhein
Mainz
Ingelheim
Bingen
Ockenheim
Bodenheim
Horrweiler
Jugenheim
Nierstein
Oppenheim
Gau-Bickelheim
Frei-Laubersheim
Eimsheim
Albig
Framersheim
Alzey
Mettenheim
Bechtheim
Osthofen
Bermersheim
Flörsheim-Dalsheim
Worms
Mölsheim
Monsheim
Herrnsheim
0
10 km

Rheinhessen – Rückkehr zum Silvaner

Ein reiches Angebot sortenreiner Weine kommt aus dem Hügelland Rheinhessens und von den Hängen der Rheinterrasse. Das Anbaugebiet, das durch die Orte Mainz, Bingen, Worms und Alzey begrenzt wird, gehört politisch nicht, wie der Name vermuten läßt, zu Hessen, sondern zu Rheinland-Pfalz. Herzhafte «Lachweine» nannte Carl Zuckmayer die Weine seiner Heimat.

Es sind nicht mehr nur die Rieslinge von der – lange so genannten – «Rheinfront», die mit Nerv und Rasse überraschen. Vor allem macht mittlerweile die Traditionssorte Rheinhessens, der Silvaner, enorm von sich reden. Dieser Klassiker, der einmal über 60% Flächenanteil hatte, war drauf und dran, in Vergessenheit zu geraten. Doch die Rheinhessen, die eine Zeitlang vor allem auf Lieblichkeit und harmonische Kreszenzen setzten, haben ihm durch die Forcierung der Sorte in durchgegorener, säurebetonter Art als Rheinhessen-Silvaner – kurz RS genannt – zu neuem Ansehen verholfen.

Der Silvaner nimmt zusammen mit den klassischen Sorten Riesling, Portugieser und Spätburgunder rund ein Viertel der rheinhessischen Rebfläche ein. Das zeigt, daß es im Anbaugebiet auch eine kleine, feine Rotweinkultur gibt, die sich zunehmend weiterentwikkelt. Die experimentierfreudigen Rheinhessen haben sich aber auch gründlicher als die Winzer anderer Anbaugebiete für neue Rebsorten eingesetzt, von denen etliche Neuzüchtungen – wie Kerner, Scheurebe und der schon fast klassische Müller-Thurgau – ihren Wert und ihre Berechtigung bewiesen haben.

Seite	Prämierungs-Betrieb	Bundes-Ehrenpreise seit 1961	Erzielte DLG-Preise 1985–87			
			insges.	Groß	Silber	Bronze
281	Albig, Köster-Wolf, Weingut	–	37	24%	65%	11%
282	Bechtheim, Jean Buscher, Weingut	3	27	26%	44%	30%
284	Bechtheim, Ökonomierat Johann Geil I Erben, Weingut	1	24	46%	38%	16%
285	Bermersheim, Helmut und Heinfr. Peth, Weingut	–	12	50%	33%	17%
286	Bodenheim, Linus Haub, Weingut	4	20	65%	30%	5%
288	Bodenheim, Oberstleutnant Liebrecht'sche Weingutsverwaltung	3	29	52%	34%	14%
290	Eimsheim, Wilfried Geil, Weingut	–	26	15%	63%	22%
291	Flörsheim-Dalsheim, Keller, Weingut	6	22	77%	23%	–
292	Flörsheim-Dalsheim, Schales, Weingut	5	44	48%	39%	13%
294	Flörsheim-Dalsheim, Ohnacker-Döß, Weingut	2	22	45%	50%	5%
295	Framersheim, Ernst-Edwin Hinkel, Weingut	–	17	59%	35%	6%
296	Frei-Laubersheim, Ch. W. Bernhard, Weingut	–	9	45%	33%	22%
297	Gau-Bickelheim, Zentralkellerei Rheinischer Winzergenossenschaften eG	–	29	41%	28%	31%
298	Horrweiler, Friedrich Hartmann, Weingut	–	10	30%	50%	20%
299	Ingelheim, Julius Wasem & Söhne, Weingut Rodensteinerhof	1	24	50%	46%	4%
300	Jugenheim, Diehl-Blees, Weingut	–	8	63%	12%	25%
301	Jugenheim, Adolf und Rainer Schick, Weingut	3	24	71%	29%	–
302	Mettenheim, Gerhard und Hugo Koch, Weingut	1	18	39%	50%	11%
303	Mettenheim, Karl Ludwig Schäfer, Weingut	–	13	23%	62%	15%
304	Mölsheim, Christian Hagmaier, Weingut	–	5	60%	20%	20%
305	Monsheim, Karl und Margarethe Ochs und Sohn, Weingut Margarethenhof	1	15	27%	53%	20%
306	Nierstein, Eugen Wehrheim, Weingut	1	23	39%	44%	17%
307	Nierstein, Bezirkswinzergenossenschaft «Rheinfront» eG	8	40	73%	20%	7%
308	Ockenheim, Karl Wilhelm Müller, Weingut	–	8	76%	12%	12%
309	Oppenheim, Landes-Lehr- und Versuchsanstalt, Staatsweingut	–	20	50%	35%	15%
311	Osthofen, Otto Glaser und Sohn, Weingut Arnsteiner Gült	–	27	56%	41%	3%
312	Osthofen, Otto Schill, Gutsverwaltung, Weingut Leckzapfen	1	21	29%	29%	42%
313	Worms-Herrnsheim, Adam Hemer, Weingut/ Schloßkellerei	2	17	65%	29%	6%

Weingut Köster-Wolf, Albig

Besitzer:
Werner Köster und Manfred Wolf, weitere Ansprechpartner: Frau Wolf und Frau Köster

6509 Albig
Langgasse 62
☏ 0 67 31/25 38

Bestockte Rebfläche 25 ha

Spezialität: trockene und halbtrockene Weine

Anfahrt: A 61 oder A 63, Autobahnkreuz Alzey

Erstmals bei der DLG-Bundesweinprämierung 1962

Das Wohnhaus ist aus dem Jahr 1774 und zeigt zur Straßenfront schönes Fachwerkgebälk. Die Weinprobierstube (bis 50 Personen) knüpft an dieses Bild: Sie ist im alten Kreuzgewölbekeller eingerichtet.

Über die Hälfte der dort zu probierenden Weine ist trocken und halbtrocken, eingeschlossen der «RS», der «Rheinhessen-Silvaner», der besonderen Qualitätskriterien unterliegt und unter einheitlichem Etikett auf den Markt kommt. Er kostet hier 6,50 DM – ein Qualitätswein.

Vom «RS» bis zur Beerenauslese aus der Huxelrebe gibt es eine breitgefächerte Auswahl von 25 Hektar Rebland in drei Gemeinden und aus zahlreichen Rebsorten. Müller-Thurgau und Silvaner, Riesling, Scheurebe, Faberrebe, Huxelrebe und Kerner bringen darunter die größten Anteile. Auch Rotwein, Weißherbst, einige Winzersekte und Tresterbrand stehen auf der Preisliste.

Weingut Jean Buscher, Bechtheim

Besitzer:
Michael Buscher,
weiterer
Ansprechpartner:
Kellermeister
Rudolf Leiblein

6521 Bechtheim
Wormser Str. 4
☏ *0 62 42/8 72*

Bestockte
Rebfläche
15,5 ha

Spezialität:
trockene und
halbtrockene
Weine

«Buscher Bechtheim», das spricht sich gut, und die vierte Generation dieses Namens hat dafür gesorgt, daß diese zwei «Bs» von Weinkennern häufig genannt werden. Dazu haben sicherlich auch einige Staats- und Bundesehrenpreise beigetragen, der Erfolg kam jedoch noch mehr durch das Bemühen, Kunst und Kultur als Rundumhorizont des Weingeschehens in die Vermarktung der Erzeugnisse einzubeziehen. «Kunst in Buschers Weinkeller» ist bei vielen Weinfreunden zu einem Begriff geworden: wechselnde Ausstellungen in einem ohnehin sehenswerten Holzfaßkeller. Ähnlich bekannt die «Wein-Schlemmermenues» in Restaurants von Rang und Namen. Und als Service für Kunden die originelle Geschenkidee des «Persönlichen Weinscheckheftes», mit dem der Beschenkte nach eigenem Gutdünken und Geschmack den richtigen Präsentwein selbst wählen kann. Auch bei den üblichen

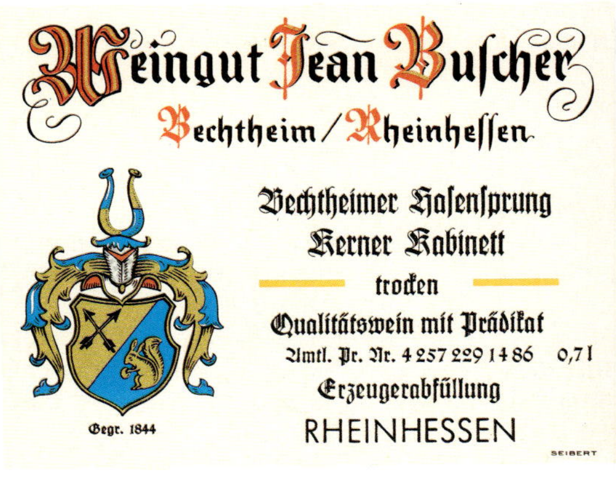

Erstmals bei der
DLG-Bundes-
weinprämierung
1956

«Kunst in Buschers Weinkeller» – jährliche Ausstellungen

«Großmutters Zwiebelkuchen» im Herbst

Anfahrt: B 9 oder A 61, Abfahrt Gundersheim

Weinproben (bis 30 Personen) geht das Haus mit grundsätzlich gereichten kalten Speisen über das Übliche hinaus; keine Frage, daß auch die Probierstube selbst diesem Anspruch gerecht wird. Zu probieren gibt es rund 20 Rebsorten, angeführt von Riesling, Silvaner, Kerner und Spätburgunder – sauber geordnet in einer, ebenfalls ungewöhnlichen, Weinpreisliste. Und außerdem: Sekte, Traubensaft und Brände. Die Momentaufnahme des Kundengeschmacks zur Zeit der Bucherstellung weist «Lieblich» mit 45% Anteil noch «vorn» aus, «Trocken» und «Halbtrocken» haben aber mit 30% und 25% steigende Tendenz. Ein trockener Riesling Kabinett kostet um 6,60 DM.

Weingut Oek.-Rat Johann Geil I. Erben, Bechtheim

Besitzer:
Monika und Karl Geil-Bierschenk

6521 Bechtheim
Postfach 7
☏ 0 62 42/15 46

Bestockte Rebfläche
19,9 ha

Spezialität:
frisch-fruchtige Weine

Ein junges Besitzerehepaar in einem alten Haus, in dem der berühmte Vorfahr schon vor der Jahrhundertwende Wein auf Flaschen füllte. 20 Hektar sind heute im Familienbesitz, Riesling zu einem Viertel, auch Kerner, Silvaner, Müller-Thurgau, Spätburgunder und Portugieser mit größeren Anteilen. 6,20 DM kostet die Flasche Riesling Kabinett, und Kunde ist vor allem der Endverbraucher, Hauptabsatzweg also die Direktvermarktung.

Da hilft bei Weinproben (bis 20 Personen nach Anmeldung) sicherlich die besondere Atmosphäre des traditionsreichen Hauses mit alten Holzfässern und neuen Edelstahltanks. Da hilft auch die betonte «Frucht» und die, durch vergleichsweise frische Weine, garantierte Lagerfähigkeit. Ein Viertel der Weine wird inzwischen trocken ausgebaut (Tendenz steigend), nur 5% halbtrocken und 70% lieblich.

Anfahrt:
B 9 oder A 61, Abfahrt Gundersheim

Erstmals bei der DLG-Bundesweinprämierung 1951

Weingut Helmut und Heinfried Peth, Bermersheim

Besitzer:
Helmut und Heinfried Peth, weitere Ansprechpartner: Ehefrauen Peth

6525 Bermersheim
Wormser Str. 24
☏ 0 62 44/44 17

Bestockte Rebfläche
9 ha

Spezialität:
Winzersekt Riesling brut und Morio Muskat halbtrocken

Anfahrt:
A 61, Abfahrt Gundersheim

Erstmals bei der DLG-Bundesweinprämierung 1985

Über 50 Weine der Sorten Müller-Thurgau (20%), Portugieser (20%), Silvaner, Riesling, Scheurebe, Huxelrebe und Gewürztraminer (je 10%) und drei Sekte sind im aktuellen Angebot der Familie Peth. Die Reben wachsen auf 9 Hektar der Gemeinden Westhofen, Gundersheim und Bermersheim und werden in Holzfässern, Beton- und Kunststoffgebinden größtenteils lieblich (60%) ausgebaut. Der «Trocken»-Anteil liegt bei 30%, mit steigender Tendenz. Bis zu 60 Personen sind werktäglich im Weingut zur Probe willkommen, nach Vereinbarung auch Samstagvormittag und Sonntagnachmittag. Die intensive Kundenbetreuung im Weingut ist wohl der Hauptgrund, daß fast ausschließlich direkt an den Endverbraucher geliefert wird. Eine Scheurebe Kabinett kostet 4,60 DM. Besondere Beachtung verdienen neben trockenen Spätlesen halbtrocken ausgebaute Gewürztraminer Auslesen.

Weingut Linus Haub, Bodenheim

Besitzer:
Linus Haub,
weiterer
Ansprechpartner:
Frau Haub

6501 Bodenheim
Mainzer Str. 16
☏ 0 61 35/22 33

Bestockte
Rebfläche
4,6 ha

Spezialität:
Spät- und
Auslesen im
Holzfaß
ausgebaut

Erstmals bei der
DLG-Bundes-
weinprämierung
1961

Der 11. Juni 1986 war ein großer Tag in der langen Geschichte des Weingutes Linus Haub. Nach drei Bundesehrenpreisen in Bronze erhielt der Winzer an diesem Tag den Ehrenpreis in Silber. Zum großen Erfolg hatte die Natur mit den rechten Gewächsen aus fünf Jahrgängen beigetragen, den wichtigsten Beitrag aber leistete Linus Haub selber, ein Mann, der sich in der Gemeinschaftsarbeit für den Weinbau engagiert, der aber seine Hauptaufgabe unverändert in der Bereitung außergewöhnlicher Weinqualitäten sieht.

Dazu stehen ihm von 4,6 Hektar Rebland vor allem Riesling, Silvaner und Huxelrebe zur Verfügung. Daneben auch Ruländer, Bacchus, Scheurebe, Müller-Thurgau, Kerner und einige andere Neuzüchtungen im Weißwein-Bereich. Zwei Rotweinsorten der traditionellen Geschmacksrichtung ergänzen das Angebot, ein Weinspektrum, das vom Qualitätswein bis zur

Trockenbeeren-auslesen in sehr kleinen Holzfäßchen

Trockenbeerenauslese reicht und nach dem Credo des Erzeugers vom einfachsten bis zum edelsten Wein die gleiche Sorgfalt beim Ausbau erfahren muß.

Gleiches gilt auch für die drei Geschmacksrichtungen, wenn auch «Lieblich» mit einem größeren Anteil vertreten ist.

Anfahrt: B 9 oder A 60, Abfahrt Wersenau

Spätlesen und Auslesen ist zur intensiveren Reifung das Holzfaß vorbehalten (für die Edelweine mit geringen Mengen gibt es kleinste Holzfässer – schön anzuschauen!), während die meisten anderen Weine in Edelstahl- und Kunststofftanks ausgebaut werden.

Die Verbindung zu den Edelweinen wurde dem Linus Haub mit der Geburt im «Jahrhundertjahrgang» 1921 gleichsam in die Wiege gelegt. So erleben Probengäste (bis 60 Personen, kein Ruhetag) hochedles Ausgezeichnetes – aber auch – siehe oben – leichte Weine (Riesling Kabinett um 6 DM).

Oberstleutnant Liebrecht'sche Weingutsverwaltung, Bodenheim

Besitzer:
Fritz Nacke und
Erika Müller

6501 Bodenheim
Rheinstr. 30
☏ 0 61 35/23 01
und 54 73

Bestockte
Rebfläche
12,5 ha

Der Gründer des Weingutes, das heute in dritter Generation im Familienbesitz ist, war Berufsoffizier und gehörte nach seiner Pensionierung zu den Pionieren des Verbandes Deutscher Naturweinversteigerer, dem Vorgänger des Verbandes deutscher Prädikatsweingüter. Die Rebfläche verteilt sich auf so bekannte Bodenheimer Lagen wie «Silberberg», «Hoch», «Burgweg» und andere. Die Böden zu 35% steilen, zu 55% geneigten und zu 10% flachen Lagen wechseln von leichtem Lehm bis zu schwerem Löß-Letten. Auf den wasserhaltigen, schweren Böden wachsen hier in sehr trockenen, heißen Jahren vor allem vollreife, fruchtige und dabei bukettreiche Rieslinge.

Ges. geschützt!

Spezialität:
Weißer Burgunder trocken, Riesling, Kanzlerrebe Spätlese

Weinproben auch in größerem Rahmen

Anfahrt:
A 63, Abfahrt Bodenheim

Erstmals bei der DLG-Bundesweinprämierung 1952

Als Hauptrebsorten werden Riesling (50%) und Silvaner (25%) angebaut, in kleineren Mengen Kerner, Scheurebe, Weißburgunder, Ruländer und Rotweinsorten. Der Anteil trockener und halbtrockener Weine liegt bei jeweils 30% mit steigender Tendenz. Die gesamte Gemarkung ist flurbereinigt. Der Betrieb kann deshalb mit modernster Technik arbeiten und wird nach den neuesten Erfahrungen bewirtschaftet. Die Weine werden zu 70% auf Flaschen gefüllt und zum größten Teil direkt an den Endverbraucher verkauft. Aber auch Weinhandel und die gehobene Gastronomie sind Kunden. Zur Preisorientierung: Eine Flasche Riesling Kabinett kostet 6 DM. Im Export werden hauptsächlich Japan, England und die USA beliefert. Der wunderschöne, neu renovierte Gutshof, ein sehenswertes Jugendstilgebäude, und die Weinberge können nach Anmeldung besichtigt werden. Weinproben sind bis zu 50 Personen möglich.

Weingut Wilfried Geil, Eimsheim

Besitzer:
Wilfried Geil,
weiterer
Ansprechpartner:
Hannelore Geil

6501 Eimsheim
Mittelstr. 14
☏ 0 62 49/23 80

Bestockte
Rebfläche
21 ha

Spezialität:
Silvaner und
Riesling

Die Tradition der Winzerfamilie begann am 19. 2. 1760, denn an diesem Tag vermählte sich Johannes Geil in Selzen mit Maria Katharina Zimmermann aus Eimsheim und wurde damit Namensträger des Weingutes. Seit dieser Zeit sind die Geils Winzer mit Rebland in sechs Gemeinden. Wilfried und Hannelore Geil bewirtschaften heute stattliche 21 Hektar in der 7. Generation. Neben Silvaner (39%), Riesling (25%), Müller-Thurgau (20%) und Scheurebe (10%) bauen sie auf den Lößlehm-Böden die Rotweinsorten Portugieser und Spätburgunder an.

Sämtliche Trauben – ob weiß oder rot – werden vor dem Keltern abgebeert. Die Weine werden zum Teil in Holzfässern zur Hälfte lieblich und zu je einem Viertel trocken und halbtrocken ausgebaut. Abnehmer sind Endverbraucher, Gastronomie und Weinfachhandel. Zur Preisorientierung: Bacchus Kabinett kostet 6,50 DM. Weinproben sind bis zu 80 Personen möglich.

Anfahrt:
B 9 über
Guntersblum

Erstmals bei der
DLG-Bundes-
weinprämierung
1962

Weingut Keller, Flörsheim-Dalsheim

Besitzer:
Erwin und Klaus Keller, weiterer Ansprechpartner: Hedwig Keller

6523 Flörsheim-Dalsheim
Bahnhofstr. 1
☎ 0 62 43/4 56

Bestockte Rebfläche
10 ha

Spezialität:
Rotweine im Holzfaß gereift

Anfahrt:
A 61, Abfahrt Worms-Mörstadt

Erstmals bei der DLG-Bundesweinprämierung 1963

Die Familie stammt aus der Pfalz, ist aber seit 1789 in Dalsheim ansässig. Heute betreiben die Kellers auf 10 Hektar Rebfläche in der neunten Generation Weinbau. Und auch die beiden Söhne, die zehnte Generation also, helfen schon fleißig mit – ein Familienbetrieb «aus dem Bilderbuch», in dem vier Generationen unter einem Dach mit dem Wein und für den Wein leben und zusammenarbeiten. Neben den Weißweinsorten Riesling, Müller-Thurgau und Bacchus (je 10% Anteil) werden zu 30% Rotweinsorten angebaut. Die «Weißen» reifen in Kellers Keller im Tank, die «Roten» im Holzfaß. Mit 65% liegt der Schwerpunkt der Geschmacksrichtungen bei «lieblich», die «halbtrockenen» sind mit 20% vertreten, bei steigender Tendenz. Gäste (bis zu 25 Personen) sind im Weingut jederzeit willkommen. Zur Preisorientierung: Kerner Kabinett kostet 6 DM.

Weingut Schales, Flörsheim-Dalsheim

Besitzer:
Heinrich Schales sen. und Heinrich jun., Arno und Kurt Schales

6523 Flörsheim-Dalsheim
Alzeyer Str. 160
☏ 0 62 43/70 03

Tradition noch und noch, seit Christian Schales 1783 das Weingut gründete. Und eine «Familien-Familie» von Patrizier-Zuschnitt mit Dorf-Verbindung: drei Generationen unter einem Dach, die Eltern, die drei Söhne, deren Ehefrauen und Kinder. Und ein Weinmuseum, und Raritäten-Proben, Weinmessen und Versteigerungen im Haus, altes Gemäuer . . .

Andererseits: Zeitgemäßes Marketing mit sehr aufwendigen Schriften in Deutsch, Englisch und Japanisch (30% Exportanteil). Vor allem aber:

Im Bild: Überreichung einer Ehrenurkunde zum 200jährigen Jubiläum

Bestockte Rebfläche 36 ha

Spezialität: Siegerrebe für Desserts und als Apéritiv

Weinmuseum für Weinmessen und Weinproben

Pionier auf dem Gebiet Essen und Wein

Anfahrt: A 61, Abfahrt Worms-Mörstadt, weiter über die B 271

Erstmals bei der DLG-Bundesweinprämierung 1959

Das Weingut gehört zu den ersten deutschen Weingütern, die ihre Chance in der Verbindung «Essen und Wein» nutzten. «Die Weingut-Schales-Harmonie bei Tisch» sagte schon früh in Wort und Bild, was wozu paßt – und bot von den 36 Hektar Rebland die richtigen Weine dazu. Trockene Auslesen zu kräftigen Speisen stehen ebenso schon seit einigen Jahren zur Wahl wie zum Beispiel die süße Siegerreben-Auslese zu süßen Desserts oder der wuchtige Gewürztraminer zu intensivem Blauschimmel-Käse.

Für die Probengäste des Hauses können an der schönen Tafel im eigenen Weinmuseum Speisen gerichtet werden, und bei so vielen Familienmitgliedern ist auch, mit Ausnahme der Wochenend-Nachmittage, immer eine sehr persönliche Betreuung gewährleistet.

Weitere Charakteristika: Riesling, Müller-Thurgau, Siegerrebe, Weißer Burgunder sind in dieser Reihenfolge die Haupt-Rebsorten. Sie werden zu je 20% trocken und halbtrocken, zu 40% lieblich ausgebaut.

Eine Flasche Riesling-Kabinett ist für 7 DM zu erstehen.

Weingut Ohnacker-Döß, Flörsheim-Dalsheim

Besitzer:
Wolfgang und
Elfriede Döß

6523 Flörsheim-
Dalsheim
Alzeyer Str. 80
☎ *0 62 43/3 33*

Bestockte
Rebfläche
19,5 ha

1971 haben die Eheleute Ohnacker-Döß das Weingut gekauft, und bereits im vierten Jahr nahmen sie erstmals bei der DLG-Bundesweinprämierung teil – erfolgreich. «Wir stehen zu unseren lieblichen Weinen, denn wir trinken sie selbst gerne», so die Aussage der Familie Döß. 70% ihrer Weine von 19,5 Hektar Rebfläche werden lieblich ausgebaut. Die restlichen 30% teilen sich «trocken» und «halbtrocken» zu gleichen Teilen. Neben den Weißweinsorten Müller-Thurgau (25%) und Riesling (20%) stehen die «Roten» Spätburgunder, Herold und Dornfelder (je 15%) im Ertrag. Weißburgunder und Gewürztraminer sind im Rebsortenangebot die Ausnahme, aber bei den Kunden als Spezialitäten beliebt. Alle Weine werden individuell und sortentypisch ausgebaut, der beliebte Weißburgunder beispielsweise trocken. Zur Preisorientierung: Kabinett-Weine kosten 4,50 DM die Flasche.

Anfahrt:
A 61, Abfahrt
Worms-
Mörstadt,
über die B 271

Erstmals bei der
DLG-Bundes-
weinprämierung
1975

Weingut Ernst-Edwin Hinkel, Framersheim

Besitzer:
Ernst-Edwin und Roland-Frank Hinkel

6509 Framersheim
Kirchstr. 53
☎ 0 67 33/3 68

Bestockte Rebfläche 18 ha

Spezialität:
auf der Maische vergorene Rotweine

Anfahrt:
A 61, Abfahrt Alzey

Erstmals bei der DLG-Bundesweinprämierung 1969

Die Familie trinkt «trocken». Rebsorten-Favoriten gibt es dabei nicht. Riesling, Silvaner, Kerner, Bacchus, Würzer, Huxelrebe, Portugieser, Burgunderarten und einige andere sind im Ausbau. Vater Ernst-Edwin Hinkel und Sohn Roland-Frank stehen zu den «Neuen»; die Kunden sind genauso fasziniert, bisher unbekannte Geschmacksnuancen zu entdecken, wie die Winzer selbst. Probiert wird im Weingut. Der Junior: «Das ist bei unseren Weinfreunden wie bei uns: Mit dem andauernden Kontakt zum Betrieb wächst die Vorliebe für trockene Weine.» Der «Lieblich»-Anteil (jetzt 55%) geht zurück. Weitere Kenndaten: 50 Hektar Landwirtschaft, davon 18 Hektar Rebland. Maischegärung für Rotweine. Weiße Spitzenqualitäten nur im Holzfaßausbau. Weingut im Familienbesitz seit 1700. Rote und weiße Sekte aus eigenen Weinen. Riesling Kabinett kostet 5,30 DM.

Weingut Christian-Wilhelm Bernhard, Frei-Laubersheim

Besitzer:
Christian-Wilhelm Bernhard,
weiterer Ansprechpartner:
Hartmut Bernhard

6551 Frei-Laubersheim
Ph.-Wehr-Straße 31–33
☏ 0 67 09/2 30

Bestockte Rebfläche
5 ha

Spezialität:
Auxerrois, fruchtig-rassige Riesling-Weine

Anfahrt:
A 61, Abfahrt Gau-Bickelheim, über Wöllstein

Erstmals bei der DLG-Bundesweinprämierung 1966

Vor 400 Jahren kamen die Bernhards aus dem niederländischen Brabant nach Frei-Laubersheim, wo sie seitdem als Winzerfamilie ansässig sind. Auf 5 Hektar Rebland und unterschiedlichen Böden wie Tertiärkies, Porphyrgestein, Lehm, Ton und Löß ernten sie hauptsächlich Silvaner (50%) und Riesling (25%), daneben aber auch Kerner, Müller-Thurgau und einige andere Sorten. Als Spezialität gilt die Auxerrois, seit Jahrzehnten ein sicherer Medaillen-Gewinner des Weingutes. Die Weine werden im traditionellen Holzfaß zu 55% lieblich, zu 25% halbtrocken und zu 20% trocken ausgebaut. Die Bernhards sind auf die heimatgeschichtlichen und geologischen Funde aus ihren Weinbergen sehr stolz, so zeigt das Etikett die berühmte «Frei-Laubersheimer Runen-Fibel» aus dem 6. Jahrhundert. Weinproben sind immer möglich (bis zu 24 Personen). Ein Riesling Kabinett kostet 4,80 DM.

Zentralkellerei Rheinischer Winzergenossenschaften eG, Gau-Bickelheim

Direktor:
Bernhard Zipp,
weitere
Ansprechpartner:
Josef Hollenbach
und
Rudolf Stettler

6551 Gau-Bickelheim
Wöllsteiner Straße
☏ 0 67 01/15 15

Spezialität:
lagen- und sortentypisch ausgebaute Weine – sehr breites Angebot

Anfahrt:
A 61, Abfahrt Gau-Bickelheim

Erstmals bei der DLG-Bundesweinprämierung 1968

«Rheinische» Zentralkellerei, da Genossenschaftswinzer aus zwei Weinanbaugebieten – Rheinhessen und Rheingau – zum Erfassungsgebiet gehören. In Rheinhessen erfaßt die Zentralkellerei die Trauben der Mitglieder in 16 Kelterstationen. In den Kellern der «Zentrale» lagern Weine von insgesamt 6000 Winzern der beiden Anbaugebiete. Bei den Rebsorten führen Müller-Thurgau (30%) und Silvaner (20%). Zusammen mit vielen anderen bieten sie ein breit gefächertes Angebot. Der Anteil der lieblichen Weine überwiegt (80%) – es gibt jedoch auch trockene Weine aus dem Holzfaß. Kunden sind herzlich willkommen, Proben können für bis zu 60 Personen durchgeführt werden (nach Anmeldung). Eine Flasche Scheurebe Kabinett kostet 3,40 DM.

Weingut Friedrich Hartmann, Horrweiler

Besitzer:
Philipp Hartmann,
weitere Ansprechpartner:
Katharina Hartmann und Karsten Marfilius

6537 Horrweiler
Aspisheimer Straße 25
☏ 0 67 27/3 40

Bestockte Rebfläche
3,4 ha

Spezialität:
Auslesen und Spätlesen gezielt restsüß ausgebaut

Anfahrt:
A 61, Abfahrt Gau-Bickelheim

Erstmals bei der DLG-Bundesweinprämierung 1975

Seit 1951 bewirtschaftet die Familie Hartmann das 3,4 Hektar große Weingut. Sie tut das mit einem Engagement, das nicht nur in Horrweiler bekannt ist, sondern auch die Beliebtheit bei den zahlreichen Kunden ausmacht, die den Wein hier direkt beziehen. Das alte Haus wurde immer wieder modernisiert und erweitert, so daß heute eine gemütliche, rustikal eingerichtete Weinstube Platz für familiäre Weinproben bis zu 15 Personen bietet. Silvaner (20%), Müller-Thurgau (15%) und Scheurebe (16%) führen den Rebsortenspiegel an, Kerner, Bacchus, Huxelrebe, Faberrebe, Ruländer und Portugieser folgen mit kleineren Anteilen. Die Weine sind zum größten Teil (87%) lieblich ausgebaut. Als Orientierungshilfe für den Kunden werden in der Preisliste die Restzucker- und Säurewerte für jeden Wein angegeben. Ein Faberrebe-Bacchus Kabinett kostet 4,10 DM.

Weingut Rodensteinerhof, Ingelheim, Julius Wasem und Söhne

Besitzer:
Familie Wasem,
Ansprechpartner:
Gerhard und
Jochen Wasem

6507 Ingelheim
Edelgasse 3
☏ 0 61 32/22 20

Bestockte
Rebfläche
14,2 ha

Spezialität:
im Holzfaß
ausgebaute
Rotweine

Anfahrt:
A 60, Abfahrt
Ingelheim Ost
oder West

Erstmals bei der
DLG-Bundes-
weinprämierung
1964

Ingelheim gilt als Rheinhessens Rotwein-Metropole; die Wasem-Brüder Gerhard und Jochen haben mit kernig-durchgegorenen, dabei säurearmen roten Gewächsen zu diesem Ansehen beigetragen. Spät- und Frühburgunder sowie Portugieser stehen auf 50% der sandig-lehmigen bis steinigen Böden. Sie gedeihen in den für sie besten Lagen und werden sämtlich trocken und im Holzfaß ausgebaut. (Kein Entsäuern – wenn nötig, biologischer Säureabbau durch Wärme.)

70% der Weine sind heute trocken und halbtrocken. Das gilt auch für die weißen Sorten wie Riesling (20%), Silvaner und Müller-Thurgau (je 10% Anteil). Ein trockener Spätburgunder-Kabinett kostet um 8 DM. Interessant, daß die Wasems ihren Kunden (Proben bis 30 Personen – außer sonntags) abraten, die höheren Trocken-Qualitäten zum Essen zu genießen: Die Speisen könnten die Feinheiten der Weine verdecken.

Weingut Diehl-Blees, Jugenheim

Besitzer:
Familie
Diehl-Blees

6501 Jugenheim
Hauptstr. 7
☏ 0 61 30/4 03
und 4 01

Bestockte
Rebfläche
7 ha

Spezialität:
Rotweine,
Riesling und
besondere
Neuzüchtungen

Anfahrt:
A 63, Abfahrt
Nieder-Olm, über
Stadecken-
Elsheim

Erstmals bei der
DLG-Bundes-
weinprämierung
1966

Bereits 1579 wurde das Weingut urkundlich erwähnt. Den heutigen Namen erhielt der Betrieb, als 1981 der Neffe (Herr Blees) mitaufgenommen wurde. Seitdem bewirtschaftet man gemeinsam die 7 Hektar Rebfläche, auf der Müller-Thurgau (20%), Portugieser (20%), Riesling (15%) und in geringeren Anteilen auch andere Sorten im Anbau sind. Drei «Steckenpferde» werden als Spezialitäten gepflegt: Rotweine, Riesling und besondere Neuzüchtungen. Die «Roten» und der Riesling reifen im Holzfaß. Die drei Geschmacksrichtungen stehen jeweils zu einem Drittel im Weinangebot, das durch Winzersekt erweitert ist. Im schönen, 1701 erbauten Fachwerkhaus können Besucher nach Anmeldung (Sonntag Ruhetag) auch selbstgeschnitzte Ornamente bewundern – Weinproben bis zu 35 Personen. Zur Preisorientierung: Riesling Kabinett wird zu 4,50 DM angeboten.

Weingut Adolf und Rainer Schick, Jugenheim

Besitzer:
Rainer Schick,
weitere
Ansprechpartner:
Adolf und
Edith Schick

6501 Jugenheim
Marktplatz 1
☏ 0 61 30/2 56

Bestockte
Rebfläche
11,5 ha

Spezialität:
fruchtige, nicht
zu schwere
Portugieser und
Spätburgunder

Anfahrt:
A 63, Abfahrt
Nieder-Olm,
über Stadecken-
Elsheim

Erstmals bei der
DLG-Bundes-
weinprämierung
1962

Rege waren die Schicks schon immer, das beweist eine Eintragung von 1590 im ersten Kirchenbuch der Gemeinde. Da wird Georg Schick als Müllermeister, Landwirt, Gerichtsschöffe und Kirchenvorsteher genannt. Die Familie betrieb bis 1820 die «Stadtmühle», von da an widmete sie sich ausschließlich der Landwirtschaft und dem Weinbau. Auf 11,5 Hektar kalkhaltigen Mergelböden wachsen heute Riesling (20%), Müller-Thurgau (18%) und Scheurebe (12%), daneben Gewürztraminer, Kerner, Faber, Huxelrebe, Siegerrebe und die Rotweinsorten Portugieser und Spätburgunder. Die «traditionellen» Rebsorten werden überwiegend trocken ausgebaut (30% Anteil), die Neuzüchtungen zum großen Teil lieblich und halbtrocken. In der gemütlichen, mit alten Möbeln ausgestatteten Probierstube sind Gäste (bis zu 45 Personen) nach Voranmeldung willkommen. Zur Preisorientierung: Riesling Kabinett kostet 4,50 DM.

Weingut Gerhard und Hugo Koch, Mettenheim

Besitzer:
Gerhard und Hugo Koch,
weitere Ansprechpartner:
Lena und Irmgard Koch

6521 Mettenheim
Gartenstr. 21
☏ 0 62 42/15 86 und 51 86

Bestockte Rebfläche 5 ha

Spezialität:
Rebsorten Huxelrebe, Kanzlerrebe, Würzer und Bacchus

Anfahrt:
Über die B 9

Erstmals bei der DLG-Bundesweinprämierung 1972

Die Frage «leicht» oder «kräftig» geht quer durch die Familie. Das Weingut wird von dem Brüderpaar Gerhard und Hugo Koch mit den Ehefrauen Lena und Irmgard gemeinsam bewirtschaftet. Während der erste leichte Kabinettweine bevorzugt, liebt der den Keller betreuende Bruder Alkoholreicheres. Auf den unterschiedlichen Böden gedeihen mit den verschiedensten Rebsorten für beide Geschmacksrichtungen die richtigen Weine, wobei Müller-Thurgau (24%), Riesling (17%) und Kerner (12%) die größten Anteile haben. Alle Rieslinge werden grundsätzlich im Holzfaß ausgebaut, bei den anderen Rebsorten gilt diese Reifeart für die Prädikatsweine (Riesling Kabinett ist um 5 DM für die Flasche zu haben).

Außer sonntags sind Besuchergruppen bis 20 Personen im Kaminzimmer zur Probe willkommen – mit Kaminfeuer, wenn Wetter und Stimmung danach sind. Die Gäste bevorzugen «lieblich» – 66%, steigend.

Weingut Karl Ludwig Schäfer, Mettenheim

Besitzer:
Karl Ludwig Schäfer

6521 Mettenheim
Kellerweg
☏ 0 62 42/23 64

Bestockte Rebfläche
8,1 ha

Spezialität:
fruchtige Weine mit ausgewogenem Süße-Säure-Verhältnis

Anfahrt:
Über die B 9

Erstmals bei der DLG-Bundesweinprämierung 1961

Flaschenweine seit 1925, aber etwa zwei Drittel der Ernte von den 8,1 Hektar Rebland wird immer noch als Faßwein verkauft. Die «Weine für die Flasche» haben im wesentlichen vier Namen: Siegerrebe und Riesling, die auf jeweils etwa 1,5 Hektar stehen, Silvaner und Scheurebe. Der von Natur aus säurearme Most der Siegerrebe kommt zum Vergären in den Drucktank, damit die Säure und, mit der Gärunterbrechung durch Druck, auch ein Teil der Süße erhalten bleiben. Dieses Verfahren garantiert den beliebten, fruchtigen Geschmackstyp der Kategorie «lieblich» (80% Anteil). Jeweils 10% entfallen auf «Trocken» und «Halbtrocken», Ausbauarten, die hier weitgehend dem Riesling und dem Silvaner vorbehalten sind. Ein Zehntel der unter anderem auf Lößlehm aber auch auf Sandboden gewachsenen Weine geht in die USA, rund 45% direkt an den Endverbraucher. Gäste sind zu Proben in kleinem Kreis willkommen (max. zwölf Personen). Silvaner Kabinett kostet 4,80 DM.

Weingut Christian Hagmaier, Mölsheim

Besitzer:
Christian Hagmaier, weiterer Ansprechpartner: Waltraud Hagmaier

6521 Mölsheim
Am Heckel 4
☏ 0 62 43/78 65

Bestockte Rebfläche
7 ha

Spezialität:
im Holzfaß gereifte Weine

Anfahrt:
A 61, Abfahrt Worms/Mörstadt, über Flörsheim-Dalsheim

Erstmals bei der DLG-Bundesweinprämierung 1978

Ein Schwabe aus einem Weinbauort bei Heilbronn ging «ins Rheinhessische» und gründete dort 1927 einen Weinbaubetrieb. 1968 übernahm der Sohn das Unternehmen und baut nun auf 7 Hektar Lößböden eine Reihe von Rebsorten an, unter denen aber vier besondere Bedeutung haben, weil sie auch bevorzugt auf Flaschen gezogen werden (50% Faßweinverkauf). Es sind (mit Anbauanteilen): Silvaner (20%), Riesling (15%), Müller-Thurgau (15%) und Portugieser (10%). Sie werden, nach Eignung, in Holzfässern oder Kunststofftanks ausgebaut – zu jeweils 20% trocken und halbtrocken und zu 60% lieblich. Tendenz: steigend bei «trocken». Die Direktvermarktung ist vor dem Gastronomieverkauf wichtigster Vertriebsweg – mit kleinen Probenrunden von höchstens acht Personen und einem Flaschenpreis für Riesling Kabinett von 4 DM.

Weingut Margarethenhof, Karl Ochs, Monsheim

Besitzer:
Karl, Margarethe und Alfred Ochs

6521 Monsheim
Auf dem Pabst
☏ 0 62 43/85 43

Bestockte Rebfläche 7,5 ha

Spezialität: auf der Flasche gereifte Weine

Anfahrt: A 61, Abfahrt Worms/Mörstadt

Erstmals bei der DLG-Bundesweinprämierung 1978

Die Hälfte der Weine wird unter der Großlagenbezeichnung «Domblick» vermarktet, weil man vom Margarethenhof bis nach Worms blicken kann. 5 Hektar Rebfläche umgeben das Haus als geschlossenes Areal. Bemerkenswert sind die 5000 Obstbäume, die Karl Ochs pflanzte – fürs Auge, wegen des Ertrages und als Windschutz für die Reben. Müller-Thurgau (27%), Scheurebe (14%) und Silvaner (10%) sind die Hauptrebsorten; Faber, Kerner, Bacchus, Huxelrebe, Portugieser und Spätburgunder ergänzen das Angebot. Interessierte Weinfreunde, die jederzeit zur Probe willkommen sind (bis zu 100 Personen), können auf dem privaten Weinlehrpfad 25 verschiedene Rebsorten kennenlernen. Die Weine werden meist «lieblich» (60%) ausgebaut, die «Trockenen» liegen bei 25%. Zur Preisorientierung: Silvaner Kabinett kostet 6,50 DM.

Weingut Eugen Wehrheim, Nierstein

Besitzer:
Klaus Wehrheim, weiterer Ansprechpartner: Hilde Wehrheim

6505 Nierstein
Mühlgasse 30
☎ 0 61 33/ 5 81 25

Bestockte Rebfläche 10 ha

Spezialität: ausschließlich im Holzfaß ausgebaute Weine

Anfahrt: Über die B 9

Erstmals bei der DLG-Bundesweinprämierung 1959

Das Familienweingut hat Weinbautradition seit 1693. Die meisten Weinberge der insgesamt 10 Hektar sind, trotz Realteilung und Flurzersplitterung, seit 1800 im Familienbesitz. Selbst bei den Rebsorten hat sich nicht allzuviel geändert. Zwar haben auch Müller-Thurgau, Kerner und Siegerrebe Anteile zwischen 5% und 12%, dominierend aber sind nach wie vor die bewährten Sorten Riesling (44% – Kabinett kostet 7 DM) und Silvaner (26%). Zum Bild des Traditionsgutes paßt auch, daß alle Weine zur Reife in das Holzfaß kommen. (Ausbauanteile: 15% trocken, 10% halbtrocken, 75% lieblich.) Neu sind Weinproben in Verbindung mit Weinwanderungen (bis 180 Personen) und die «Niersteiner Wochenenden für Weinfreunde».

Bezirkswinzergenossenschaft «Rheinfront» eG., Nierstein

Geschäftsführer: Heinrich Lehrbach, weiterer Ansprechpartner: Kellermeister Benno Kippes

6505 Nierstein 1
Karolingerstr. 6
☎ 0 61 33/51 15

Bestockte Rebfläche 270 ha

Spezialität: Weine aller Qualitäten von Q. b. A. bis Trockenbeerenauslese, auch Eiswein

Anfahrt: Über die B 9

Erstmals bei der DLG-Bundesweinprämierung 1961

«Rheinfront» steht als Name für das traditionelle Edelweingebiet Rheinhessens. Mitten drin liegt Nierstein, wo sich im Jahr 1930 einige Winzer zur Winzergenossenschaft zusammentaten. Daraus wurde eine große Bezirkswinzergenossenschaft mit heute 440 Mitgliedern und 270 Hektar Rebland. So erscheinen auf der Weinliste auch die Orte Zornheim, Dexheim, Undenheim, die meisten Angebote aber tragen berühmte Niersteiner Namen.

30% der Erzeugung wird vorwiegend an den Endverbraucher vermarktet (70% Faßwein) – vom frisch gekelterten Traubensaft über den trockenen «Rheinhessen Silvaner» bis zum «Niersteiner Ölberg Riesling Eiswein». Müller-Thurgau (Kabinett 4,60 DM) und Silvaner haben mit jeweils etwa einem Drittel die größten Anteile, und der liebliche Wein dominiert mit 80%. – Weinproben bis 100 Personen.

Weingut Karl Wilhelm Müller, Ockenheim

Besitzer:
Karl-Wilhelm Müller,
weiterer Ansprechpartner:
Eckhard Müller

6531 Ockenheim
Bahnhofstr. 43
☏ 0 67 25/25 03

Bestockte Rebfläche 12,5 ha

Spezialität: traditionelle Rebsorten im Holzfaß ausgebaut

Anfahrt: A 61, Abfahrt Ingelheim West oder über Bingen

Erstmals bei der DLG-Bundesweinprämierung 1966

Die siebte Generation führt heute 200 Jahre Weinbautradition fort, bearbeitet 12,5 Hektar Rebfläche, ist auch als Rebveredler tätig – und sorgt mit neuen Initiativen für eine intensive Flaschenwein-Direktvermarktung: Weinmesse im September mit der Vorstellung des neuen Jahrgangs. Sekt. Kleines Weinbaumuseum eigener Geräte. Weinproben (maximal 20 Personen) im 200 Jahre alten Gewölbekeller. Müller-Thurgau, Silvaner, Portugieser, Riesling und Scheurebe sind die wichtigsten Rebsorten. Sie werden (mit fallender Tendenz) lieblich (60%) und zu 15% beziehungsweise 25% trocken und halbtrocken ausgebaut (zum Teil im Holzfaß). – Ein Flasche Portugieser Kabinett kostet 4,50 DM.

Landes-Lehr- und Versuchsanstalt, Staatsweingut, Weinbaudomäne, Oppenheim

Besitzer:
Land Rheinland-Pfalz,
Ansprechpartner:
Direktor
Dr. Finger

6504 Oppenheim
Zuckerberg 19
☏ 0 61 33/20 90

Bestockte Rebfläche
25 ha

Selten sind alt und neu im deutschen Weinbau so augenfällig nebeneinander wie hier: Da ist der Neubau des Kelterhauses mit modernster Technik – und andererseits ein sehr gut bestücktes Museum: das «Deutsche Weinbaumuseum». Es gibt Edelstahl- und Kunststofftanks und natürlich Holzfässer, denn der Weinbaubetrieb soll ja auch im Ausbauvergleich ständig neue Erkenntnisse sammeln, die der Lehre zugute kommen. Das war schon 1885 so, als die Institution vom ehemaligen Großherzogtum Hessen «zum Zwecke der Beispielfunktion und Forschung für rheinhessischen Wein» gegründet wurde.

Auch Verbraucher können hier viel über Vergangenheit, Gegenwart und Zukunft vor allem des rheinhessischen Weines lernen. Sie werden, nach Anmeldung, gern durch die Weinberge geführt und zur Weinprobe geladen. Bis zu 60 Personen haben Platz. Das Lesegut kommt von 25 Hektar Weinbergen der Gemarkungen Oppenheim, Nierstein und Dienheim, zur Hälfte von Riesling-Reben, und es wird zu 70% lieblich, jeweils 15% (mit steigender Tendenz) trocken und halbtrocken ausgebaut.

Preisbeispiel: Eine Flasche Riesling Kabinett kostet 6,20 DM. Anfahrt über die B 9. Erstmals bei der DLG-Bundesweinprämierung 1977.

Osthofen

Weingut Arnsteiner Gült, Otto Glaser und Sohn, Osthofen

Besitzer:
Otto und Jürgen Glaser,
weitere Ansprechpartner:
Gerda und Katharina Glaser

6522 Osthofen
Friedrich-Ebert-Straße 36
☎ 0 62 42/22 30

Bestockte Rebfläche
14,5 ha

Spezialität:
Osthofener Liebenberg Riesling Sekt trocken

Anfahrt:
A 61, Abfahrt Gundersheim, oder B 9, Abfahrt Osthofen

Erstmals bei der DLG-Bundesweinprämierung 1972

Die Geschichte erklärt den Namen des Weinguts: Vom 15. bis zum 19. Jahrhundert erzeugten Mönche des Klosters Arnstein an der Lahn hier ihren Meßwein («Gült» – der Zehnte für das Kloster). Nach der Säkularisation übernahm die Familie Glaser das Weingut – schon 1866 exportierte man an ausgewanderte Familienmitglieder nach Amerika.

Vater Otto (Winzermeister) und Sohn Jürgen (Weinbauingenieur) teilen sich die Arbeit in Weinberg und Keller. Im Anbau sind zahlreiche Rebsorten, die wichtigsten: Riesling (25%), Silvaner, Müller-Thurgau und Burgunderarten. Die Hälfte der Weine wird – sorgfältig und mit sowenig Chemie wie möglich – «lieblich» ausgebaut; je ein Viertel ist «trocken» oder «halbtrokken». Selbstabholer (Gäste sind an allen Werktagen willkommen) zahlen für einen Riesling Kabinett 5,40 DM).

Weingut Leckzapfen, Gutsverwaltung Otto Schill, Osthofen

Besitzerin:
Irmtraut Dimitrov-Schill

6522 Osthofen
Ludwig-Schwamb-Str. 9
☏ 0 62 42/8 22

Bestockte Rebfläche
17 ha

Spezialität:
Weine aus der Lage «Leckzapfen», die im Alleinbesitz des Weingutes ist

Anfahrt:
A 61, Abfahrt Gundersheim, oder B 9, Abfahrt Osthofen

Erstmals bei der DLG-Bundesweinprämierung 1956

Wer Osthofen in Richtung Bechtheim verläßt, kann sie nicht übersehen, die malerische, über einem Weinbergshang gelegene «Ritterburg» aus dem vergangenen Jahrhundert. Unter dem Schlößchen steht in großen Buchstaben der Name «Leckzapfen». Er bezeichnet nicht nur das Weingut, sondern auch den ummauerten und umzäumten Weinberg rund um das Schlößchen – es ist eine der besten Lagen Osthofens, traditionell im Alleinbesitz des Weingutes. Eine Geschichte erklärt den originellen Namen: So gut schmeckte einem Kellermeister der Wein aus dieser Lage, daß er auch noch den Zapfen des leeren Fasses ableckte! Das Weingut umfaßt heute 17 Hektar Weinberge – überwiegend Osthofener Lagen; Hauptrebsorte ist der Riesling. Vermarktet wird per Spedition oder Lieferwagen an die treue Privatkundschaft. Weinproben im Weingut werden daher nicht durchgeführt.

Weingut Adam Hemer, Schloßkellerei, Worms-Herrnsheim

Besitzer:
Adam Hemer

6520 Worms-
Herrnsheim
Emmerich-
Joseph-Str. 11
☏ 0 62 41/
5 10 38

Bestockte
Rebfläche
10 ha

Spezialität:
Riesling-Weine
im Holzfaß
gereift

Anfahrt:
A 61, Abfahrt
Worms-
Mörstadt,
Richtung Worms

Erstmals bei der
DLG-Bundes-
weinprämierung
1971

Immer in Bewegung – wie Winzermeister Adam Hemer selbst – ist das Weinkarussell im großen Probierraum. Alle Weine des umfangreichen Angebotes sind so immer griffbereit.

Etwa 90% stammen von den 10 Hektar eigenen Weinbergen. Hier wachsen neben vielen Neuzüchtungen (Kerner Kabinett für 5,50 DM) auch Müller-Thurgau (18%) und Riesling (15%). Die meisten Weine (70%) werden lieblich ausgebaut, je 15% trocken und halbtrocken.

Adam Hemer begann als Weinkommissionär und hat den Betrieb aus kleinsten Anfängen aufgebaut. 1977 errichtete er den Betriebsneubau mit seiner höchst modernen Fassadengestaltung. 95% der Weine gehen an Privatkunden. Die Hemers führen Weinproben für Gruppen bis zu 60 Personen durch, auf Wunsch auch mit Diavortrag, und sind auf Weinmessen in Mannheim, Köln, Herford und Leverkusen zu finden.

Worms
Bockenheim
Mühlheim
Grünstadt
Laumersheim
Kirchheim
Kleinkarlbach
Großkarlbach
Bissersheim
Weisenheim
am Sand
Weisenheim am Berg
Herxheim am Berg
Freinsheim
Ludwigshafen
Kallstadt
Erpolzheim
Ungstein
Pfeffingen
Ellerstadt
Bad Dürkheim
Friedelsheim
Wachenheim
Forst
Niederkirchen
Deidesheim
Ruppertsberg
Königsbach
Gimmeldingen
Haardt
Mußbach
Neustadt/Weinstr.
Speyer
Hambach
Duttweiler
St. Martin
Rhodt
Roschbach
Gleisweiler
Walsheim
Essingen
Nußdorf
Rhein
Siebeldingen
Landau
Eschbach
0
10 km

Die Rheinpfalz – Weinland der Superlative

«Eine glückliche Gegend . . . Man wird wie die Trauben reif und süß in der Seele.» So schilderte Johann Wolfgang von Goethe Anno 1779 die Pfalz, die eine Region der Superlative darstellt. Hier wurde der erste deutsche Weinlehrpfad angelegt, hier gibt es den angeblich ältesten Wingert der Welt, das größte Holzfaß – eine Gaststätte – und die mitgliederstärkste Weinbruderschaft. Auch das höchste Mostgewicht aller Zeiten (sage und schreibe 326 Grad Oechsle) wurde 1971 im südpfälzischen Nußdorf gemessen. Das Weinland ist lediglich in zwei Bereiche untergliedert. Das ist im nördlicheren Teil die «Mittelhaardt – Deutsche Weinstraße», wo nicht nur berühmte Rieslingweine, sondern auch bemerkenswerte Rote erzeugt werden. Im Süden schließt sich der Bereich «Südliche Weinstraße» an. Hier haben die Winzer und die Genossenschaften bewiesen, daß sie mit klassischen Sorten wie Riesling, Ruländer, Weißburgunder, Gewürztraminer und Spätburgunder umgehen können und daß auch ihr süffiger Portugieser höhere Ansprüche befriedigen kann.

Seite	Prämierungs-Betrieb	Bundes-Ehrenpreise seit 1961	Erzielte DLG-Preise 1985–87 insges.	Groß	Silber	Bronze
319	Bad Dürkheim, Gebrüder Bart, Weingut	1	19	42%	42%	16%
320	Bad Dürkheim, Fitz-Ritter, Weingut	2	24	38%	50%	12%
322	Bad Dürkheim, Fuhrmann-Eymael, Weingut Pfeffingen	8	22	77%	14%	9%
323	Bad Dürkheim, Hans Pflüger & Sohn, Weingut	–	21	29%	47%	24%
324	Bad Dürkheim, Winzergenossenschaft Vier Jahreszeiten Kloster Limburg eG	8	52	69%	21%	10%
326	Bad Dürkheim, Karl Schaefer, Weingut	1	21	62%	24%	14%
327	Bad Dürkheim-Ungstein, Helmut Bähr & Sohn, Weingut Bärenhof	1	18	39%	61%	–
328	Bad Dürkheim-Ungstein, Winzergenossenschaft Herrenberg-Honigsäckel eG	5	28	32%	47%	21%
329	Bockenheim, Klingel & Baum, Weingut	–	8	63%	–	37%
330	Deidesheim, Winzerverein Deidesheim eG	–	42	33%	55%	12%
331	Erpolzheim, Winzergenossenschaft eG Erpolzheim	–	26	65%	31%	4%
332	Ellerstadt, Heinrich Vollmer KG, Weinbau/Weinkellerei	–	23	57%	39%	4%
334	Essingen, Winfried Frey und Söhne, Weingut	–	20	55%	30%	15%
336	Eschbach, Aloys Schwartz & Sohn, Weingut	–	8	50%	50%	–
337	Forst, Werner Klein, Weingut Moßbacherhof	–	11	36%	36%	28%
338	Forst, Georg Mosbacher, Weingut Mosbacherhof	2	18	56%	39%	5%
339	Freinsheim, Günther Kissel & Sohn, Weingut	4	18	56%	39%	5%
340	Freinsheim, Wagner & Vetter, Weingut, Inh. Kurt Wagner	2	23	56%	22%	22%
341	Freinsheim, Winzerverein, Liebfrauenberg eG	2	50	44%	44%	12%
342	Friedelsheim, Winzergenossenschaft Friedelsheim eG	–	44	39%	39%	22%
343	Gleisweiler, Klaus Nicklis, Weingut	–	5	80%	20%	–
344	Großkarlbach, Karl und Hermann Lingenfelder, Weingut	–	14	50%	36%	14%
346	Grünstadt, Winzerkeller Leiningerland eG	2	24	54%	33%	13%
347	Grünstadt-Sausenheim, Fluch-Gaul, Weingut	–	21	76%	14%	10%
348	Hainfeld, Gerhard Klein, Weingut	–	23	43%	57%	–
349	Herxheim am Berg, Wilhelm Gabel, Weingut	1	18	56%	39%	5%
350	Herxheim am Berg, Jakob Pfleger, Weingut	–	24	63%	25%	12%
352	Herxheim am Berg, Werner Pfleger, Weingut	2	23	83%	17%	–
354	Herxheim am Berg, Winzergenossenschaft Herxheim am Berg eG	–	43	44%	44%	12%

Seite	Prämierungs-Betrieb	Bundes-Ehrenpreise seit 1961	Erzielte DLG-Preise 1985–87			
			insges.	Groß	Silber	Bronze
364	Kallstadt, Benderhof, Weingut, Familienbesitz Arthur Bender	2	23	52%	26%	22%
365	Kallstadt, Müller-Ruprecht, Weingut	1	16	50%	38%	12%
366	Kallstadt, Winzergenossenschaft Kallstadt eG	–	43	40%	44%	16%
367	Kirchheim, Karl-Heinz Mühlmichel, Weingut Schloßhof	–	13	69%	31%	–
368	Kleinkarlbach, Kom.-Rat Georg Fr. Spieß, Weingut	–	20	35%	50%	15%
369	Landau-Nußdorf, Emil Bauer und Söhne, Weingut	3	25	56%	28%	16%
370	Laumersheim, Gebietswinzergenossenschaft «Palmberg» eG	1	56	55%	38%	7%
371	Laumersheim, Philipp Kuhn, Weingut	–	11	36%	64%	–
372	Neustadt-Haardt, Müller-Catoir, Weingut	5	27	62%	19%	19%
374	Neustadt-Haardt, Kurt Zimmermann, Weingut Probsthof	2	22	55%	41%	4%
375	Neustadt-Königsbach, Winzergenossenschaft Königsbach-Neustadt eG	1	30	40%	47%	13%
376	Neustadt-Gimmeldingen, Weingut A. Christmann, Meerspinnkeller	–	25	64%	16%	20%
378	Neustadt-Mußbach, Peter Stolleis KG, Weingut/Weinkellerei	–	37	38%	35%	27%
380	Neustadt-Mußbach, Winzergenossenschaft Weinbiet Mußbach-Gimmeldingen eG	–	40	30%	55%	15%
381	Neustadt-Mußbach, Winzerverein Meckenheim eG	1	45	47%	40%	13%
382	Neustadt-Hambach, Winzergenossenschaft Hambacher Schloß eG	–	23	35%	39%	26%
383	Neustadt-Duttweiler, Josef Breitling, Weingut	–	22	41%	36%	23%
384	Neustadt-Duttweiler, F. u. G. Bergdolt, Klostergut St. Lamprecht	3	27	48%	44%	8%
386	Neustadt-Duttweiler, Bergdolt-Reif u. Nett, Weingut	–	8	63%	25%	12%
388	Niederkirchen, Niederkirchener Winzerverein eG	–	46	26%	59%	15%
390	Obrigheim-Mühlheim, Baum-Storzum, Weingut	–	15	67%	33%	–
391	Rhodt, Karl-Heinz Fader, Weingut Kastanienhof	–	11	55%	36%	9%
392	Rhodt, Gebietswinzergenossenschaft «Rietburg» eG	–	74	34%	49%	17%

Seite	Prämierungs-Betrieb	Bundes-Ehrenpreise seit 1961	Erzielte DLG-Preise 1985–87			
			insges.	Groß	Silber	Bronze
394	Roschbach, Gerhard Pioth, Weingut	–	21	43%	33%	24%
395	Ruppertsberg, Ruppertsberger Winzerverein «Hoheburg» eG	–	37	38%	41%	21%
396	Siebeldingen, Wilhelmshof, Wein- und Sektgut	–	27	37%	56%	7%
398	Siebeldingen, Reinhard Weiter, Weingut Marienfelderhof	–	10	60%	20%	20%
399	St. Martin, Winzerverein «Zum Ritter von Dalberg» eG	–	24	38%	33%	29%
400	Wachenheim, Dr. Bürklin-Wolf, Weingut	3	34	56%	26%	18%
401	Wachenheim, Emil Zimmermann, Weingut	–	13	38%	31%	31%
402	Walsheim, Heinz Pfaffmann, Weingut	4	25	56%	20%	24%
404	Walsheim, Karl Pfaffmann & Sohn, Weingut	–	18	39%	44%	17%
405	Weisenheim am Berg, Blaufus-Keller, Weingut	–	20	20%	55%	25%
406	Weisenheim am Berg, Pfleger-Karr, Weingut	4	29	55%	35%	10%
407	Weisenheim am Berg, Winzergenossenschaft Sonnenberg	1	28	64%	25%	11%
408	Weisenheim am Sand, Klaus Neckerauer, Weingut	–	22	64%	27%	9%
410	Weisenheim am Sand, Winzergenossenschaft eG, Weisenheim	–	14	50%	36%	14%

Die Betriebe können jährlich zur DLG-Bundesweinprämierung nur eine begrenzte Zahl von Weinen anmelden. Die Begrenzung ergibt sich jeweils aus der betrieblichen Rebfläche. Kleinere Prämierungsbetriebe können bis zu sechs Weine prüfen lassen, mittlere bis zu 15 und nur ganz wenige große bis zu 50.
Wundern Sie sich also nicht, wenn die Zahl prämierter Weine von Betrieb zu Betrieb so stark abweicht. Zum besseren Verständnis der unterschiedlichen Betriebsleistungen werden deshalb die erzielten DLG-Preise (Groß, Silber, Bronze) in Prozenten ausgewiesen.

Weingut Gebrüder Bart, Inhaber Gert Bart, Bad Dürkheim

Besitzer:
Gert Bart,
weitere
Ansprechpartner:
Ute und
Rolf Bart

6702 Bad
Dürkheim
Postfach 11 47
☏ 0 63 22/18 54

Bestockte
Rebfläche
9,9 ha

Spezialität:
Rotweine aus
traditioneller
Maischegärung

Anfahrt:
A 61, Abfahrt
Bad Dürkheim

Erstmals bei der
DLG-Bundes-
weinprämierung
1973

Dank der Gunst des Vorderpfälzer Klimas und des Verkaufs von kleineren Weinen im Faß finden sich auf der Weinliste dieses qualitätsbewußten Hauses nur Weine im Prädikatsbereich. Das Weingut in dem stattlichen Gutshof ist seit über 200 Jahren im Familienbesitz – heute in der sechsten Generation.

Mit über 50% Anbauanteil dominiert der Riesling, allerdings sorgen weitere Rebsorten für Ergänzung, darunter Spätburgunder (16%), Müller-Thurgau (12%), Gewürztraminer, Scheurebe, und Kerner. Im Bergkeller, in den Buntsandstein des Haardtgebirges hineingehauen, werden die Weine vorwiegend lieblich (zu 55%) ausgebaut. Der «Trocken»-Anteil beträgt 15% und steigt. Nach telefonischer Vereinbarung sind bis zu 15 Personen zu Weinproben jederzeit willkommen. Preisorientierung: Ein Riesling Kabinett kostet 5,80 DM.

Weingut Fitz-Ritter, Bad Dürkheim

Besitzer:
Konrad M. Fitz,
weiterer
Ansprechpartner:
Alice Fitz

6702 Bad
Dürkheim
Weinstraße
Nord 51
☏ 0 63 22/53 89

Bestockte
Rebfläche
22 ha

Spezialität:
Sekt aus Pfälzer
Weinen

Erstmals bei der
DLG-Bundes-
weinprämierung
1954

Ein traditionsreiches Haus, eng verknüpft mit der Geschichte der Pfalz und des Weinbaus. Der «Rote Fitz» etwa war einer der Hauptakteure beim «Hambacher Fest» von 1832. Konrad Fitz, der heutige Besitzer, führt das Weingut im 1785 erbauten Gutshof in achter Generation. Seine Frau Alice, eine deutschstämmige Amerikanerin, sorgt dafür, daß auch englischsprachige Gäste viel von ihrem Besuch im Weingut haben. Sehr beliebt sind die Wein- und Sektproben mit «Seminar-Charakter» (zum Weingut gehört eine der ältesten Sektkellereien Deutschlands) mit Führungen durch das repräsentative Haus, das 200jährige Kellergewölbe mit Holzfässern und den Park mit seltenem Baumbestand.

Gleich hinter dem Haus liegt der Hausweinberg «Dürkheimer Rittergarten». Weinbergsbesitz hat die Familie in den Gemarkungen von Dürkheim, Wachenheim und Ungstein.

Wein- und Sektproben mit «Seminar-Charakter»

Die Lage «Dürkheimer Abtsfronhof», nach der Säkularisierung 1806 aus dem Besitz des Klosters Limburg ersteigert, ist im Alleinbesitz. Auf verschiedenen Böden, von leichtem Sand bis zu schwerem Löß, pflegt man vor allem den Riesling (65% Anbauanteil). Daneben bereichern zahlreiche weitere Rebsorten das Weinangebot: Traditionssorten wie Spätburgunder (6%) oder Gewürztraminer (4%) und verschiedene Neuzüchtungen.

Sandsteingewölbe und Holzfässer

Nur noch ein knappes Drittel der Weine werden lieblich ausgebaut, der Anteil der trockenen (40%) und halbtrockenen (30%) steigt weiter. Alle Weine werden mit möglichst wenig Schwefel ausgebaut. Eine Flasche Riesling Kabinett kostet 6,50 DM.

Anfahrt: A 61, Abfahrt Bad Dürkheim

Weingut Pfeffingen Fuhrmann-Eymael, Bad Dürkheim

Besitzer:
Karl Fuhrmann, Helene Fuhrmann, Günter Eymael und Doris Eymael

6702 Bad Dürkheim
☏ 0 63 22/86 07 und 55 91

Bestockte Rebfläche 10 ha

Spezialität:
Riesling-Weine im Holzfaß ausgebaut

Anfahrt:
A 61, Abfahrt Bad Dürkheim

Erstmals bei der DLG-Bundesweinprämierung 1956

Das Gut, malerisch an der Weinstraße zwischen Ungstein und Bad Dürkheim gelegen, gilt als pfälzischer Musterbetrieb. Karl Fuhrmann, über viele Jahre Präsident des regionalen Weinbauverbandes und privates Vorbild für die Devise «Klasse statt Masse», hat den Betrieb mit seiner Frau Helene aufgebaut. Tochter Doris und Schwiegersohn Günter Eymael sind beide Diplom-Ingenieure für Weinbau und mitverantwortlich für die Führung des Betriebes.

Wichtigste Rebe ist der Riesling (70% Anbauanteil – 7,50 DM ein Kabinett). Bekannt sind aber auch die Scheureben-Weine (15% – Prädikate bis zur Trockenbeerenauslese). Die Weine werden sortentypisch ausgebaut (40% trocken, 13% halbtrocken). Besonders herzlich kümmert man sich um Privatkunden (80% des Absatzes) – die stilvoll eingerichtete Probierstube ist auch am Wochenende geöffnet.

Weingut Hans Pflüger & Sohn, Bad Dürkheim

Besitzer:
Hans und Gudrun Pflüger,
weiterer Ansprechpartner:
Bernd Pflüger

6702 Bad Dürkheim
Gutleutstr. 48
☏ 0 63 22/31 48

Bestockte Rebfläche
9,5 ha

Spezialität:
Weine mit hohem Anteil natürlicher Kohlensäure

Anfahrt:
A 61, Abfahrt Bad Dürkheim

Erstmals bei der DLG-Bundesweinprämierung 1970

Weinbau war schon immer Erwerbszweig Nr. 1 bei den Pflügers. Dennoch ist das jetzt 9,5 Hektar große Weingut ein junger Betrieb. Sohn Bernd Pflüger (gelernter Winzermeister) hat großen Anteil am «frischen Wind» im Betrieb. Seine Weißweine (60% Rieslinganteil) behandelt er besonders schonend, um ihnen ihre natürliche Kohlensäure zu belassen. Die Rotweine – Spätburgunder und, ungewöhnlich für die Pfalz, Schwarzriesling und St. Laurent – gewinnen ihre Farbe im klassischen Maischevergärungsverfahren. Die Hälfte des Weins wird halbtrocken ausgebaut, der «Trocken»-Anteil liegt bei 20%. Gäste sind immer zu Weinproben willkommen (Sonntag nachmittags Ruhetag). Besonders beliebt bei Pflügers treuen Kunden (80% des Weines gehen direkt an den Verbraucher) ist das jährliche private Weinfest bei den Dürkheimer Salinen. Eine Flasche Riesling Kabinett kostet 6,50 DM.

Winzergenossenschaft Vier Jahreszeiten – Kloster Limburg eG, Bad Dürkheim

Geschäftsführer:
Peter B. Rall,
weiterer
Ansprechpartner:
Karl-Heinz Kunz

6702 Bad
Dürkheim
Limburgstr. 8
☏ 0 63 22/81 07

Bestockte
Rebfläche
330 ha

Spezialität:
Gewürztraminer
und Muskateller

Erstmals bei der
DLG-Bundes-
weinprämierung
1960

Die Genossenschaft entstand 1970 aus der Fusion des Winzervereins «Kloster Limburg» mit der Winzergenossenschaft «Vier Jahreszeiten». Die Geschichte der Vorgängergenossenschaft reicht bis in das Jahr 1900 zurück.

Die etwa 330 Hektar Weinberge der 242 Mitglieder liegen in Dürkheim und den umgebenden Weinbauorten. Etwa 60 Hektar davon sind mit Rotweinreben bepflanzt. Den Rebsortenspiegel führen Riesling (38% – 6,45 DM kostet die Flasche Kabinett) und Müller-Thurgau (15%) an. Im breiten Sortenspektrum finden sich noch 13 weitere Weißweinreben – viele Neuzüchtungen, aber auch rare alte Rebsorten wie Muskateller oder Gewürztraminer.

Bemerkenswert das Angebot an hochwertigen Rotweinen. Wichtigste Rebsorte ist der für die Pfalz typische Portugieser. Die besten Qualitäten erzielt jedoch auch hier der Spätburgunder. Prä-

Breit gefächertes Rotweinangebot von Q. b. A., bis zur Trockenbeerenauslese

dikate bis zur Trockenbeerenauslese finden sich auf der Weinliste. Die Rotweine erhalten ihre Farbe teils durch die moderne Maischeerhitzung, teils durch die traditionelle Vergärung auf der Maische. Interessant zu wissen, daß man in Dürkheim auf Experimente mit dem Ausbau in

Riesling-Sekt aus Dürkheimer Einzellage

kleinen Eichenholzfässern, sogenannten «Barriques», unternimmt.

Der Anteil von 20% trockenen Weinen ist in den letzten Jahren gleich geblieben, der Anteil der halbtrockenen (zur Zeit 30%) steigt. Für ihre langjährigen Qualitäts-Leistungen erhielt die Genossenschaft 1986 den selten verliehenen Bundesehrenpreis in Gold. Gegenüber der Direktvermarktung überwiegen Lieferungen an die Gastronomie und den Handel. Export erfolgt in die USA, nach England, Japan und Holland. Kellerführungen und Weinproben, nach vorheriger Anmeldung, für bis zu 120 Personen.

Anfahrt: A 61, Abfahrt Bad Dürkheim

Weingut Karl Schäfer, Bad Dürkheim

Besitzer:
Dr. Wolf Fleischmann,
weiterer Ansprechpartner:
Bernhard Lehmeyer

6702 Bad Dürkheim
Weinstraße Süd 30
☎ 0 63 22/21 38

Bestockte Rebfläche
17 ha

Spezialität:
trockene Weine

Anfahrt:
A 61, Abfahrt Bad Dürkheim

Erstmals bei der DLG-Bundesweinprämierung 1952

In vierter Generation führt Dr. Wolf Fleischmann das traditionsreiche Weingut. Gegründet wurde es von dem Arzt Dr. Christian Schäfer, der 1843 das heute noch genutzte Gutshaus kaufte. Sein Sohn Karl baute es zu einem der ersten Weinversandhäuser aus.

Die Weinberge liegen in der klimatisch begünstigten Zone am Haardtrand. Einige der besten Lagen sind immer noch terrassiert. Mit Abstand wichtigste Rebe ist der Riesling (71% Anbauanteil). Ergänzt wird das Angebot durch zahlreiche weitere Rebsorten (vorwiegend weiß). Im Holzfaßkeller werden die Weine schon lange überwiegend (derzeit zu 70%) trocken ausgebaut. Um das typische Bukett und die Frische der Weine zu erhalten, wird der Keller im Sommer gekühlt.

Der Probierraum bietet 40 Personen Platz. Preisorientierung: Die Flasche Riesling Kabinett kostet 7,50 DM.

Weingut Bärenhof, Bad Dürkheim-Ungstein

Besitzer:
Helmut und
Günter Bähr

6702 Bad Dürk-
heim-Ungstein
Weinstr. 4
☏ *0 63 22/41 37*

Bestockte
Rebfläche
7,36 ha

Spezialität:
spritzige,
fruchtige Weine

Anfahrt:
A 61, Abfahrt
Bad Dürkheim

Erstmals bei der
DLG-Bundes-
weinprämierung
1976

Im März und April wird der Wein des Vorjahres auf die Flaschen gefüllt. Nicht vorher, weil der Wein Zeit zur Reife haben soll und nicht nachher, weil Helmut Bähr und sein Sohn Günter ihrem ausschließlich privaten Kundenkreis jene Spritzigkeit und Fruchtigkeit erhalten wollen, die sie selbst an ihren Weinen lieben. Ihr Engagement wurde 1985 mit einem Bundesehrenpreis belohnt. Bei 100% Direktvermarktung ist anzunehmen, daß die Weinfreunde des Hauses ähnliche Vorlieben haben – oder auf den gleichen Geschmack gekommen sind.

Im Anbau, fast ausschließlich auf Ungsteiner Gemarkung, sind Riesling (35%) und zwölf weitere Rebsorten in kleineren Anteilen; die Rebfläche beträgt 7,36 Hektar. Die Hälfte der Weine ist lieblich, je ein Viertel trocken oder halbtrocken. Zur Preisorientierung: Ein Riesling Kabinett kostet bei den Bährs 5 DM.

Winzergenossenschaft Herrenberg-Honigsäckel eG, Bad Dürkheim-Ungstein

Geschäftsführer:
Edgar Eckert,
weiterer
Ansprechpartner:
Kellermeister
Adolf Sperling

6702 Bad Dürkheim-Ungstein
Weinstr. 12
☏ 0 63 22/14 50

Bestockte
Rebfläche
185 ha

Spezialität:
Riesling und
Portugieser

Anfahrt:
A 61, Abfahrt
Bad Dürkheim

Erstmals bei der
DLG-Bundesweinprämierung
1952

Wein aus diesen Lagen tranken schon die Römer. 1981 kamen in der Weinbergslage Weilberg bei Bodenarbeiten 14 römische Gebäude, darunter ein Herrenhauskomplex von 150 Metern Länge sowie ein römisches Kelterhaus mit zwei Tretbecken, ans Licht.

Heute keltern die 153 Mitglieder der traditionsreichen, 1903 gegründeten Genossenschaft – neben vielen weiteren Rebsorten – vor allem Riesling (28%), Portugieser (24%), Müller-Thurgau und Silvaner aus ihren 185 Hektar Weinbergen. Drei Viertel der Weine baut Kellermeister Adolf Sperling lieblich aus, aber der Anteil der trockenen Weine (jetzt 15%) steigt.

Nach vorheriger Anmeldung sind Weinproben für bis zu 50 Personen möglich. Zur Preisorientierung: Eine Flasche Riesling Kabinett kostet 5,10 DM.

Weingut Klingel und Baum, Bockenheim

Besitzer:
Helmut und Juliane Baum, weitere Ansprechpartner: Wilhelm und Liesel Klingel

6719 Bockenheim
Leininger Ring 41
☏ 0 63 59/42 38

Bestockte Rebfläche
9,2 ha

Spezialität:
trockene Riesling-Weine im Holzfaß ausgebaut

Anfahrt:
A 6, Abfahrt Grünstadt, über Grünstadt

Erstmals bei der DLG-Bundes-weinprämierung 1973

Zusammen mit der Liebe zu Juliane Klingel aus der Winzerfamilie Klingel – seit mehreren Generationen ist das Weingut im Besitz der Familie – hat Helmut Baum seine Liebe zum Wein entdeckt. Seit 1973 ist er für den Ausbau der Weine zuständig. Besonders gerne trinkt er selbst Rotweine, sie wachsen auf 15% der Rebfläche, während Vater Wilhelm Klingel meint: «Eine Mutter hat alle ihre Kinder lieb.» Seine «Weinfamilie»: Müller-Thurgau (25%), Riesling (29%), Gewürztraminer, Huxelrebe ... insgesamt sind es 14 Rebsorten. Sie reifen auf sandigem Lehm, der teilweise sehr kalkhaltig ist.

Die meisten Weine werden lieblich ausgebaut (60%), ein knappes Drittel trocken – der trokkene Riesling im Holzfaß, die meisten anderen Weine im Beton- oder Kunststofftank. Preisorientierung: Eine Flasche Riesling Kabinett kostet 5,50 DM. Weinproben bis 30 Personen.

Winzerverein Deidesheim eG, Deidesheim

Vorsitzender:
Martin Reinhard

6705 Deidesheim
Prinz-Rupprecht-Straße 8
☏ 0 63 26/
60 16-18

Bestockte Rebfläche 200 ha

Spezialität:
Weine in alten Eichenholzfässern gereift

Anfahrt:
An der Weinstraße (B 271) zwischen Bad Dürkheim und Neustadt

Erstmals bei der DLG-Bundesweinprämierung 1953

Feigen, Mandeln, Zitronen, Edelkastanien und rundum Wein – das üppige Deidesheim ist mit seinen attraktiven Lagen weltberühmt geworden. Schöne Gebäude, gepflegte Anlagen, außergewöhnliche Initiativen und sicherlich auch die – mit dem Gründungsjahr 1898 – älteste Winzergenossenschaft der Rheinpfalz haben zu diesem Ruf beigetragen. Das Haus des Winzervereins liegt am Ortseingang. Es ist für seinen Probierkeller (100 Personen) ebenso bekannt wie für seine stolze Reihe alter Holzfässer, in denen 350 000 Liter Wein ausgebaut werden, zumeist Riesling, der auf den 200 Hektar Besitz der rund 500 Mitglieder einen Anbauanteil von 70% hat und als Kabinett pro Flasche 5,15 DM kostet. Der gesamte Ertrag wird auf Flaschen gezogen – zu 65% in der lieblichen Geschmacksrichtung und, mit steigender Tendenz, zu 15% trocken und zu 20% halbtrocken.

Winzergenossenschaft Erpolzheim eG, Erpolzheim

Geschäftsführer:
Gerd Schramm,
weiterer
Ansprechpartner:
Kellermeister
Gerhard Sütterlin

6701 Erpolzheim
Bahnhofstr. 38
☏ 0 63 53/73 79

Bestockte
Rebfläche
120 ha

Spezialität:
Weißburgunder
von Q.b.A. bis
Trockenbeeren-
auslese und Sekt

Anfahrt:
A 650, Abfahrt
Maxdorf, über
Birkenheide

Erstmals bei der
DLG-Bundes-
weinprämierung
1964

Die «WG» bringt 80% des Erpolzheimer Weins auf die Flasche. Das liegt am hohen «Organisationsgrad» der örtlichen Winzer, von denen 94 Mitglied sind. Eine zweite Besonderheit ist der Rebsortenspiegel. Die Erpolzheimer haben sich besonders auf Riesling und Portugieser konzentriert, und so hat auch die Genossenschaft auf ihren 120 Hektar Rebland 40% Riesling und 20% Portugieser – ergänzt durch Silvaner, Müller-Thurgau und Weißburgunder. Letzterer ist als Spezialität des Angebotes vom Qualitätswein bis zur Trockenbeerenauslese und auch als Sekt in allen Qualitätsstufen und Geschmacksrichtungen vertreten. Ebenso gibt es Riesling- und Portugieser-Sekte von «herb» bis «mild» – aus eigenem Lesegut und flaschenvergoren. – Beim Wein hat der «Trocken»-Anteil 30% erreicht.

Proben in der Genossenschafts-Gaststätte bis 250 Personen. Eine Flasche Müller-Thurgau Kabinett kostet 3,70 DM.

Weingut Heinrich Vollmer KG, Ellerstadt

Besitzer: Heinrich Vollmer, weiterer Ansprechpartner: Frau Vollmer

6701 Ellerstadt Gönnheimer Straße 52 ☏ 0 62 37/66 11

Bestockte Rebfläche 12 ha

Spezialität: vollmundige Rotweine, trockene Spätburgunder

Erstmals bei der DLG-Bundesweinprämierung 1978

Die Haardt, weithin sichtbar bergige Begrenzung des Weinlandes Pfalz, bildet den passenden Hintergrund für das moderne, 1972 neu erbaute Weingut. Auffallend angekündigt durch zwei riesige, gemauerte, überdachte Torstützen – eine Art «Weintor» – liegt es inmitten der flachen, sonnenbeschienenen Reblandschaft außerhalb des Ortes. Ein privates Weinbaumuseum wird in Kürze Besucher mit der Geschichte des Weinbaus von den Griechen und Römern bis in die Moderne vertraut machen.

Der junge dynamische Unternehmer, aus dem südbadischen Durbach 1969 in die Pfalz umgesiedelt, baute zusammen mit seiner Frau nicht nur das Weingut mit einer Größenordnung von 12 Hektar auf, sondern gründete zusätzlich eine Erzeugergemeinschaft, deren Trauben von rund 100 Hektar im eigenen Betrieb ausgebaut und vermarktet werden.

Bei den eigenen Weinen hat er sich vor allem auf den An- und Ausbau von Rotweinen (38%

Biologischer Säureabbau

Portugieser, 12% Spätburgunder, ein wenig Dornfelder) spezialisiert und höchste Auszeichnungen erhalten. Zwar begünstigen die rasch wärmenden, kieshaltigen Sandböden um Ellerstadt das Heranreifen vollmundiger Rotweine, doch bringt erst der sorgfältige Ausbau im Weingut Vollmer die besondere Qualität. Die Vergärung erfolgt grundsätzlich auf der Maische im eigens entwickelten Verfahren, biologischer Säureabbau sorgt anschließend für die Erhaltung von Fülle und Harmonie.

Besondere Pflege von Rotweinsorten

Die Hauptweißweinsorten sind Müller-Thurgau (18%) und Riesling (19%), daneben die trockenen vollmundigen Weißburgunder, bei denen die Nachfrage immer größer ist als das Angebot.

Anfahrt: A 650, Abfahrt Maxdorf, über Fußgönheim

Alle Weine werden grundsätzlich auf Flaschen gefüllt und gehen zu 10% direkt an den Kunden, 70% werden an den Weinhandel und 20% an die Gastronomie geliefert. Eine Flasche Spätburgunder Kabinett kostet 7 DM.

Weingut Winfried Frey und Söhne, Essingen

Besitzer:
Winfried Frey,
weitere
Ansprechpartner:
Ursula, Peter,
Jürgen und
Christian Frey

6741 Essingen
Spanierstr. 1–2
☏ 0 63 47/82 24

Bestockte
Rebfläche
7 ha

Spezialität:
Eisweine ab 1970

Erstmals bei der
DLG-Bundes-
weinprämierung
1980

Wer ihn bei der Lese erlebt hat, weiß von seinem manchmal geradezu verbissenen Qualitätsstreben. Wer seine Entwicklung verfolgen konnte, kennt seine ungeheure Tatkraft. Winfried Frey gehört zu den Ausnahme-Erscheinungen des deutschen Weinbaus.

Ein Mann, der bis 1973 noch Nebenerwerbswinzer und Faßweinvermarkter war, der 1977 bescheidene 10% seines Ertrages auf der Flasche vermarkten konnte und heute 70% der Ernte von 7 Hektar als Flaschenwein verkaufen kann. Ein Mann, der in dieser Zeit nebenbei zwei herrliche, alte Gästehäuser auf-, aus- und umbaute. Ein Mann, der mit seinen Gewächsen Edelwein-Spezialist wurde.

So konnte es nicht ausbleiben, daß schließlich die Staatsehrenpreise kamen – und dann, 1982, der «Weltsieg» seines 1978er Beerenauslese-Eisweins bei einem Internationalen Vergleich in London, zu dem 960 Weine aus 32 Ländern an-

Masser, Essingen

Das Bild zeigt das Gästehaus mit der Probierstube

gestellt waren: «Prince of Metternich-Trophy», Lohn eines harten Kampfes um hohe und höchste Mostgewichte.

Heute liegen die übergroßen Mühen des Aufstiegs etwas zurück, drei Söhne helfen schon im Weingut mit, der Export nach England, Japan und USA hat begonnen – und neben den schweren «Süßen» gibt es zunehmend trockene und halbtrockene Weine (31 und 28% Anteil). Der Winzer setzt auf Sortenvielfalt – und moderne Materialien für die Reifung seiner Weine: Beton-, Stahl- und Kunststoffgebinde. In seinen, ausschließlich flachen Lagen stehen Scheurebe und Riesling, Kerner und Gewürztraminer, Silvaner und Grauer Burgunder, Spätburgunder und einige andere Sorten.

Zwei Gästehäuser

Der Riesling kostet als Kabinett 4,80 DM die Flasche. Weinproben für bis zu 25 Personen nach Anmeldung jederzeit möglich.

Anfahrt: An der B 272, zwischen Landau und Speyer

Weingut Aloys Schwartz & Sohn, Eschbach

Besitzer:
Alois Schwartz und Sohn, weiterer Ansprechpartner: Georg Schwartz

6741 Eschbach
Landauer Straße
☎ 0 63 45/13 51

Bestockte Rebfläche 4,69 ha

Spezialität: trockene Weine, biologischer Säureabbau

Anfahrt: Von Landau (A 65) über Ilbesheim

Erstmals bei der DLG-Bundesweinprämierung 1977

Die bundesweit meistverbreitete Rebsorte ist hier tatsächlich die «Nummer eins»: Müller-Thurgau führt den Rebsortenspiegel mit 30% Anteil vor Kerner und Riesling an. Neben weiteren «Weißen» gibt es die «Roten» Portugieser und Spätburgunder. Bis auf 10% Abgabe an die Winzergenossenschaft wird der Ertrag von 4,7 Hektar Löß, sandigen Lehm- und kalkhaltigen Tonböden auf Flaschen gefüllt und, wie in diesem Haus seit Generationen üblich, weitgehend unmittelbar an den Endverbraucher vermarktet. Der mag seine Müller-Thurgau, Rieslinge und Kerner, vor allem aber die Silvaner, zunehmend gern trokken. Ein Viertel der Weine wird so ausgebaut und fast immer allein mit biologischem Säureabbau. 40% sind halbtrocken, 35% lieblich. Kerner und Riesling haben als Kabinett einen Preis um 5 DM für die Flasche.

Proben bis 15 Personen möglich – zur Arbeitszeit auch ohne Voranmeldung.

Weingut Moßbacherhof, Werner Klein, Forst

Besitzer:
Werner und Annemarie Klein

6701 Forst
Weinstr. 23
☏ 0 63 26/2 64

Bestockte Rebfläche 10,5 ha

Spezialität:
95% Riesling-Weine

Anfahrt:
An der Weinstraße (B 271) zwischen Bad Dürkheim und Neustadt

Erstmals bei der DLG-Bundesweinprämierung 1954

Das 1854 erbaute Haus mit den Walnußbäumen davor ist schon von außen gut anzusehen, innen ist es ein «Weinhaus-Juwel» voller spürbar lebendiger Historie, voller Antiquitäten-Gemütlichkeit «ohne Verstaubung». Für kleine Probierrunden steht das Biedermeier-Zimmer zur Verfügung, größere Gruppen haben an der festlichen Tafel eines lebensfroh wirkenden Rokokosaales Platz. Der Weinbau hat in der Familie Tradition seit 1428; die heutigen Besitzer lernten sich beim Wein kennen, als Schüler der Weinbauschule. Die beiden haben ihren Betrieb zu einem Riesling-Weingut gemacht (95%). Riesling und Trocken heißt die Linie, denn neun Zehntel des Ertrages von den 10,5 Hektar Weinbergen wird trocken ausgebaut. Ebenfalls zu neun Zehnteln geht die Erzeugung unmittelbar an den Verbraucher.

Der Preis für eine Flasche Riesling Kabinett trocken ist zur Zeit 6,50 DM.

Weingut Georg Mosbacher, Forst

Besitzer:
Familie Mosbacher,
Ansprechpartner:
Richard Mosbacher

6701 Forst
Weinstr. 27
☏ 0 63 26/3 29

Bestockte Rebfläche
8,5 ha

Spezialität:
blumige, fruchtige Riesling-Weine, reduktiver Ausbau

Anfahrt:
An der Weinstraße (B 271) zwischen Bad Dürkheim und Neustadt

Erstmals bei der DLG-Bundesweinprämierung 1959

Ein großes, kunstvoll geschwungenes «M» ziert die Etiketten und die Preisliste. Hinter den Etiketten und in der Liste sind vor allem Rieslinge zu finden, überwiegend trockene (40%) und halbtrockene (20%) und immer fruchtig-blumige Weine, die einen betont reduktiven Ausbau deutlich machen. Sie reifen, zum Teil in Holzfässern, in einem Sandstein-Gewölbekeller aus dem 18. Jahrhundert – Erbe einer über 200 Jahre alten Winzerfamilie, aus der Richard Mosbacher sen. hervorging. Der spätere Forster Bürgermeister brachte schon 1920 erste Erzeugerabfüllungen auf die Flasche. Der Junior hat heute 100% Flaschenabfüllung erreicht, bei 8,5 Hektar Gesamt-Rebfläche – und 90% Direktvermarktung an Endverbraucher. Die sind in Probenrunden bis zwölf Personen willkommen, an Sonn- und Feiertagen nach Vereinbarung. – Der Preis für eine Flasche Riesling Kabinett beträgt 6,50 DM.

Weingut Günther Kissel & Sohn, Freinsheim

Besitzer:
Günther, Helga und Hans-Günther Kissel

6713 Freinsheim
Postfach 1 62
☏ 0 63 53/75 28

Bestockte Rebfläche 5,5 ha

Spezialität: Scheurebe-Sekt im traditionellen Verfahren erzeugt

Anfahrt: A 650, Abfahrt Maxdorf über Weisenheim am Sand

Erstmals bei der DLG-Bundesweinprämierung 1965

Die wievielte Generation seit nun 300 Jahren in und um Freinsheim Wein anbaut, ist nicht genau festzulegen. Seit 1980 sind es jedenfalls zwei Generationen, die sich die Arbeit teilen. Vater und Sohn ergänzen sich offenbar gut, denn sie erreichten inzwischen zehn Staats- und Bundesehrenpreise.

Ihre Spezialität dabei ist die Scheurebe, die in den 5,5 Hektar Rebland 18% Anteil hat und auf den hier vorhandenen sandigen Böden besondere Feinheit erreicht – vom trockenen Kabinett bis zur Beerenauslese. Und neuerdings gibt es auch einen Sekt daraus. Daneben wachsen in den Weinbergen – beste Lagen in den Gemarkungen Freinsheim und Herxheim am Berg – 27% Riesling und 13% Müller-Thurgau.

40% der Weine werden in den Edelstahlbehältnissen des Kellers trocken, 55% lieblich ausgebaut. – Proben bis 70 Personen (nicht Sonntagnachmittag). Riesling Kabinett kostet 5,90 DM.

Weingut Wagner & Vetter, Kurt Wagner, Freinsheim

Besitzer:
Kurt Wagner,
weiterer
Ansprechpartner:
Udo Wagner

6713 Freinsheim
Postfach 1 13
☏ 0 63 53/73 45

Bestockte
Rebfläche
4,3 ha

Spezialität:
Riesling
Spätlesen trocken
ausgebaut

Anfahrt:
A 650, Abfahrt
Maxdorf, über
Weisenheim am
Sand

Erstmals bei der
DLG-Bundes-
weinprämierung
1972

Sie taten sich zusammen, gründeten im Jahr 1926 eine «Wein- und Holzküferei» und schlossen gleich Weinkommission und Weinhandel an. Jakob Wagner sen. und Emil Vetter hatten aber auch eigenen Wein, wenngleich wenig. Heute ist mit Vater und Sohn Wagner noch eine der beiden Familien im Betrieb, und die Firmenaufgabe hat sich stark gewandelt: Aus dem «Weinbau nebenher» wurde mit 4,3 Hektar Rebfläche ein typischer Familienbetrieb mit Selbstvermarktung an Endverbraucher (zu 90%). Die Kunden wohnen zum großen Teil in Bayern, im Rheinland und in Niedersachsen und trinken aus diesem Weingut vorwiegend Scheurebe, Riesling und Portugieser. Sie zahlen 5,20 DM für Scheurebe Kabinett und tendieren zunehmend zu trocken und halbtrocken (20% und 30% Anteil). – Proben bis zehn Personen.

Winzerverein Liebfrauenberg eG, Freinsheim

Geschäftsführer: Peter-Paul Kramper, weiterer Ansprechpartner: Kellermeister Dr. Galan

6713 Freinsheim
Südliche Winzerstraße 2
☏ 0 63 53/66 22

Bestockte Rebfläche 280 ha

Spezialität: trockene Rotweine und Riesling-Weine, größtenteils im Holzfaß gereift

Anfahrt: A 650 über Weisenheim am Sand

Erstmals bei der DLG-Bundesweinprämierung 1954

Sie sind groß, vielleicht sogar eine der größten Winzervereine einer deutschen Einzelgemeinde (über 300 Mitglieder, 280 Hektar). Sie haben sich auf die «großen Drei» des deutschen Rebenspektrums spezialisiert: auf Riesling, Müller-Thurgau und Silvaner – und auf Portugieser und Spätburgunder, um die «Roten» nicht auszuschließen. Verblüffend bei dieser Größe und Art ist ihr Anteil an trockenen Weinen. Die Hälfte des Ertrages wird schon so ausgebaut und noch einmal ein Fünftel halbtrocken. Es gibt einen ansehnlichen Holzfaßkeller, Probenmöglichkeit für bis zu 150 Personen und rundum einen der schönsten mittelalterlichen Orte der Rheinpfalz. Wobei man wissen sollte, daß ein großer Teil aller Aktivitäten für diesen schönen Ort aus der Winzergenossenschaft kam und kommt. Diese läßt sich auch für ihre Weinproben Besonderes einfallen – und verkauft ihren Riesling Kabinett zur Zeit zum Endverbraucherpreis von 4,30 DM.

Winzergenossenschaft Friedelsheim eG, Friedelsheim

Geschäftsführer:
Emil Bauer,
weiterer
Ansprechpartner:
Kellermeister
K. L. Schwaab

6701 Friedelsheim
Hauptstr. 93–99
☏ 0 63 22/20 29

Bestockte Rebfläche
150 ha

Spezialität:
Blauer Spätburgunder und Gewürztraminer

Anfahrt:
A 650, Abfahrt Am Feuerberg

Erstmals bei der DLG-Bundesweinprämierung 1972

Bis 1971 hatte die 1911 gegründete Genossenschaft ihren Sitz im benachbarten Bad Dürkheim. Dann konnten die Genossenschaftler endlich ein stattliches altes Weingut im Ort erwerben und Kelter und Keller großzügig ausbauen – seit dieser Zeit sind die Mitgliederzahlen und die Bedeutung der Genossenschaft stark gestiegen.

Heute bewirtschaften 129 Mitglieder 150 Hektar Rebland, bepflanzt vor allem mit Riesling (32%), Portugieser (15%) und Müller-Thurgau (15%). Aber auch die Spezialitäten Gewürztraminer und Spätburgunder sind mit je 5% vertreten. Kellermeister Schwaab baut sie, vorwiegend in modernen Stahltanks, zum Teil aber auch in Holzfässern, lieblich (zu 70%) und, mit steigender Tendenz, trocken (13%) und halbtrocken (17%) aus.

Weinproben sind bis zu 25 Personen möglich. Preisorientierung: Eine Flasche Riesling Kabinett kostet 4,95 DM.

Weingut Klaus Nicklis, Gleisweiler

Besitzer:
Klaus Nicklis

6741 Gleisweiler
Aussiedlerhof
☏ 0 63 45/18 04

Bestockte Rebfläche
8 ha

Spezialität:
trockene und halbtrockene Weine aller Qualitätsstufen

Bis zu 25 Besucher können bei Familie Nicklis Wein probieren – weil aber die ganze Familie oft im Weinberg beschäftigt ist, empfiehlt es sich, an Werktagen um die Mittagszeit zu kommen oder am Wochenende vorbeizuschauen. Seit kurzem finden die Weinfreunde «ihr» Gut nicht mehr im malerischen Ortskern, sondern – ausgesiedelt – am Dorfrand.

Klaus Nicklis ist froh, daß er noch nie viele Neuzüchtungen angepflanzt hatte. Seine Kunden verlangen die traditionellen Rebsorten und – vor allem in den letzten Jahren – mehr trockene Weine. Die Rebsorten: Riesling (36%), Müller-Thurgau (30%), Portugieser (15%). Mehr als die Hälfte des Weines ist trocken ausgebaut – in Stahl- und Kunststofftanks. Sie kommen recht spät auf die Flasche, oft erst kurz vor dem nächsten Herbst.

Zur Preisorientierung: Eine Flasche Riesling Kabinett kostet 4,50 DM.

Anfahrt:
Von Landau (A 65) über Böchingen

Erstmals bei der DLG-Bundesweinprämierung 1969

Weingut Karl und Hermann Lingenfelder, Großkarlbach

Besitzer:
Karl und Hermann Lingenfelder, weiterer Ansprechpartner: Rainer Lingenfelder

6711 Groß-karlbach
Hauptstr. 27
☎ 0 62 38/7 54

Bestockte Rebfläche 9,5 ha

Spezialität: Spätburgunder im Barrique-Faß ausgebaut

Erstmals bei der DLG-Bundesweinprämierung 1961

In der 13. Generation, belegt seit 1570, betreibt die Familie Lingenfelder Weinbau in der Pfalz. Die Vorfahren kamen aus Rhodt und Edenkoben in der Südpfalz, Anfang der fünfziger Jahre siedelten sich die Lingenfelders in Großkarlbach an. Das Wohnhaus des Weingutes hat seine eigene Tradition, eine Witwe Fittig erbaute es um 1830 im klassizistischen Stil. Die Reben stehen überwiegend auf leichten Böden: Löß mit Kalkstein, viele Sandböden. Die wichtigsten Rebsorten sind Riesling (22%), Scheurebe (15%) und Spätburgunder (14%) – es werden 9,5 Hektar Rebfläche bearbeitet.

Rainer, der Sohn von Karl Lingenfelder, hat in den letzten Jahren mit bewährten Erkenntnissen Veränderungen im Keller bewirkt. Seine Philosophie: Im Keller kann man keinen guten Wein «machen», man kann nur bewahren, was die Natur gibt: Möglichst wenig in den Reifungsprozeß des Weines eingreifen, es kommt nicht darauf an,

Biologischer Säureabbau

Viele trockene und halbtrockene Weine

Anfahrt: A 6 oder A 61, Abfahrt Autobahnkreuz Frankenthal

viel zu tun, es kommt darauf an, das Richtige zur richtigen Zeit zu machen.

Ein Beispiel für Rainer Lingenfelders Weine ist sein Spätburgunder. Auf der Maische vergoren, biologischer Säureabbau, im kleinen Holzfaß (Barrique) ausgebaut – allerdings nicht in neuen, sondern in gebrauchten Holzfässern: Die Gerbstoffe aus dem Holz sollen den Wein nicht übertönen, sondern bereichern. Rainer Lingenfelders Engagement hat ihm auch im Ausland einen guten Namen gemacht – er wurde in London zum «Winemaker oft the Year» ernannt. So ist inzwischen auch der Exportanteil des Weingutes auf 10% gestiegen (Hauptabsatzgebiete: England, Australien). Preisorientierung: Ein Riesling Kabinett kostet 5,50 DM. Weinproben bis zwölf Personen außer Sonntag.

Winzerkeller Leiningerland eG, Grünstadt

Geschäftsführer:
Gerhard Kissel,
weiterer
Ansprechpartner:
Kellermeister
Reinhold Steffes

6718 Grünstadt 1
Asselheimer
Straße 22
☏ 0 63 59/30 94

Bestockte
Rebfläche
91 ha

Spezialität:
Müller-Thurgau,
Riesling und
Scheurebe –
reduktiver,
sortentypischer
Ausbau

Anfahrt:
A 6, Abfahrt
Grünstadt oder
über die B 271
(Weinstraße)

Erstmals bei der
DLG-Bundes-
weinprämierung
1970

Als 1933 genau 20 beherzte Männer in Grünstadt die Genossenschaft gründeten, taten sie das aus wirtschaftlicher Not. Mehr als 50 Jahre später präsentiert sich die «WG» als solider mittlerer Erzeugerbetrieb mit großen Rotwein-Ambitionen. Die Genossenschaft ist zu einem anerkannten Weinlieferanten geworden: 77 Mitglieder bewirtschaften 91 Hektar Kalkstein-Verwitterungs- und Lehmlößböden. Die wichtigsten Rebsorten im Anbau sind Müller-Thurgau (32%), Scheurebe, Riesling und Silvaner – die besondere Spezialität des Betriebes sind jedoch die maischevergorenen Rotweine. Vor allem aus der traditionellen Pfälzer Portugiesertraube gewinnt man hochkarätige Weine bis hin zur Auslese (auch trocken ausgebaut!). 83% der Weine sind lieblich, der Anteil der trockenen (12%) und halbtrockenen steigt. Bis zu 50 Gäste können die umfangreiche Weinliste durchprobieren (kein Ruhetag). Ein Riesling Kabinett kostet 4,80 DM.

Weingut Fluch-Gaul, Grünstadt

Besitzer:
Karlheinz und Hans Gaul,
weitere Ansprechpartner:
Ehefrauen Gaul

6718 Grünstadt 3
Leininger Str. 22
☏ 0 63 59/23 59

Bestockte Rebfläche
15,8 ha

Spezialität:
Schwarzriesling

Anfahrt:
A 6, Abfahrt Grünstadt oder über die B 271 (Weinstraße)

Erstmals bei der DLG-Bundesweinprämierung 1965

Der Vater der beiden Brüder Karlheinz und Hans Gaul heiratete in das Weingut ein, das Großvater Fluch 1912 gegründet hatte – so erklärt sich der Doppelname.

Auf den 15,8 Hektar kalkhaltigen Löß- und Lehmböden um Sausenheim und Assenheim gedeihen vor allem Riesling (34% Anbauanteil) und Rotweine. Wichtigste Rotweinrebe ist der pfalztypische Portugieser. Spätburgunder (als Weißherbst ausgebaut) und der in der Pfalz nicht so häufige Schwarzriesling (trocken ausgebaut) ergänzen das Angebot.

Knapp über die Hälfte des Angebots ist lieblich, der Anteil trockener (25%) und halbtrockener (20%) Weine steigt.

Viele Kunden ergänzen ihren Vorrat im Weingut, wo sie in gemütlicher Runde probieren können (bis zu zehn Personen, außer Sonntagnachmittag). Zur Preisorientierung: Ein Riesling Kabinett kostet 4,80 DM.

Weingut Gerhard Klein, Hainfeld

Besitzer:
Gerhard Klein,
weitere
Ansprechpartner:
Stefan und
Paul Klein

6741 Hainfeld
Weinstr. 38
☏ 0 63 23/27 13

Bestockte
Rebfläche
7,76 ha

Spezialität:
Burgunder- und
Gewürztraminer-
Weine

Anfahrt:
Über die B 38
(Weinstraße)

Erstmals bei der
DLG-Bundes-
weinprämierung
1978

Die Familie Klein versteht sich auf den Umgang mit Pflanzen: Vater Paul Klein züchtet Oleander (zwölf verschiedene Sorten), Sohn Gerhard erzeugt aus den Trauben der Weinstöcke aus den 7,8 Hektar Rebland Spitzenweine. Die Weinberge liegen in den Hainfelder und Edesheimer Gemarkungen; Letten und sandiger Lehm sind die wichtigsten Bodenarten.

Die Spezialitäten Gerhard Kleins sind Gewürztraminer (10% Anbaufläche – Spätlesen, auch trocken, und Auslesen) und Burgunderarten (27%). Im Angebot sind auch Raritäten wie eine trockene Spätburgunder-Weißherbst Auslese. Der Anteil des Weißen Burgunders (jetzt 5%) soll auf 15% gesteigert werden. 65% der Weine werden lieblich ausgebaut, der Anteil der trockenen steigt. Den Sonntag ausgenommen, kann man die Weine der umfangreichen Weinliste (ergänzt durch Weine der angegliederten Weinkellerei) täglich probieren. Gewürztraminer Kabinett zu 5,30 DM die Flasche.

Weingut Wilhelm Gabel, Herxheim am Berg

Besitzer:
Wilhelm Gabel,
weitere Ansprechpartner:
Bernd Schmidt und Wolfgang Heinze

6719 Herxheim am Berg
Weinstr. 45
☏ 0 63 53/74 62

Bestockte Rebfläche
9,5 ha

Spezialität:
im Holzfaß gereifte Weine

Anfahrt:
A 6, B 271 (Weinstraße)

Erstmals bei der DLG-Bundesweinprämierung 1963

Der ältest bezeichnete Gabel, der Küfergeselle Caspar Gabel aus Tirol, kam 1655 in die Pfalz. Er heiratete in eine Winzerfamilie – und seitdem bauen seine Nachkommen Wein an, jetzt in der elften Generation.

9,5 Hektar Rebland auf Kalk- und Lehmböden umfaßt der Betrieb, bestockt mit Riesling (30%), Silvaner (20%), Scheurebe, Portugieser und Kerner.

In den alten Gewölbekellern des modern eingerichteten Betriebes erfolgt der Ausbau zu beträchtlichen Teilen im traditionellen Holzfaß. 70% der Weine sind lieblich, der Anteil der trokkenen (jetzt 20%) steigt stetig.

Ein französischer Weinkenner schrieb ins Gästebuch: «Ich habe die moderne Einrichtung bewundert, die jedoch die alte Tradition respektiert.»

Ein Riesling Kabinett kostet 5 DM. Weinproben bis zu 25 Personen möglich, kein Ruhetag.

Weingut Jakob Pfleger, Herxheim am Berg

Besitzer:
Rudolf und Gisela Pfleger, weiterer Ansprechpartner: Roland Pfleger

6719 Herxheim am Berg
Weinstr. 38
☏ 0 63 53/74 65

Bestockte Rebfläche 8,6 ha

Erstmals bei der DLG-Bundesweinprämierung 1955

Herxheim am Berg liegt auf einem Vorhügel des Haardtgebirges. In dieser fruchtbaren und landschaftlich reizvollen Gegend hatten schon die Römer ihre Villen und Weingärten. Bereits 774 wird Herxheim als bedeutender Weinbauort genannt. Die Familie Pfleger kam nach dem Dreißigjährigen Krieg aus dem Salzkammergut hierher, aber erst gegen Ende des 19. Jahrhunderts konnte sie erstmals allein von ihren Weinbergen leben.

Die Familie, das sind heute Vater Rudolf und Frau Gisela sowie Sohn Roland, Weinbauingenieur und Kellermeister.

Die kalkreichen Böden von sandigem Lehm bis zu schwerem Ton und die Vielfalt der Rebsorten tragen zu einer abwechslungsreichen

Spezialität: Scheurebe vom Tischwein bis zu Spitzengewächsen

Vorbildlicher Anbau, schonender Ausbau

Anfahrt: A 6, Abfahrt Grünstadt, und B 271 (Weinstraße)

Weinliste bei. Spezialität ist «Scheu» – mit 40% Anbauanteil die wichtigste Rebsorte des Weinguts. Vom trockenen Tischwein bis zu Beerenauslese und Eiswein ist sie im Angebot. Weitere Weißweinreben im Anbau: Riesling (20%), Ruländer, Müller-Thurgau, Gewürztraminer und Silvaner.

Bei den Rotweinen (Portugieser und Dornfelder) legen die Pflegers Wert auf tiefdunkle Farbe und samtige Art. Ausbau: 60% trocken und halbtrocken, mit steigender Tendenz.

Seit Jahrzehnten erhält der Boden nur organischen Dünger, und heute gilt allgemein: weitgehend naturgemäßer Anbau. Beim Ausbau werden keinerlei Schönungsmittel verwendet, statt dessen erhält der Wein viel Zeit zur natürlichen Reife, um die Geschmacksnuancen jeder Rebsorte zu bewahren.

Zur Preisorientierung: Ein Riesling oder Scheurebe Kabinett kostet 6 DM. Weinproben sind für bis zu 50 Personen (außer Sonntagnachmittag) möglich.

Weingut Werner Pfleger, Herxheim am Berg

Besitzer:
Familien Werner und Georg Pfleger,
weitere Ansprechpartner:
Annemarie und Rosario Pfleger

6719 Herxheim am Berg
Weinstr. 34
☏ 0 63 53/21 01

Bestockte Rebfläche
6 ha

Erstmals bei der DLG-Bundesweinprämierung 1985

Jeden Sommer schmücken Palmen und Oleander den schönen Innenhof dieses Weingutes. Es liegt an der Hauptdurchfahrtsstraße des Ortes und zieht so die Blicke aller Vorüberfahrenden auf der Deutschen Weinstraße auf sich.

Eine breite Auswahl trockener Weine (25% des Angebots) vom Zechwein in der Liter-Flasche bis zur Auslese mit 1,2 g/l Restzucker findet sich auf der Weinliste. Für einen 84er Riesling Kabinett trocken erhielt das Weingut 1985 den begehrten Ehrenpreis der Weinbruderschaft der Pfalz. Zur Preisorientierung: Eine Flasche dieser Qualitätsstufe kostet um 5,50 DM.

35% der Weine sind lieblich – Fülle und Eleganz werden beim Ausbau angestrebt. Die besondere Qualität wurde dem Weingut nach nur zweijähriger Teilnahme bei der DLG-Prämierung 1986 durch die Verleihung des Bundesehrenpreises anerkannt.

Spezialität: kräftige, tiefdunkle Rotweine

Ruländer im Holzfaß ausgebaut

Schöner Innenhof

Anfahrt: A 6, Abfahrt Grünstadt, und B 271 (Weinstraße)

Die Reben wachsen auf kräftigen Böden, teils Lößlehm, teils Kalkgestein mit Keuper. Hauptrebsorten sind Riesling (28%), Müller-Thurgau (19%) und Scheurebe (13%), überwiegend stehen sie am Hang in der Hügelzone vor dem Haardtrand.

Frische und fruchtige Weine werden in Edelstahlbehältern ausgebaut, um diesen Charakter frei von anderen Geschmackseinflüssen möglichst rein zu erhalten. Andererseits erhalten die kräftigen Rotweine Ruländer und Gewürztraminer Zeit, im Holzfaß zu reifen.

Riesling- und Dornfelder-Sekte aus eigenen Weinen, vergoren nach traditioneller Methode, ergänzen das Weinangebot.

Familie Pfleger lädt gerne zu einer Weinprobe ein, die in ihrer rustikalen Weinprobierstube zum Erlebnis wird. Herxheim am Berg liegt zwischen Bad Dürkheim und Grünstadt direkt an der Deutschen Weinstraße.

Winzergenossenschaft Herxheim am Berg eG, Herxheim am Berg

Geschäftsführer:
Gerd Silbernagel

6719 Herxheim am Berg
Weinstraße
☏ 0 63 53/73 48

Bedingt durch die Lage auf einem Vorhügel des Haardtgebirges haben Gäste von vielen Herxheimer Häusern einen schönen Ausblick. Mit der Probe (möglich für bis zu 100 Personen) genießen Besucher der Genossenschaft den Blick über Weinberge und Rheinebene, an klaren Tagen bis hinüber zum Odenwald.

Die 1937 gegründete Winzergenossenschaft hat heute rund 100 Mitglieder, die 145 Hektar Rebfläche in den Gemarkungen von Herxheim

Bestockte Rebfläche 145 ha

und Dackenheim bewirtschaften. Alle Weinberge liegen in der Hügelzone zwischen Rheinebene und Pfälzer Wald.

Die Böden: Lehm-, Ton- und Kalkfelsböden; die Rebsorten: Riesling, Silvaner, Müller-Thurgau, Portugieser – alle um 20% Anbauanteil. Dazu kommen noch jeweils 6% Weißer und Grauer Burgunder (Ruländer) und kleinere Flächen weiterer Rebsorten.

Spezialität: Weißburgunder Spätlese und Riesling Spätlese trocken, im Eichenfaß gereift

Liebliche Weine überwiegen; in den vergangenen Jahren ist der Anteil der trockenen und halbtrockenen Weine jedoch stark gestiegen. Kellermeister Werner Hanewald ist besonders auf die im Holzfaß ausgebauten Spätlesen von Weißburgunder und Riesling stolz und empfiehlt sie als ideale Essensbegleiter.

Individuell in kleinen Gebinden ausgebaute Weine

Geschmacksrichtung und – für viele Kunden sicherlich von Interesse – Lagerfähigkeit der angebotenen Weine sind auf der Preisliste durch einprägsame Symbole gekennzeichnet. Zur Preisorientierung: Eine Flasche Weißburgunder Kabinett kostet 3,50 DM.

Anfahrt: A 6, Abfahrt Grünstadt und B 271 (Weinstraße)

Erstmals bei der DLG-Bundesweinprämierung 1961

Weingut Benderhof, Kallstadt

Besitzer:
Arthur Bender
und Karola
Bender-Haaß

6701 Kallstadt
Neugasse 45
☏ 0 63 22/15 20

Bestockte
Rebfläche
7 ha

Spezialität:
Gewürztraminer,
Weißburgunder

Verzicht auf Massenträger, geringer Anschnitt und späte Lese sind Mittel, Benderhof-Weinen eine hohe Qualität zu sichern. 35% Riesling, 15% Kerner und 10% Faberrebe werden als wichtigste Rebsorten auf den 7 Hektar Weinbergen, ergänzt durch Spezialitäten wie Weißburgunder und Gewürztraminer, angebaut.

Sehr unterschiedliche Böden sorgen für den individuellen Charakter der Weine, der durch getrennten, gewissermaßen «bodenspezifischen» Ausbau der Ernte der einzelnen Parzellen in kleinen Gebinden erhalten bleibt. Ein Vergleich der trockenen Kabinettweine aus den bekannten Lagen «Saumagen» und «Kreidekeller» in der gemütlichen Probierstube (für bis zu 50 Personen, täglich geöffnet, außer an Sonn- und Feiertagen) macht das deutlich.

Der Trocken- und Halbtrockenanteil (25% und 40%) steigt. Zur Preisorientierung: Ein Riesling Kabinett kostet 6,20 DM.

Anfahrt:
An der B 271
(Weinstraße)

Erstmals bei der
DLG-Bundes-
weinprämierung
1971

Weingut Müller-Ruprecht, Kallstadt

Besitzer:
Walter und Ulrich Müller, weitere Ansprechpartner: Christa und Jutta Müller

6701 Kallstadt
Freinsheimer Straße 31
☏ 0 63 22/27 92

Bestockte Rebfläche 10 ha

Spezialität: Spätburgunder im Holzfaß ausgebaut

Anfahrt: A 6, Abfahrt Grünstadt, an der B 271 (Weinstraße)

Erstmals bei der DLG-Bundesweinprämierung 1961

In der Weinpreisliste geben Symbole verschiedenartige lebendige Information zum Verwendungszweck der angebotenen Weine. In der kleinen Probierstube sitzen die Gäste am rotgedeckten Tisch neben dem Kamin und im großen Probensaal unter Giebel-Holzgebälk an langer, rustikaler Tafel. Das Haus ist aus dem Jahr 1822, das Weingut wurde 1702 gegründet. Gäste sind zum Rundgang, zum Beispiel durch den Holzfaßkeller, ebenso willkommen wie zur Übernachtung in den Gästezimmern – und zur Probe natürlich, bei der bis zu 50 Personen Platz finden. Die wichtigsten dabei angebotenen Rebsorten sind Riesling, Müller-Thurgau, Spätburgunder und Gewürztraminer, mit Anteilen in dieser Reihenfolge auf den 10 Hektar Rebland in Kallstadt und Ungstein vertreten. – Sie werden zur Hälfte lieblich und zu etwa je einem Viertel trocken und halbtrocken ausgebaut. – Riesling Kabinett kostet 5,20 DM die Flasche.

Winzergenossenschaft Kallstadt eG, Kallstadt

Geschäftsführer: Werner Weber, weiterer Ansprechpartner: Kellermeister Karl-Hans Manck

6701 Kallstadt
Weinstr. 126
☏ 0 63 22/86 54

Bestockte Rebfläche 190 ha

Spezialität: Riesling im Holzfaß gereift

Anfahrt: A 6, Abfahrt Grünstadt, an der B 271 (Weinstraße)

Erstmals bei der DLG-Bundesweinprämierung 1959

Die offiziell in Deutschland und anderen Ländern angewandte Geschmackseinstufung kennt mit «trocken», «halbtrocken» und «lieblich» drei Gruppen. Teilt man die Weine der 180 Mitglieder von 190 Hektar Genossenschaftsland danach ein, so ergeben sich Anteile von 20%, 15% und 65%. Die WG hat jedoch mit den farbigen Geschmackssymbolen ihrer Weinliste den letzten Bereich noch einmal in drei Gruppen unterteilt und damit zur weitergehenden Information ihrer Kunden fünf Geschmackseinteilungen: Als «mild» werden Weine mit 19 bis 25 Gramm Restsüße bezeichnet, als «lieblich» solche zwischen 25 und 40 Gramm und als «edelsüß» jene mit darüber liegenden Restzucker-Werten. Der Riesling führt den Rebsortenspiegel mit 25% vor Müller-Thurgau, Portugieser und Silvaner an und kostet als Kabinett 5 DM. Er wird im Holzfaß ausgebaut. – Proben im «Weinstudio».

Weingut Schloßhof, Karl-Heinz Mühlmichel, Kirchheim

Besitzer:
Karl-Heinz Mühlmichel

6719 Kirchheim
Schloßhof
☏ 0 63 59/37 47

Bestockte Rebfläche
10 ha

Spezialität:
reintönige Weine in Edelstahl ausgebaut

Karl-Heinz Mühlmichel ist erklärter «Edelstahl-Anhänger». Die besten Qualitäten, so sagt er, kommen immer in die Edelstahl-Tanks. Das sind hier Beerenauslesen, und die werden mit guter Zuverlässigkeit von der Huxelrebe geliefert. Der Winzer hat genügend Vergleichsmöglichkeiten, was für seine Region am nördlichen Ende der Weinstraße und für seinen Betrieb am besten ist. In den 10 Hektar Weinbergen wachsen Riesling, Müller-Thurgau, Portugieser, Kerner, Sieger, Huxel und die Ruländer-Rebe, deren Weine der Erzeuger «galant» nennt – und persönlich bevorzugt. Im Keller stehen Holz, Beton, Kunststoff und Edelstahl (über die Hälfte) als Gebindearten zur Auswahl. Das Holz wird, auch für den Riesling, nur noch bei reicher Ernte genutzt. Ein Kabinett dieser Sorte kostet 4,90 DM. Proben der zu drei Vierteln lieblichen Weine sind auch am Wochenende möglich – bis zu 50 Personen.

Anfahrt:
A 6, Abfahrt Grünstadt

Erstmals bei der DLG-Bundesweinprämierung 1972

Weingut Kom.-Rat Georg Fr. Spiess, Kleinkarlbach

Besitzer:
Kom.-Rat
G. Fr. Spiess,
weitere
Ansprechpartner:
Frau Dr. I. Spiess
und Herr
W. Roos

6719 Klein-
karlbach
Postfach 12 60
☏ 0 63 59/8 01
und 2 75

Bestockte
Rebfläche
20 ha

Sehr späte Lese –
biologischer
Säureabbau

Anfahrt:
A 6, Abfahrt
Grünstadt,
über die B 271
(Weinstraße)

Erstmals bei der
DLG-Bundes-
weinprämierung
1955

Vor zehn Jahren begannen die Rebzeilen dieses Weingutes auch am Boden durchgehendes Grün zu zeigen, und inzwischen ist diese Naturbegrünung Standard geworden. Ebenso fiel die Entscheidung, auf den 20 Hektar eigener Weinberge ab dem dritten Standjahr nur noch die sogenannte «Unterstockbehandlung» durchzuführen, um – mit geringeren Erträgen – hohe Extraktwerte zu erzielen. Weitere Grundsätze: sehr späte Lese, Entrappen des gesamten Lesegutes und fast ausschließlich biologischer Säureabbau. Das zielt natürlich besonders in Richtung Riesling. Der ist hier mit 10 Hektar Fläche die Nummer eins des alten Klostergutes mit dem Gründungsjahr 1705. Er kostet als Kabinett 6,90 DM und ist mit seinen Begleitern wie Kerner, Silvaner und Portugieser im ästhetisch-rustikalen Probierraum mit maximal 60 Personen zu verkosten – lieblich vor allem (70%) und trocken (25%).

Weingut Emil Bauer & Söhne, Landau-Nußdorf

Besitzer:
Emil Bauer und Söhne

6740 Landau-Nußdorf
Walsheimer Straße 18
☏ 0 63 41/ 6 17 54

Bestockte Rebfläche 9,5 ha

Spezialität: Sekte von brut de brut bis halbtrocken

Anfahrt: A 65, Abfahrt Landau

Erstmals bei der DLG-Bundesweinprämierung 1958

Mit der Siegerrebe wurden sie 1971 Sieger: 326 Grad Oechsle, ein Mostgewichtsrekord durch eine Trockenbeerenauslese, über den die Weinwelt damals staunte. Der Rekordwein ist auch heute noch nicht auf der Weinpreisliste zu finden, käuflich sind jedoch einige Beerenauslesen von Sieger-, Silvaner- und Faberrebe, ergänzt durch liebliche Auslesen. Daraus zu schließen, daß hier «lieblich» bevorzugt wird, ist jedoch falsch: 60% des Angebotes von den 9,5 Hektar Rebland ist trocken ausgebaut! Ein Riesling dieser Art kostet als Kabinett 5 DM – und repräsentiert nach Rebsorte (neben Müller-Thurgau und Silvaner) und Geschmacksrichtung den größeren Teil des Angebotes. Auch trockene Spät- und Auslesen von Kerner und Huxelrebe sowie von Spätburgunder- und Dornfelder-Rotweinen gehören in diesen Bereich. Alle Weine (Sekte) werden in diesem jahrhundertealten Weinbaubetrieb selbst vermarktet. – Proben bis 100 Personen.

Gebietswinzergenossenschaft Palmberg eG, Laumersheim

Geschäftsführer: Manfred Kempf, weiterer Ansprechpartner: Kellermeister Manfred Bottlingen

6711 Laumersheim
☎ 0 62 38/7 40

Bestockte Rebfläche 293 ha

Spezialität: Portugieser

Anfahrt: A 6, Abfahrt Grünstadt

Erstmals bei der DLG-Bundesweinprämierung 1962

«Palmberg» und «Portugieser», das gehört bei vielen Kunden dieser großen Genossenschaft, vor allem in Süddeutschland, immer zusammen. Zwar hat die typische Pfälzer Rotweinrebe auf den 293 Hektar Rebland der 260 Genossenschaftsmitglieder mit 23% nur wenig mehr Anteil als der Müller-Thurgau, der mit 20%, oder der Riesling, welcher mit 15% folgt, aber sie ist eben die Spezialität. Solche Einstufung konnte schon deshalb nicht ausbleiben, weil die WG 1971 zu den Pionieren der Hoch-Kurzzeit-Erhitzung gehörte. Seit jenem Jahr haben die Palmberg-Rotweine eine natürliche, kräftige Farbe ohne Verschnitt mit «Deckrotweinen». Auch die «süffigen» Portugieser werden heute zunehmend trocken oder halbtrocken ausgebaut. Beide Geschmacksrichtungen haben grob ein Viertel Anteil an der Gesamterzeugung. – Proben bis 50 Personen nach Voranmeldung. Eine Flasche Riesling Kabinett kostet 5,20 DM.

Weingut Philipp Kuhn, Laumersheim

Besitzer:
Philipp Kuhn,
weiterer
Ansprechpartner:
Hiltrud Kuhn

6711 Laumersheim
Großkarlbacher
Straße 20
☎ 0 62 38/6 56

Bestockte
Rebfläche
9 ha

Spezialität:
Huxelrebe,
Portugieser und
Gewürztraminer

Anfahrt:
A 6, Abfahrt
Grünstadt

Erstmals bei der
DLG-Bundesweinprämierung
1966

Die Lagen haben zwei schöne Namen: «Kirschgarten» und «Mandelberg». In beiden Fällen sind Geschmackseindrücke mit den genannten Früchten zu verbinden, und es ist bekannt, daß gerade der Riesling zur Entwicklung zarten Fruchtgeschmackes neigt. Während ansonsten der Portugieser die Nummer eins im Dorf ist, dominieren hier Riesling, Müller-Thurgau und Gewürztraminer. Sie haben einen Anteil von 70% an den 9 Hektar Gesamtrebfläche. Ergänzend werden auf den von Löß und Lehm bestimmten Böden unter anderem auch Portugieser und Huxelrebe angebaut. 60% des Ertrages wird auf Flaschen gefüllt – und unmittelbar dem Verbraucher verkauft. Der mag es in jüngerer Zeit zunehmend halbtrocken (30% – 20% trocken, 50% lieblich). Die meisten Kunden kommen aus dem Frankfurter Raum. Proben jederzeit – mit höchstens 25 Personen. Riesling Kabinett 4,50 DM.

Weingut Müller-Catoir, Neustadt-Haardt

Besitzer:
Heinrich Catoir,
weiterer
Ansprechpartner:
Kellermeister
Hans-Günther
Schwarz

6730 Neustadt 13
Mandelring 25
☏ 0 63 21/28 15

Bestockte
Rebfläche
17 ha

Spezialität:
Muskateller

Sehr schonender
Ausbau aller
Rebsorten

Haardt wirkt ohnehin schon «südlich». Und dann dieses Haus mit seinem Säulen- und Bogeneingang, seinem Pflaster-Innenhof, seinen Palmen und anderen exotischen Pflanzen. Es könnte mit dieser eigenartigen Mischung aus Heiterkeit und Würde in Florenz stehen, aber es ist die gute, alte Pfalz – auch im Probierzimmer mit dem herrlichen Parkett und der ebenso schönen Holzdecke. Auch im Keller mit seinem schwer gemauerten Gewölbe.

«Hinter dieser Kellertür ist alles noch beim alten», sagt eine Werbekarte. Moderne Behältnisse für Ausbau und Lagerung haben zwar schon Eingang gefunden, aber es gilt noch die Regel: kein gezielter Säureabbau, keine Schönung und kein Rebsortenverschnitt.

Vor dem heutigen Betriebsleiter haben sich drei Frauen, Mutter, Großmutter und Urgroßmutter, darum bemüht, das Erbe der Vergangenheit als «Chefs im Hause» zu erhalten. Seit 1968 sorgt nun wieder ein Mann dafür, daß die Rieslinge, Scheureben, Müller-Thurgau, Rieslaner,

Erstmals bei der
DLG-Bundes-
weinprämierung
1962

Kein Säureabbau, keine Schönung, kein Verschnitt

Weißburgunder, Kerner, Gewürztraminer und Muskateller zu Ehren kommen. Mit Erfolg, wie die Berichte in der Fachpresse und neutrale Vergleichsproben beweisen. Welch ungewöhnliche Wege er dabei geht, zeigt auch ein Blick in die Weinliste, die eine trockene Rieslaner-Auslese ebenso anbietet wie trockenen Gewürztraminer oder Muskateller. Letzterem gehört eine besondere Vorliebe des Erzeugers. Etwa die Hälfte des Ertrages von den 17 Hektar Rebland wird «trokken» angeboten. 15% sind «halbtrocken» und 35% «lieblich». Fast alle Weine gehen unmittelbar an den Endverbraucher.

Anfahrt: A 65, Abfahrt Neustadt-Nord

Die Weinfreunde sind werktags zu Probenrunden in kleinem Kreis von höchstens sieben Personen willkommen. Zur Probe steht auch ein ungewöhnlicher Sekt, ein Muskateller brut de brut. Zur Preisorientierung: Eine Flasche Riesling Kabinett kostet 7,60 DM.

Weingut Probsthof, Kurt Zimmermann, Neustadt-Haardt

Besitzer:
Kurt Zimmermann, weiterer Ansprechpartner: Reiner Zimmermann

6730 Neustadt 13
Probstgasse 7
☏ 0 63 21/63 15

Bestockte Rebfläche 9 ha

Spezialität: «frische» Weine mit natürlicher Kohlensäure

Anfahrt: A 65, Abfahrt Neustadt

Erstmals bei der DLG-Bundes-weinprämierung 1968

Der Name ist alt, das Weingut noch recht jung. Als es 1950 im schönen Haardt entstand, bot sich zur Namensgebung das schon 1555 «nebenan» erwähnte Gebäude der Propstei Speyer an. Auch im Keller verbindet sich alt und neu in Form von Holz-, Stahl- und Beton-Lagergebinden. Und ein weiterer Kontrast: Traditionelle, rein organische Düngung im Weinberg und moderner, reduktiver (Frische erhaltender) Ausbau im Keller. Da geht es bei Düngung und Ausbau wohl vor allem um den Riesling, die Hauptsorte mit einem 60%-Anteil. Da geht es auch um die sehr wichtig gewordene Geschmacksrichtung «trocken». Die Hälfte aller Weine wird schon so ausgebaut, und die Nachfrage steigt weiter (10% «halbtrocken», 40% «lieblich».) Riesling Kabinett kostet 6,40 DM, und Weinfreunde sind jederzeit zu Probe, Dia-Vortrag und Rundgang auf eigenem Weinlehrpfad willkommen.

Winzergenossenschaft Königsbach-Neustadt eG, Neustadt-Königsbach

Geschäftsführer:
Eugen Rau,
weiterer
Ansprechpartner:
Kellermeister
Karl Müller

6730 Neustadt-
Königsbach
Deidesheimer
Straße 12
☏ 0 63 21/
6 60 79

Bestockte
Rebfläche
140 ha

Spezialität:
Spätburgunder

Anfahrt:
A 65, Abfahrt
Autobahndreieck
Neustadt, weiter
über die B 38
und B 271

Erstmals bei der
DLG-Bundes-
weinprämierung
1962

Die Winzergenossenschaft nennt als Spezialität ihren Spätburgunder. Sie hat ein immer gleiches Verfahren der Weinbereitung. Das ist das Vergären aller Moste im Edelstahlbehälter und die Umlagerung zum Reifen nach dem ersten Abstich in Holzfässer oder andere Gebindearten. Ob Holz, Stahl oder Beton, das hängt von der Rebsorte ab. Riesling ist dabei die wichtigste. Sie hat 40% Anteil und kostet als Kabinett 4,30 DM. Müller-Thurgau und Silvaner folgen als weiße, Spätburgunder und Portugieser als rote Rebsorten. Sie wachsen auf 140 Hektar Weinbergen in Königsbach, Neustadt und Mußbach und gehören 280 Winzern. Zum Ausbau (26% trokken – steigend) kommen sie in den Betriebshof am Fuß des Pfälzer Waldes. Der ist herrlich gelegen und dient mit seinem Parkplatz Wanderern und Radwanderern als Start zu Ausflügen – Hilfe sicherlich für die erfolgreiche Direktvermarktung. – Proben bis 70 Personen.

Weingut Meerspinnkeller A. Christmann, Neustadt-Gimmeldingen

Besitzer:
G. F. Christmann,
weitere Ansprechpartner:
Gisela und Steffen Christmann

6730 Neustadt-Gimmeldingen
Peter-Koch-Straße 43
☏ 0 63 21/ 6 60 39

Bestockte Rebfläche
8,1 ha

Spezialität:
«klassische», durchgegorene Weine

Erstmals bei der DLG-Bundesweinprämierung 1972

Der Vater betrieb noch einen ausgedehnten Weinhandel. Sohn Fritz gab den Handel ganz auf, konzentrierte sich ausschließlich auf das ca. 8 Hektar große Weingut und entwickelte die Selbstvermarktung so weit, daß jetzt alles auf Flaschen gefüllt und zu neun Zehnteln unmittelbar dem Verbraucher geliefert wird.

Er schaffte es auch, jene Kunden zu finden, die seinem Idealweg der Weinbereitung folgen wollten. Der Weg führte zum durchgegorenen Wein (85% Anteil am Gesamtangebot!). Er führte auch zur Mitbegründung des Vereins «Der klassische Deutsche Wein» mit seinen Forderungen nach Rückführung auf klassische Rebsorten, Erträgen von maximal 80 Hektoliter pro Hektar, zurückhaltender Bodennutzung – und durchgegorenen Weinen. Wie weit die Moste gären, steht auf der Preisliste.

«Schönstes Fachwerk-Winzerhaus an der Weinstraße»

«Meerspinnkeller», Gutsweinstube

Anfahrt: A 65, Abfahrt Autobahndreieck Neustadt, weiter über die B 38

Da gibt es Riesling ohne jeden Restzucker und rund 10 Grad Alkohol, aber auch eine Huxelrebe Auslese mit einem Alkoholgehalt von mehr als 14 Grad.

Der aktuelle Rebsortenspiegel zeigt, daß die klassischen Rebsorten mit dem Riesling an der Spitze (60% Anteil) schon mehr als neun Zehntel der eigenen Weinberge einnehmen. Der Spätburgunder ist dabei – ein Wein, der nach einem zwei Wochen dauernden Gärprozeß auf der Maische zum Reifen in gebrauchte Barrique-Fässer gefüllt wird. Seine Sonderbehandlung beginnt jedoch schon bei der Lese. Da werden edelfaule Trauben ausgelesen, um eine Beeinträchtigung der natürlichen Farbe zu vermeiden.

Von der Leitsorte Riesling gibt es eine Abfüllung mit Künstleretikett. Der normale, trockene Kabinett kostet um 7 DM. – Ideale Probenmöglichkeit: Der Gutausschank «Meerspinnkeller» liegt gleich unter dem, ob seiner Schönheit preisgekrönten, alten Winzerhaus.

Weingut Weinkellerei Peter Stolleis KG, «Carl-Theodor-Hof», Neustadt-Mußbach

Besitzer:
Peter Stolleis,
weitere
Ansprechpartner:
Gerhard
Reinmuth,
Frau Schädler
und
Frau Gensheimer

6730 Neustadt-
Mußbach
Carl-Theodor-
Hof
☏ 0 63 21/
6 60 71

Bestockte
Rebfläche
19 ha

Erstmals bei der
DLG-Bundes-
weinprämierung
1956

Kurfürst Carl Theodor war ein Wittelsbacher, vor allem aber ein rechter Pfälzer. Und da er lange genug an der Regierung blieb (von 1742 bis 1799) und außerdem den Wein liebte, konnte er einiges für das edle Getränk bewirken. Das riesige «Heidelberger Faß» ist genauso sein Werk wie weniger bekannte, aber sehr wichtige Qualitätsverordnungen zu Nutzen der Winzer. Mit einigen befreundeten Künstlern fuhr der Kurfürst von seiner Sommerresidenz Schwetzingen häufig zum Weinprobieren in die Pfalz. Die guten Tropfen kamen auch aus dem Mußbacher Keller, dem heutigen Carl-Theodor-Hof. Zu Beginn unseres Jahrhunderts erwarben Bürgermeister Heinrich Stolleis und sein Bruder Peter Stolleis diesen Besitz mit seinen Putten und Grazien und dem, schon damals großen, Maulbeerbaum im Hof. Der ebenso sehenswerte Keller wird durch ein Prunkfaß gekrönt, das an die Wieder-

Spezialität: Riesling, Blauer Portugieser, Spätburgunder

Hof mit «südlichem Charakter» – Feigen, Mandeln, Zitronenbusch, Maulbeerbaum

vereinigung von Bayern und der Pfalz im Jahr 1777 erinnert – unter Kurfürst Carl Theodor. 19 Hektar Weinberge gehören zu diesem Gut, mit zahlreichen Rebsorten, vor allem aber mit Riesling bestanden. Der hat mit 60% den Hauptanteil und ist in seiner trockenen Version auch Lieblingswein der Besitzerfamilie (Kabinett um 6,50 DM). «Trocken» ist hier Trumpf – auch im bundesweiten Kundenkreis. Die Hälfte der Weine wird so ausgebaut und zudem noch fast ein Drittel halbtrocken. Alle Rieslinge und grundsätzlich auch alle Rotweine (Spätburgunder) reifen in Holzfässern.

Anfahrt: A 65, Abfahrt Autobahndreieck Neustadt, weiter über die B 38

Bei Proben in der alten Kelterhalle (bis 60 Personen) kann man ein wenig Erinnerung an einen großen Kurfürsten mitgenießen und möglicherweise den Nachfolger jenes Weines erwerben, von dem der Musenfreund Carl Theodor ein ganzes Faß nach Wien schickte – als Geschenk für den Komponisten Gluck.

Winzergenossenschaft Weinbiet eG, Neustadt-Mußbach

Geschäftsführer: Jürgen Misch, weiterer Ansprechpartner: Manfred Klohr

6730 Neustadt-Mußbach Postfach 9
☏ 0 63 21/65 46

Bestockte Rebfläche 191 ha

Spezialität: Gewürztraminer trocken

1902 war die Gründung. Das ist eines der wichtigen Daten. 1968 und 1971 sind die anderen. 1968 schloß sich der örtliche Winzerverein mit der WG zusammen. Die beiden Gebäude liegen 500 Meter auseinander und sind inzwischen durch eine Wein-Pipeline verbunden. 1971 folgte die Vereinigung mit der WG Gimmeldingen. So stieg die Mitgliederzahl auf 265 und die Größe der bestockten Rebfläche auf 191 Hektar. Unter anderem bewirtschaften die Genossenschaftler etwa die Hälfte der berühmten «Eselshaut». Insgesamt pflanzen sie vorwiegend Müller-Thurgau und Riesling (Kabinett 5 DM) und, mit geringeren Anteilen, Silvaner, Kerner, Portugieser, Scheurebe, Dornfelder und Gewürztraminer. Der Gewürztraminer gilt in trockener und lieblicher Art gleichermaßen als Spezialität des Hauses. Etwa die Hälfte der Weine wird «lieblich», ein Viertel «trocken» ausgebaut, zum Teil im Holzfaß. – Proben bis 70 Personen.

Anfahrt: A 65, Abfahrt Autobahndreieck Neustadt, weiter über die B 38

Erstmals bei der DLG-Bundesweinprämierung 1964

Winzerverein Meckenheim eG, Neustadt-Mußbach

Geschäftsführer: Theo Handrich, weiterer Ansprechpartner: Kellermeister Friedrich Buchert

6730 Neustadt-Mußbach An der Eselshaut 76
☏ 0 63 21/ 6 60 35

Bestockte Rebfläche 171 ha

Spezialität: Meckenheimer Rotling

Anfahrt: A 65, Abfahrt Autobahndreieck Neustadt, weiter über die B 38

Erstmals bei der DLG-Bundesweinprämierung 1964

Das Genossenschaftsgebäude liegt originellerweise nicht in Meckenheim, wo die 280 Mitglieder ihre 171 Hektar Weinberge bewirtschaften, sondern in Mußbach. Front und Parkplatz wenden sich zur vielbefahrenen Weinstraße – und damit zum Verbraucher. Dieser ist zu Weinproben im Haus willkommen. Bis zu 60 Personen haben im Probenraum Platz. Zusätzlich ist an Sonn- und Feiertagen von Mai bis Oktober ein Probierstand in der Dorfmitte von Meckenheim geöffnet. Zu probieren gibt es bei den «Weißen» Müller-Thurgau und Riesling (Kabinett 5 DM), Silvaner und Kerner. Bei den «Roten» dominiert der Portugieser. Es steht jedoch auch ebenso reduktiv ausgebauter Spätburgunder auf der Preisliste – und neuerdings «Rotling», ein Wein aus roten und weißen Trauben, die gemeinsam gekeltert werden. Über alle Sorten und Jahre sind im Durchschnitt etwa 30% der Weine trocken, 40% lieblich.

Winzergenossenschaft Hambacher Schloß eG, Neustadt-Hambach

Geschäftsführer:
Peter Schulz,
weiterer
Ansprechpartner:
Vorstands-
vorsitzender
Ernst Poh

6730 Neustadt-
Hambach
Weinstr. 110
☏ 0 63 21/23 43

Bestockte
Rebfläche
80 ha

Spezialität:
Flasche mit
Relief des
Hambacher
Schlosses in Gold

Anfahrt:
An der B 38
(Weinstraße)

Erstmals bei der
DLG-Bundes-
weinprämierung
1971

Das Hambacher Fest von 1832, bei dem Demokraten auf dem Hambacher Schloß eine ganz Deutschland umfassende Republik forderten, hat den Ort bekannt gemacht. Seit 1982, dem 150jährigen Jubiläum der «Geburtsstunde der deutschen Demokratie», führt die nach der Burg über Hambach benannte Genossenschaft eine Sonderflasche im Angebot: Ein Relief zeigt den Zug der Demonstranten auf das Schloß. Vier Genossenschaften aus Diedesfeld und Hambach sind in der WG zusammengeschlossen. Weitere Kenndaten: 196 Mitglieder, 80 Hektar Rebfläche, Sand- und Lößböden, alle typischen Pfälzer Rebsorten, besonders gute Rotweinlagen (20% Portugieseranteil). Neu im Angebot: «Diedesfelder Perlwein» aus Diedesfelder Lagen mit Jahrgang und AP-Nr. Die ganze Woche ist die Probierstube (bis zu 100 Personen) geöffnet. Eine Flasche Müller-Thurgau Kabinett kostet 3,50 DM.

Weingut Josef Breitling, Neustadt-Duttweiler

Besitzer:
Josef Breitling,
weiterer Ansprechpartner:
Edith Breitling

6731 Neustadt-Duttweiler
Hauptstr. 92
☏ 0 63 27/23 70

Bestockte Rebfläche
10 ha

Spezialität:
im Holzfaß gereifte Weine

Anfahrt:
A 65, B 38 und B 39

Erstmals bei der DLG-Bundesweinprämierung 1975

Josef Breitling bewirtschaftet den 10-Hektar-Betrieb mit seiner Frau Edith in vierter Generation. 85% des Weines gehen heute an Privatkunden; schon Vater Johannes lieferte 1930 direkt an den Verbraucher, damals allerdings noch in kleinen Fässern von 30 bis 60 Liter Inhalt.

Die Lößlehmböden, zum Teil kalkhaltig, und das bekannt milde Klima der Vorderpfalz machen die Erzeugung von Weinen vom einfachen Qualitätswein bis zu den Spitzenprädikaten möglich. Die Rebsorten: hauptsächlich Portugieser (25% – häufig als Weißherbst ausgebaut), Silvaner (25%), Müller-Thurgau (20%) und Riesling (15%). Die Spitzenweine reifen zum großen Teil im Holzfaß.

Nach telefonischer Anmeldung Probe für bis zu 50 Personen, Gewürztraminer/Ruländer/Silvaner Kabinett kosten 4,50 DM die Flasche.

F. u. G. Bergdolt, Klostergut St. Lamprecht, Duttweiler

Besitzer:
Rainer Bergdolt,
weitere
Ansprechpartner:
Birgit Bergdolt,
Günther Bergdolt

6730 Neustadt-
Duttweiler
Dudostr. 17
☏ 0 63 27/50 27

Bestockte
Rebfläche
15 ha

Spezialität:
Weißburgunder
im Holzfaß
ausgebaut

Erstmals bei der
DLG-Bundes-
weinprämierung
1961

Fast 700 Jahre ist es her, daß das Weingut zum erstenmal erwähnt wurde. Damals wurde es vom Kloster St. Lamprecht im Neustadter Tal, wo heute die Stadt Lambrecht liegt, erworben. 1553, nach der Aufhebung des Klosters, gab Kurfürst Friedrich II. von der Pfalz den Besitz an die Universität Heidelberg. 1754 ging das Weingut in den Besitz des Jakob Bergdolt aus Wachenheim über – unter der Bedingung, daß es niemals zerstückelt würde. Heute führt die Familie das Gut in der achten Generation, es umfaßt 15 Hektar.

Der Boden besteht aus Löß, sandigem Lehm und zum Teil auch kalkhaltigem Lehm. Diese geeigneten Böden, mildes Klima, qualitätsbewußte Weinbergspflege und sorgfältiger Ausbau sind Vorbedingungen, um auch auf den vorwiegend flachen Lagen große Weine zu erzeugen (Bundesehrenpreise). Die Hauptrebsorten sind Riesling

Atmosphäre eines Traditions-Weingutes

Proben in der Weinstube und im alten Gewölbekeller

Anfahrt: A 65, weiter über B 39

(33%), Weißburgunder und Kerner (je 15%), Silvaner und Müller-Thurgau (je 10%) sowie Gewürztraminer (5%).

Ein Drittel der Ernte wird im traditionellen Holzfaß ausgebaut, zwei Drittel reifen in modernen Tanks. Der Anteil der «Trockenen» liegt bei 60%; wie alle Weine des Guts zeichnen sie sich durch markante Säure aus, die der Kellermeister zu erhalten sucht. Ein mächtiger Torbogen bildet den Eingang zum Gutshof, in dem klassische Weingutsatmosphäre den Besucher empfängt. Eine barocke Skulptur des hl. Lampertus, antike Amphoren, ein Familien-Faßboden von 1779 und viele weitere Kunstgegenstände schaffen die rechte Stimmung für interessante Weinproben. Für größere Gruppen werden sie auch im alten Gewölbekeller durchgeführt.

90% der Weine gehen an Endverbraucher, 10% an Fachhandel und Gastronomie. Zur Preisorientierung: Eine Flasche Riesling Kabinett kostet um 7 DM.

Weingut Bergdolt-Reif und Nett, Neustadt-Duttweiler

Besitzer:
Heinz Bergdolt-Reif,
weitere Ansprechpartner:
Bernhard Nett,
Bärbel Nett

6730 Neustadt-Duttweiler
Dudostr. 24
☏ 0 63 27/28 03

Ein typischer Familienbetrieb: Vier Generationen leben unter einem Dach, die beiden mittleren bewirtschaften zusammen die 13 Hektar Weinberge. Das Weingut wurde 1900 gegründet, aber der Gewölbekeller, der heute noch als Weinlager dient, stammt schon aus dem Jahr 1838.

Da bei Duttweiler die Grenze zwischen den beiden pfälzischen Bereichen liegt, finden sich auf der Weinliste Lagenbezeichnungen der «Südlichen Weinstraße» und der «Mittelhaardt-Deutsche Weinstraße» nebeneinander.

Bestockte Rebfläche 13 ha

Spezialität: Weißburgunder von Q. b. A. bis zur Beerenauslese

Vier Generationen unter einem Dach; zwei Generationen arbeiten zusammen

Alter Gewölbekeller

Anfahrt: A 65, B 38 und B 39

Erstmals bei der DLG-Bundesweinprämierung 1975

Die wichtigsten Rebsorten sind Müller-Thurgau und Riesling mit je einem Viertel Anteil an der Rebfläche, dazu kommen Kerner, Weißburgunder und Silvaner (je 10%) sowie 15% Rotweinreben und weitere Rebsorten mit kleineren Anteilen.

Für den Ausbau im Keller zeichnet heute vor allem Winzermeister Bernhard Nett verantwortlich. Sein besonderer Stolz ist eine trockene Ruländer Auslese aus dem Jahr 1983, aber auch Weißburgunder bietet das Weingut in allen Qualitätsstufen vom einfachen Qualitätswein bis zur Beerenauslese an – trocken und lieblich. 30% der Weine werden trocken ausgebaut (25% halbtrocken und 45% lieblich).

Zur Preisorientierung: Ein Riesling Kabinett kostet 3,90 DM. Nach telefonischer Anmeldung können bis zu 60 Personen die umfangreiche Weinliste durchprobieren – auch am Wochenende oder an Feiertagen.

Niederkirchener Winzerverein eG, Niederkirchen

Geschäftsführer: Alfons Rau, weiterer Ansprechpartner: Kellermeister August Baumann

6701 Niederkirchen
Deidesheimer Straße 1
☏ 0 63 26/ 18 56/57

Niederkirchen betreibt intensiven Weinbau seit Römerzeiten. Die Geschichte des Weinortes wird sichtbar etwa im romanischen Turm der Dorfkirche St. Martin aus dem 11. Jahrhundert. Diese mächtige Kirche wurde auch namengebend für das kleine Dorf.

Vorher nannte man den Ort «Nieder-Deidesheim» (er ist sogar das eigentliche, das ältere Deidesheim). Auch politisch waren die beiden Gemeinden lange verbunden; seit der Gemeindereform 1973 sind sie es wieder. So verwundert es nicht, daß viele Niederkirchener Familien Weinbergbesitz in den besten Lagen der Mittelhaardt haben: In Deidesheim vor allem, aber auch in

Bestockte Rebfläche 440 ha

Spezialität: Blauer Portugieser Weißherbst

Riesling-Sekte aus eigenem Lesegut

Anfahrt: Über die B 38 oder B 271 (Weinstraße)

Erstmals bei der DLG-Bundesweinprämierung 1966

Forst und Ruppertsberg. Fast 500 Mitglieder, auch aus umliegenden Orten, hat die schon 1901 gegründete Genossenschaft heute. Sie bewirtschaften mehr als 440 Hektar Rebfläche, auf denen vor allem Riesling-Reben stehen. Müller-Thurgau, Kerner und Portugieser ergänzen das Angebot. Seit kurzem ist die Genossenschaft an den Ortsrand ausgesiedelt. In ihren hochmodernen, sandsteinverkleideten Gebäuden sind die besten Voraussetzungen für Weinpflege und -verkauf gegeben. Kellermeister August Baumann baut den Großteil der Ernte lieblich aus (65% – 20% trocken, 15% halbtrocken). Dazu stehen ihm Betontanks und Stahlgebinde zur Verfügung, aber auch Holzfässer.

Im großzügig gestalteten Verkaufsbereich sind Gäste allzeit willkommen, einen Ruhetag kennen die Niederkirchener nicht. Für bis zu 65 Personen können (nach telefonischer Anmeldung) Weinproben durchgeführt werden. Zur Preisorientierung: Eine Flasche Riesling Kabinett kostet 4,90 DM.

Weingut Baum-Storzum, Obrigheim-Mühlheim

Besitzer:
Familie
Baum-Storzum

6719 Obrigheim-
Mühlheim
Langenweg 2
☏ 0 63 59/33 83

Bestockte
Rebfläche
8 ha

Spezialität:
Riesling,
Portugieser und
Müller-Thurgau

1959 füllte Walter Baum, Senior des Betriebes, den ersten Wein in Flaschen ab – heute vermarktet er zusammen mit Schwiegersohn Werner Storzum die gesamte Ernte selbst – und inzwischen auch weitgehend «ab Hof» (Selbstabholer). Auf den 8 Hektar Rebfläche sind Riesling, Müller-Thurgau und Portugieser die «großen Drei» des Weingutes. Sie wachsen zu 80% auf Hanglagen. Beim Ausbau sieht man im Betrieb eher auf Vielfalt – in Holz, Stahl, Beton und Kunststoff reift hier der Rebensaft zu 25% trokkenen, zu 25% halbtrockenen und zu 50% lieblichen Weinen heran. Eine Flasche Riesling Kabinett kostet 5,20 DM. – Daß er mit solchen Weinen nicht nur am Markt, sondern auch im Qualitätsvergleich Erfolg hat, beweisen die Staatsehrenpreise in den Jahren 1976, 1977, 1978 und 1982 und in Silber im Jahr 1984. – Weinproben bis zu 20 Personen, nach Anmeldung auch an Wochenenden.

Anfahrt:
Über die B 271
(Weinstraße)

Erstmals bei der
DLG-Bundes-
weinprämierung
1968

Weingut Kastanienhof Karl Heinz Fader, Rhodt

Besitzer:
Karl-Heinz Fader,
weiterer Ansprechpartner:
Hedwig Fader

6741 Rhodt
Theresienstr. 62
☏ 0 63 23/51 93

Bestockte Rebfläche
6,5 ha

Spezialität:
trockene und halbtrockene Rieslinge und Gewürztraminer

Anfahrt:
Über die B 38 (Weinstraße)

Erstmals bei der DLG-Bundesweinprämierung 1975

Rhodt ist eines der schönsten Weindörfer der Pfalz. In besonders reizvoller Lage liegt das Weingut der Familie Fader, seit 1780 wird es als Familienbetrieb (6,5 Hektar) bewirtschaftet.

Interessenten werden in der gemütlich-rustikalen Probierstube von Karl-Heinz Fader oder Frau Hedwig individuell beraten (Platz für 40 Personen, außer Sonntag). Das Angebot: Riesling (18%), Portugieser, Müller-Thurgau, Gewürztraminer (alle um 10%), viele weitere Rebsorten.

40% der Weine baut Winzermeister Fader trocken aus, und dieser Anteil ist noch im Steigen begriffen. Vor allem Riesling und Gewürztraminer werden bevorzugt trocken und halbtrocken angeboten.

Zur Preisorientierung: Eine Flasche Gewürztraminer Kabinett kostet 6 DM.

Gebietswinzergenossenschaft Rietburg eG, Rhodt

Geschäftsführer:
Heinz Heußler,
weiterer
Ansprechpartner:
Walter Heintz

6741 Rhodt
Edesheimer-
straße 50
☏ 0 63 23/20 61

Bestockte
Rebfläche
1050 ha

Spezialität:
Pfälzer
Besonderheit
die «Rietburg»-
Meisterklasse

Erstmals bei der
DLG-Bundes-
weinprämierung
1961

«Der älteste Wingert der Welt und die jüngste deutsche Winzergenossenschaft» – «Rebenreichtum in Reinkultur» – «Rietburgland: Weinland, Urlaubsland». So einige Slogans aus dem WG-Prospekt. Zu ergänzen wären noch nüchterne Zahlen. Zahlen, die «Rietburg» als einen der ganz großen Weinerzeuger in Deutschland ausweisen: Eine sehr große, sehr zeitgemäße Genossenschaft mit Sitz in einem kleinen und höchst romantischen Ort. Und damit zu den Zahlen:

1160 Mitglieder liefern von 1050 Hektar Weinbergen aus allen Orten zwischen Neustadt und Landau ihre Trauben an die Zentrale. Daß damit eine sehr breite Palette von Pfälzer Weinen angeboten werden kann, ist selbstverständlich. Angeführt wird sie von den typischen Weinen der Region, von Müller-Thurgau, Silvaner, Kerner, Ruländer und Riesling. Es folgen Morio Muskat, Portugieser, Weißburgunder und Spätburgunder. Natürlich gibt es auch die Spezialität

Alle Weine sind mit dem Markenzeichen der Rietburg ausgestattet

Anfahrt: Über die B 38 (Weinstraße)

Gewürztraminer, jene Rebsorte, die den Keltergebäuden gegenüber im uralten Weinberg steht. Nicht zu vergessen die «Rietburg»-Meisterklasse, sieben klassische Rebsortenweine mit entsprechendem Künstleretikett. Ansonsten ziert die Etiketten jenes historische Gemäuer, das die schöne Landschaft krönt und der WG den Namen gegeben hat: die Silhouette der Rietburg-Ruine.

Die Flaschen mit diesem markanten Etikett gehen zum großen Teil über die verschiedenen Handelswege zum Weinfreund – auch zum ausländischen, denn ein Viertel der Erzeugung wird im Export verkauft. – Probengruppen bis 100 Personen sind auch an Wochenenden willkommen, um das trockene (21% – steigend), halbtrockene (11% – steigend) und liebliche (68% – fallend) Angebot zu kosten. – Eine Flasche Riesling Kabinett kostet 5,80 DM.

Weingut Gerhard Pioth, Roschbach

Besitzer:
Gerhard Pioth,
weiterer
Ansprechpartner:
Harald Pioth
(Bundessieger 1985 im Berufswettkampf Weinbau)

6741 Roschbach
Hauptstr. 12
☏ 0 63 23/18 91

Bestockte
Rebfläche
8,9 Hektar

Spezialität:
breites
Sortenspektrum

Anfahrt:
Über die B 38
(Weinstraße)

Erstmals bei der DLG-Bundesweinprämierung 1979

Es ist ein altes Weingut, in dem die Vorfahren seit Generationen vom Wein und mit dem Wein lebten, aber ein junger Flaschenweinvermarkter. Nach dem Start im Jahr 1962 werden heute 60% der Erzeugung von nahezu 9 Hektar Rebland auf die Flasche gefüllt – und fast ausschließlich direkt an Endverbraucher vermarktet. Das Sortenspektrum zeigt einen Rotwein auf dem ersten Platz: Portugieser hat mit 16% Anteil den größten Rebenbestand – knapp vor dem Müller-Thurgau und gefolgt von vielen anderen Rebsorten, unter denen Morio Muskat, Kerner, Scheurebe (eine Flasche Kabinett kostet 4,50 DM) und Riesling von der Menge her die bedeutendsten sind. In dieser Region nahe der französischen Grenze sind Löß und verschiedene Lehmböden typisch und auch geschmacksbestimmend für das, hier zu 25% trockene, zu 40% halbtrockene und zu 35% liebliche, Angebot. – Weinproben mit bis zu 35 Personen.

Ruppertsberger Winzerverein «Hoheburg» eG

Geschäftsführer: Arnulf Bien, weiterer Ansprechpartner: Kellermeister Karl Josef Kohlmann

6701 Ruppertsberg Hauptstraße
☏ 0 63 26/60 35

Bestockte Rebfläche 205 ha

Spezialität: alte Weine aus dem «Raritätenkeller» – Sekt aus eigenem Lesegut

Anfahrt: Über die B 38 oder B 271 (Weinstraße)

Erstmals bei der DLG-Bundesweinprämierung 1952

Die 215 Genossenschaftsmitglieder haben sich eine der modernsten Kellereien der Rheinpfalz gebaut, mit einer Edelstahl-Tankanlage, einem Raritäten- und einem kompletten Holzfaßkeller für den Ausbau besonderer Weine. Wie grundsätzlich ausgebaut wird, formuliert der Kellermeister so: sauberes Lesegut – schonendes Auskeltern der Maische – zügige Gärung – frühe Klärung des Mostes.

205 Hektar sind bestockt, zum guten Teil mit Riesling (40%), mit Müller-Thurgau (22%) sowie, in kleineren Anteilen, mit Kerner, Portugieser, Silvaner, Gewürztraminer, Scheurebe, Ruländer, Mosio-Muskat, Ehrenfelser und Spätburgunder. 70% dieses Angebotes stehen inzwischen als «trocken» und «halbtrocken» auf der Weinpreisliste, die den Riesling Kabinett mit 4,50 DM führt und auch Sekte aus Riesling, Kerner und Dornfelder (rot) anbietet. – Zur Probe haben bis zu 100 Personen Platz. Um Anmeldung wird gebeten.

Wein- und Sektgut Wilhelmshof, Siebeldingen

Besitzer:
Familie Roth,
Ansprechpartner:
Christa und
Herbert Roth

6741 Siebeldingen
Queichstr. 1
☎ 0 63 45/18 17

Bestockte
Rebfläche
10 ha

Winzer Herbert Roth ist ein Mann mit vielen Talenten: Die von ihm zur Erleichterung der eigenen Weinbergsarbeit entwickelten Geräte baut der Schwager im Hunsrück in Serie.

Tüftlerehrgeiz veranlaßte ihn auch, sich in der Sektherstellung zu versuchen. Inzwischen gehören seine Riesling- und Burgundersekte, im eigenen Keller nach dem aufwendigen traditionellen Verfahren handgerüttelt, zu den beliebtesten Erzeugnissen seines Hauses – oft schon ausverkauft, bevor der nächste Jahrgang geliefert werden kann.

So ergeht es den vielen treuen Privatkunden manchmal auch mit dem Spätburgunder, nach dem klassischen Maischevergärungsverfahren hergestellt und im Holzfaß ausgebaut.

Spezialität: Sekte aus eigenen Weinen nach dem klassischen Verfahren

Die wichtigsten weißen Rebsorten: Riesling (30%) und Burgunderarten (zusammen ebenfalls 30%). Schon seit längerem wird die Hälfte der Weine trocken ausgebaut, etwa ein Drittel halbtrocken.

Herbert Roth reichert nicht an, im Angebot sind daher nur Weine im Prädikatsbereich und zwei «Leichtweine», die als Tafelwein verkauft werden.

Erstmals bei der DLG-Bundesweinprämierung 1977

Zusätzlich interessant wird das 10-Hektar-Gut im idyllischen Winzerhaus durch die Veranstaltungen, die Frau Roth organisiert. Bei Konzerten und Ausstellungen sind oft Künstler in Siebeldingen zu Gast. Weinproben für Gruppen bis 50 Personen. Zur Preisorientierung: Eine Flasche Spätburgunder Kabinett kostet 7,50 DM.

Weingut Marienfelderhof Reinhard Weiter, Siebeldingen

Besitzer:
Reinhard Weiter,
weiterer
Ansprechpartner:
Jutta Weiter

6741 Siebel-
dingen
Marienfelderhof
☏ 0 63 45/28 67

Bestockte
Rebfläche
9,5 ha

Spezialität:
frische Weine
durch späte Ernte
ausgereifter
Trauben

Anfahrt:
Über die B 272
und B 48

Erstmals bei der
DLG-Bundes-
weinprämierung
1985

Hier finden alle ihr Lieblingsgetränk: Kinder Traubensaft, Sektfreunde trockenen Rieslingsekt, Obstler-Fans Hochprozentiges aus der eigenen Brennerei – und natürlich die Weinfreunde eine Weinliste mit einem umfangreichen Angebot.

9,5 Hektar sind im Anbau, die wichtigsten Rebsorten: Riesling, Huxelrebe, Kerner, Ruländer und Portugieser. Auch seltene Neuzüchtungen (Kanzler) und rare alte Rebsorten (Muskateller) bereichern das Angebot. Durch späte Ernte erzielt Reinhard Weiter ausgereifte Weine, die «Roten» werden nach traditioneller Art maischevergoren.

Ein Viertel der Weine ist trocken, dieser Anteil steigt ebenso wie der der halbtrocken ausgebauten (20%). Informative Weinproben in familiärer Runde bis zwölf Personen.

Zur Preisorientierung: Ein Riesling Kabinett kostet 5,20 DM.

Winzerverein «Zum Ritter von Dalberg» eG, St. Martin

Geschäftsführer:
Alfons Keßler,
weiterer
Ansprechpartner:
Otto Bayer

6731 St. Martin
Maikammer
Straße 34
☏ 0 63 23/29 08

Bestockte
Rebfläche
54 ha

Spezialität:
Heroldrebe als
Weißherbst

Anfahrt:
An der B 38
(Weinstraße)

Inmitten seiner Weinberge liegt das idyllische Weindorf St. Martin in einem Taleinschnitt des Pfälzer Waldes. Über dem Ort thront die Burgruine Kropsburg, nach deren Erbauer die Genossenschaft benannt ist. 1964 entstand sie aus der Fusion zweier örtlicher Winzervereine, genossenschaftliche Tradition reicht bis ins Jahr 1902 zurück.

Heute bewirtschaften 160 Mitglieder 54 Hektar Weinberge, bepflanzt vor allem mit Müller-Thurgau (28%), Riesling (20%), Kerner und Silvaner. Ein knappes Drittel der Ernte wird von Kellermeister Bayer trocken ausgebaut, dieser Anteil steigt ebenso wie der der halbtrockenen Weine (25%).

Gruppen bis zu 65 Personen können in der Genossenschaft probieren, auch an Sonn- und Feiertagen. Zur Preisorientierung: Eine Flasche Riesling Kabinett kostet um 5 DM.

Erstmals bei der
DLG-Bundes-
weinprämierung
1963

Weingut Dr. Bürklin-Wolf, Wachenheim

Besitzer:
Bettina Bürklin
v. Guradze,
weiterer
Ansprechpartner:
Gutsdirektor
Dipl.-Ing.
Georg Raquet,
Vertriebsleiter
Herr Käufer

6706 Wachen-
heim
Weinstraße 65
☏ 0 63 22/89 55

Bestockte
Rebfläche
100 ha

Spezialität: Riesling

Qualitätsorientierter
Anschnitt – Mengen-
begrenzung

3 Sekte aus
eigenen Weinen

Anfahrt: Über die
B 271 (Weinstraße)

Erstmals bei der DLG-
Bundesweinprämierung
1951

«Die drei großen B» werden sie genannt. Drei Güter mit diesem Anfangsbuchstaben haben Pfälzer Wein vor Generationen schon berühmt gemacht. Dieses gehört dazu. Seine Tradition ist sichtbar – in den repräsentativen Gutsgebäuden wie im großen Holzfaßkeller, in dem der Riesling reift. Er ist mit Abstand die meistverbreitete Rebsorte in den 100 Hektar Weinbergen (70%), hat den Ruf des Hauses begründet und kostet als Kabinett 9 DM. Seine Anhänger mögen ihn auch im Ausland (30% Export) zunehmend trocken (40%). Noch mehr bevorzugen sie diese Geschmacksrichtung bei den Sekten aus Riesling und Weißburgunder. – Bis zu 120 Weinfreunde sind im urig-echten Probensaal willkommen.

Weingut Emil Zimmermann, Wachenheim

Besitzer:
Emil Zimmermann,
weitere Ansprechpartner:
Herta Zimmermann,
Jürgen Zimmermann

6706 Wachenheim
Grabenstr. 5
☏ 0 63 22/23 84

Bestockte Rebfläche
7 ha

Spezialität:
Riesling-Weine im Holzfaß gereift

Anfahrt:
Über die B 271 (Weinstraße)

Erstmals bei der DLG-Bundesweinprämierung 1970

Die Zimmermanns sind abends und samstags immer erreichbar. Interessenten, die außerhalb dieser Zeit ihre Weine probieren wollen, sollten sich telefonisch anmelden. Das gilt auch für Gruppen bis 80 Personen, mit denen sie zur Probe in den historischen Gewölbekeller des «Rieslinghofes» gehen – einer Weinverkaufsstelle in der Ortsmitte. – Der Name ist Programm. Riesling bedeckt 60% der 7 Hektar Weinberge auf Wachenheimer Gemarkung. Er kostet für den Endverbraucher als Kabinett 5,20 DM, wird zum Teil in Holzfässern, zum anderen Teil in Edelstahltanks und immer reduktiv ausgebaut, gleichgültig in welcher Geschmacksrichtung. Zur Zeit verzeichnen «Trocken» (30%) und «Halbtrocken» (20%) deutliche Zuwachsraten, während die «Lieblichen» (50% Anteil) ebenso deutlich weniger nachgefragt werden. Bei einer Direktvermarktung von 70% sind Trends schnell merkbar.

Weingut Heinz Pfaffmann, Walsheim

Besitzer:
Heinz Pfaffmann

6741 Walsheim
Hauptstr. 21–23
☏ 0 63 41/
6 16 96

Bestockte
Rebfläche
19 ha

Spezialität:
hochwertige
Eisweine

Boden:
Löß und Lehm

Erstmals bei der
DLG-Bundes-
weinprämierung
1972

Ein ruhiger Ort in fruchtbarer Landschaft nördlich von Landau. Rund 500 Menschen leben hier, die Einwohnerzahl hat sich seit 150 Jahren kaum verändert. Eines der schönsten Gebäude des Dorfes ist das Doppelhaus der Familie Heinz Pfaffmann mit der Torbogen-Hofeinfahrt zwischen den beiden Fachwerkgebäuden. Unter den Gebäuden liegt ein Weinprobierkeller aus dem Jahr 1616, den die Besitzerfamilie ausgiebig nutzt: Die Weinproben mit bis zu 80 Personen haben repräsentativen Charakter und den Rahmen einer kleinen Feier zu Ehren des Weines.

Zur Probe stehen von insgesamt 19 Hektar Rebland in flachen und geneigten Lagen zahlreiche Rebsorten an. Hier einige aus der Palette, die beim «Pfälzer Landwein» beginnt und bei der Trockenbeerenauslese vom Ruländer und einem Scheurebe-Eiswein aus der Silvesternacht auf-

Sortenreiner Ausbau und biologischer Säureabbau

hört: Portugieser und Spätburgunder, Müller-Thurgau und Riesling, Weißer Burgunder und Silvaner, Kerner und Bacchus, Sieger- und Huxelrebe, Morio Muskat und Gewürztraminer.

Der größere Teil wird lieblich ausgebaut, auch der Jahrgangssekt aus dem eigenen Riesling (Flaschengärung) hat – mit der Sekt-Einstufung «trocken» – diese Geschmacksrichtung. Andererseits wurde der trockene Ausbau inzwischen auch auf Spätlesen ausgeweitet. Die Qualitätsleistungen des Hauses sind in allen drei Geschmacksrichtungen über die Weinprämierungen sehr nachhaltig anerkannt worden: elf Ehrenpreise, Staatsehrenpreise und Bundesehrenpreise. Zur Preisorientierung: Eine Flasche Riesling Kabinett kostet 4,50 DM.

Anfahrt: An der B 38 (Weinstraße)

Weingut Karl Pfaffmann & Sohn, Walsheim

Besitzer:
Helmut Pfaffmann, weiterer Ansprechpartner: Sigrid Pfaffmann

6741 Walsheim
Allmendstr. 1
☏ 0 63 41/ 6 18 56

Bestockte Rebfläche
15 ha

Spezialität:
Sekt aus der Rebsorte Huxelrebe – Flaschengärung

Anfahrt:
An der B 38 (Weinstraße)

Erstmals bei der DLG-Bundesweinprämierung 1962

Karl Pfaffmann und seine Frau haben diesen Betrieb aufgebaut. Aus einem landwirtschaftlichen Gemischtbetrieb wurde ein Weingut; Flaschenwein wird seit 1959 abgefüllt. Sohn Helmut und seine Frau Sigrid haben die letzten Äcker verpachtet und bewirtschaften heute stattliche 15 Hektar Rebfläche.

Auf den leichten Lehmböden wachsen vorwiegend Müller-Thurgau, Huxelrebe (je 15%), Silvaner, Portugieser, Riesling, Scheurebe und Ruländer (alle um 10%). Besonders beliebt bei den Kunden – und bei Frau Pfaffmann – sind die Weine aus der Huxelrebe (4,50 DM der Kabinett). Grund genug, auch einen trockenen Sekt aus eigenem Grundwein dieser Rebsorte zu führen. Die Hälfte der Weine baut Helmut Pfaffmann lieblich aus, 30% trocken, 20% halbtrocken.

Weinproben für bis zu 35 Personen – außer samstags nach 16 Uhr und Sonntag nachmittags.

Weingut Blaufus-Keller, Weisenheim am Berg

Besitzer:
Karl-Heinz Keller, weiterer Ansprechpartner: Hildegard Keller

6719 Weisenheim am Berg
Hauptstr. 82
☏ 0 63 53/80 04

Bestockte Rebfläche 8,5 ha

Spezialität: Spätburgunder, Riesling und Weißburgunder im Holzfaß gereift

Anfahrt: A 65, Abfahrt Grünstadt, weiter über die B 271 (Weinstraße)

Erstmals bei der DLG-Bundesweinprämierung 1976

Das Wortspiel ist hier ein Namensspiel: Das Weingut aus der Linie der Ehefrau heißt «Blaufus». Der Ehemann brachte den Namen «Keller» ein. In die richtige Reihenfolge gestellt, entstand so die Weingutsbezeichnung. Sie steht für 8,5 Hektar Rebfläche weitgehend flacher Lage in der Heimatgemarkung, in Bad Dürkheim, in Grünstadt, Neuleiningen und Kirchheim an der Weinstraße. Sie steht vor allem für Traditionssorten. Riesling, Spätburgunder, Weißburgunder und Silvaner bedecken 80% der Parzellen. Sie steht auch für Holzfaßausbau bei Riesling, Spät- und Weißburgunder.

30% der Weine sind trocken, 10% halbtrokken, 60% lieblich. – Sie werden zu etwa zwei Dritteln bundesweit unmittelbar an den Endverbraucher verkauft (5% Export). – Eine Flasche Spätburgunder oder Riesling Kabinett kostet weniger als 6 DM.

Zur Probe sind kleine Gruppen bis zu 16 Personen nach Anmeldung willkommen.

Weingut Pfleger-Karr, Weisenheim am Berg

Besitzer:
Günther und
Gadi Karr,
weitere
Ansprechpartner:
Familie Pfleger,
Thorsten Karr

6719 Weisenheim
am Berg
Kirchheimer
Straße 10
☏ *0 63 53/74 97*

Bestockte
Rebfläche
17 ha

Spezialität:
Bukettweine
als trockene
Prädikatsweine

Anfahrt:
A 65, Abfahrt
Grünstadt, weiter
über die B 271
(Weinstraße)

Erstmals bei der
DLG-Bundes-
weinprämierung
1968

Tochter Gadi und Schwiegersohn Günther Karr führen heute das traditionsreiche Weingut. Es wurde 1808 von dem Chirurgen Georg Pfleger in Herxheim gegründet und 1913 nach Weisenheim am Berg verlegt.

Von 1920 bis 1948 versteigerten die Pflegers ihren Wein im Faß, aber schon seit 1958 wird die ganze Ernte auf Flaschen gefüllt. Die wichtigsten Rebsorten auf den 17 Hektar Weisenheimer und Herxheimer Lagen sind Riesling (40%), Müller-Thurgau (15%) und Silvaner (13%).

Alle Prädikatsweine werden reduktiv im Holzfaß ausgebaut. Spezialitäten des Betriebs sind Bukettsorten (Gewürztraminer, Scheurebe) und ein Schwarzriesling-Weißherbst. Der Anteil trockener und halbtrockener Weine (33% und 14%) steigt. Weinproben sind für bis zu 25 Personen möglich, eine Flasche Weißburgunder Kabinett kostet 6 DM.

Winzergenossenschaft Sonnenberg, Weisenheim am Berg

Geschäftsführer:
Heinz Sauer,
weitere
Ansprechpartner:
Frau Krämer,
Walter Brahner

6719 Weisenheim
am Berg
Leistadterstr. 10
☏ 0 63 53/10 22

Bestockte
Rebfläche
104 ha

Spezialität:
Rotweine,
reduktiver
Ausbau

Anfahrt:
A 65, Abfahrt
Grünstadt, weiter
über die B 271
(Weinstraße)

Erstmals bei der
DLG-Bundes-
weinprämierung
1962

Die Winzer der Weisenheimer Genossenschaft haben ihre Weine auf der Preisliste sehr übersichtlich nach Rebsorten geordnet – und von fast jeder angebauten Rebsorte bietet diese Liste Weine vom Qualitätswein bis zur Auslese. Die Rebsorten: Riesling, Müller-Thurgau und Portugieser (alle 20% Anbauanteil), dazu kommen Silvaner, Kerner und einige andere. Zwei Drittel der Weine werden von Kellermeister Walter Brahner lieblich ausgebaut, der Anteil trockener und halbtrockener Weine (22% und 12%) steigt. Gegründet wurde die Genossenschaft 1938 von 38 Mitgliedern. Heute hat sie 126 Mitglieder, die 104 Hektar Rebland in Weisenheim und Herxheim am Berg sowie Dackenheim besitzen.

Führungen durch den modernen Betrieb (Ausbau ausschließlich in Beton- und Stahltanks) und Weinproben bis zu 120 Personen (tel. Anmeldung). Zur Preisorientierung: Eine Flasche Riesling Kabinett kostet 4,40 DM.

Weingut Klaus Neckerauer, Weisenheim am Sand

Besitzer: Klaus Neckerauer, weitere Ansprechpartner: Irma und Arnd Neckerauer

6714 Weisenheim am Sand
Ritter-von-Geißler-Str. 9
☏ 0 63 53/80 59

Bestockte Rebfläche 14,16 ha

Erstmals bei der DLG-Bundesweinprämierung 1962

Weisenheim hat seinen Beinamen «am Sand» mit Recht: Die Sandböden um den Ort und die geringen Niederschläge im Regenschatten des Haardtrandes sorgen für geringe Erträge, vor allem beim Riesling. Dafür aber geraten diese pfälzischen «Sandweine» besonders interessant. Im Weingut Neckerauer kann man sie mit den Rieslingen von anderen Böden vergleichen – solche Vergleichsproben sind die Spezialität des Betriebes: gleiche Rebsorte, verschiedene Lagen, oder auch: Weine einer Lage in verschiedenen Jahren. Für diese speziellen Veranstaltungen – auf Wunsch auch in Englisch – in der gemütlichen und stilvollen Probierstube (30 Personen) ist allerdings vorherige Absprache erforderlich.

Die Familie Neckerauer ist eine der ältesten Familien im Ort, 1553 wurde sie erstmals urkundlich erwähnt. Seit 1973 führt der jetzige Besitzer (Klaus Neckerauer) den 14-Hektar-Betrieb.

Spezialität: Rotweine, klassische Maischegärung

Weinbergsbesitz in allen Weisenheimer Lagen und den umliegenden Dörfern und ein breites Rebsortenangebot sorgen für eine vielfältige Weinpalette. Mit Abstand wichtigste Weißweinrebe ist der Riesling (30% Anbauanteil), gefolgt vom Müller-Thurgau (10%), dazu kommen Ruländer, Gewürztraminer, Kerner, Huxelrebe, Scheurebe und Silvaner. Bei den Rotweinen dominiert Portugieser (26%), ergänzt durch Dornfelder und Spätburgunder. Sie gewinnen ihre Farbe im klassischen Maischegärungsverfahren – allerdings in seiner modernsten Form: in einem Edelstahlrührwerk-Tank. Die besten Weine kommen immer in den Edelstahltank – und ein Großteil der Ernte wird trocken oder halbtrokken ausgebaut (41% und 15%).

Anfahrt: A 65, Abfahrt Grünstadt, weiter über die B 271 (Weinstraße)

Interessant bei den «Lieblichen»: Da Klaus Neckerauer Verschnitt verschiedener Weine ablehnt, wird jede Partie mit Originalsüßreserve aus dem gleichen Most gesüßt. Riesling Kabinett 5,70 DM.

Winzergenossenschaft Weisenheim eG, Weisenheim am Sand

Geschäftsführer: Helmuth Herrmann, weiterer Ansprechpartner: Vorstandsvorsitzender Eric Neckerauer

6714 Weisenheim am Sand
Dr.-K.-Schumacher-Straße 4
☏ 0 63 53/74 88

Bestockte Rebfläche 75 ha

Spezialität: Portugieser

Anfahrt: A 65, Abfahrt Grünstadt, weiter über die B 271 (Weinstraße)

Erstmals bei der DLG-Bundesweinprämierung 1961

Als sich 1936 genau 50 Winzer aus dem Ort zusammenschlossen, um ihre Weine gemeinsam zu vermarkten, waren Portugieser und Riesling schon die Hauptrebsorten. Auf den Weisenheimer Sandböden geraten sie besonders gut. Dieses Angebot wurde inzwischen stark erweitert – mit «Klassikern» (Gewürztraminer, Weißburgunder) und Neuzüchtungen. Auch wird nicht mehr, wie damals, der Wein ausschließlich im Faß vermarktet. 40% der Ernte der 70 Mitglieder geht, in Flaschen gefüllt, an die Kunden.

Der Kellermeister baut zwei Drittel der Ernte von den 75 Hektar Rebland der Genossenschaftler lieblich aus, aber trockene (22%) und halbtrockene (12%) Weine werden immer mehr gefragt. Im modernen Genossenschaftsgebäude können Gruppen bis zu 60 Personen die Weine im großzügigen Probierraum unter dem schrägen Dach verkosten. Zur Preisorientierung: Spätburgunder Kabinett kostet 5,30 DM.

Anhang

Rund um das Weinetikett

Das Weinetikett ist der Kompaß für den Käufer. Wer es zu lesen versteht, hat den ersten Schritt zum sicheren Weingenuß zurückgelegt.

Fünf Angaben muß jedes Etikett tragen, so bestimmt es das Gesetz:

1 Einstufung der Qualität

Gemäß dem Weinrecht der Europäischen Gemeinschaft unterscheiden wir Tafelwein und Qualitätswein b. A. Die Gruppe der Tafelweine umfaßt zwei Qualitätsstufen, nämlich den Tafelwein (hier kehrt der Begriff für einen eingeschränkten Bereich wieder) und den Landwein.

Tafelwein genießt bei uns leider recht wenig Wertschätzung, so daß er im Gegensatz zu den entsprechenden französischen und italienischen Weinen im Handel kaum anzutreffen ist. Öfter wird er in der Gastronomie als «offener Wein» ausgeschenkt.

Landwein gibt es seit einigen Jahren auch in Deutschland als gehobene Stufe des Tafelweines.

Die Qualitätsweine bestimmter Anbaugebiete, kurz Qualitätswein b. A. oder Q. b. A. genannt, werden bei uns in «Qualitätswein» und «Qualitätswein mit Prädikat» unterteilt.

Beim **Qualitätswein bestimmter Anbaugebiete** spielt, wie schon der Name sagt, die Herkunft eine wesentliche Rolle. Er muß nicht nur aus einem der elf deutschen Anbaugebiete für Qualitätswein stammen – Weine verschiedener Anbaugebiete dürfen also beim Qualitätswein nicht miteinander verschnitten werden –, sondern auch bei der amtlichen Qualitätsweinprüfung nachweisen, daß er die für das Anbaugebiet typischen Merkmale, z. B. Herkunfts- und Sortentyp, besitzt. Jeder Qualitätswein b. A. hat die «Amtliche Qualitätsweinprüfung» durchlaufen, was die auf dem Etikett abgedruckte Prüfnummer ausweist.

«Qualitätswein», also der ohne ein Prädikat, darf «angereichert» werden. In den verschiedenen Weinbauzonen innerhalb und außerhalb der Europäischen Gemeinschaft sind den unterschiedlichen Problemen angemessene Methoden der Anreicherung erlaubt. Der deutsche Qualitätswein ist ebenso wie vielfach die französischen A. C.-Weine in der Regel angereichert, d. h. dem Most wurde Zucker zugesetzt, um bei der Vergärung einen höheren Alkoholgehalt des Weins zu erreichen. Denn Alkohol ist ein wichtiger Aromaträger.

Eine deutsche Besonderheit ist es, daß die **Qualitätsweine mit Prädikat,** der Einfachheit halber auch oft nur Prädikatsweine genannt, nicht angereichert werden dürfen. In der Reihenfolge der Güte, von unten nach oben sozusagen, sieht die Reihenfolge der Prädikate so aus:

Kabinett. Durch Verzicht auf jede Art von Anreicherung sind Kabinettweine meist leicht und oft etwas zart. Zweifelsohne ist ein Kabinett – trocken oder halbtrocken ausgebaut – der ideale Tropfen zu fast jedem Essen.

Spätlese. In günstigen Jahren gelingt dem Winzer eine Spätlese voller Reife und natürlicher Süße. Die unterscheidet sich auch für den ungeübten Gaumen von den meist als Sonderangebote plazierten Billig-Spätlesen, die gerade die gesetzlichen Mindestanforderungen erfüllen und nicht zum Ruhm deutscher Prädikatsweine beitragen.

Auslese setzt speziell ausgelesene, vollreife Trauben voraus. Daraus entstehen Weine mit einer Geschmacksfülle, die man nur als Sonntagsweine bezeichnen und genießen kann.

Das gilt noch mehr für Weine mit dem Prädikat **Beerenauslese,** für die wiederum ein höheres Ausgangsmostgewicht notwendig ist. Sie sollten wissen, daß das Grundgerüst für die Einstufung der Weine in die Qualitätsskala das Ausgangsmostgewicht nach Oechsle (Ferdinand Oechsle, 1774–1852, Erfinder der nach ihm genannten Mostwaage, mit der das spezifische Gewicht, also primär die Süße des Mostes, gemessen wird) ist.

Eiswein wird aus bei strengem Frost gelesenen und in gefrorenem Zustand gekelterten Trauben erzeugt. Bis vor einigen Jahren war Eiswein kein eigenständiges Prädikat, sondern eine im Zusammenhang mit einem Prädikat benutzte Zusatzbezeichnung.

Trockenbeerenauslese ist die Spitze der Wein-Güteskala. Wie der Name sagt, handelt es sich um einen Wein aus Beeren, die am Stock rosinenartig geschrumpft sind und deshalb einen besonders gehaltvollen Most ergeben.
Solche hochkarätigen Spezialitäten sollten als Rarität in kleinen Gläsern als Apéritif oder nach einem festlichen Essen genossen werden.

2 Herkunft

Jeder deutsche *Qualitätswein* – wir beginnen mit diesem, weil er den Löwenanteil des Angebotes stellt – muß zur Gänze aus einem der elf **Anbaugebiet für Qualitätswein** stammen und dessen Namen auf dem Etikett tragen. Bei *Prädikatsweinen* muß neben dem Anbaugebiet auch der **Bereich,** die **Lage** und/oder die **Gemeinde** angegeben werden, woher die Trauben stammen.
Die deutschen Weinanbaugebiete sind in etwa 2600 **Einzellagen** eingeteilt, die wiederum zu etwa 150 **Großlagen** zusammengefaßt sind. Eine Lage umfaßt Rebflächen mit gleichen oder ähnlichen Standortbedingungen (Boden, Klima usw.). Je genauer die Herkunft des Weines nachgewiesen ist, desto individueller ist er im allgemeinen. Eine Unterscheidung von Einzellagen und Großlagen findet auf dem Etikett nicht statt.
Bei *Tafelweinen* ist alles anders. Stammt das Lesegut ausschließlich aus deutschen Weinbergen, so heißt er «Deutscher Tafelwein». Aber auch hier gibt es abgegrenzte Gebiete, **Tafelweingebiete,** nach denen der Wein als zwar nicht ganz genau, aber empfehlenswert als «Rhein» und «Mosel», «Main», «Neckar» und «Oberrhein» ausgewiesen wird. Das Tafelweinbaugebiet «Oberrhein» wiederum ist in «Römertor» und «Burgengau» unterteilt. Eine Besonderheit ist der Wein von der Donau, aus der Gegend von Regensburg, der in der Systematik für Qualitätsweine keinen Platz findet und als Tafelwein «Main» angeboten wird.
Landwein hat immer eine Herkunftsbezeichnung, die auf eines der Anbaugebiete für Qualitätswein hinweist, so «Schwäbischer Landwein» für einen Württemberger, «Rheinischer Landwein» für einen Landwein aus Rheinhessen.

3 Abfüller

Hier haben wir also den Vater des Weins. Oder den Stiefvater, auf jeden Fall aber denjenigen, der mit seinem Namen für das Produkt einsteht. Diese Angabe halten manche Weinliebhaber für die wichtigste, insbesondere dann, wenn es um **«Erzeugerabfüllungen»** geht, der Erzeuger der Trauben also zugleich Abfüller ist, der Anbau und Ausbau des Weines im gleichen Betrieb erfolgte. Diese Bezeichnung können Winzer, Weingüter, Genossenschaften und Erzeugergemeinschaften (unter entsprechenden Voraussetzungen) verwenden.

4 Prüfungsnachweis

Jede Flasche Qualitätswein b. A. trägt eine **Prüfungsnummer** als Ausweis bestandener amtlicher Prüfung. Diese Prüfung besteht aus der Leseprüfung, einer analytischen Prüfung und der Sinnenprüfung zur Feststellung der gesetzlich für jeden Qualitätswein normierten Mindestbedingungen. Die Sinnenprüfung wird, wie bei den Weinprämierungen, als **Weinbewertung nach dem DLG-5-Punkte-Schema** durchgeführt:

> Wein will mit allen Sinnen erfaßt und bewertet werden:
> Mit den Augen betrachtet,
> mit der Nase berochen und
> mit der Zunge und dem Gaumen geschmeckt.

Dazu hat die Deutsche Landwirtschaftsgesellschaft (DLG) im Zusammenwirken mit den Qualitätsweinprüfstellen ein Bewertungsschema erarbeitet, das den Ansprüchen des Weines an eine Sinnenprüfung weitgehend entgegenkommt: das «5-Punkte-Schema».
Die Prüfung besteht aus zwei Teilen, wobei im ersten Teil bestimmte Vorbedingungen erfüllt sein müssen, ehe mit dem zweiten Teil die eigentliche Sinnenprüfung beginnt.
Zu den Vorbedingungen stellen die Prüfer – es sind immer mehrere, die einen Wein bewerten – fest, ob der Wein

– für den Jahrgang
– für die Rebsorte
– für das Prädikat
– für die Herkunft typisch ist und
– ob er eine seiner Weinart entsprechende Farbe und optimale Klarheit aufweist.

Nach Erfüllung der Vorbedingungen – jede «Nein-Entscheidung» beendet das Prüfungsverfahren – werden die Merkmale Geruch, Geschmack und Harmonie einer ins Einzelne gehenden Bewertung unterzogen. Jedes Merkmal wird für sich allein bewertet und ist auch gleich gewichtet, wobei es eine Punktzahl zwischen Null und Fünf erreichen kann. Die Summe der drei Einzelbewertungen durch drei geteilt ergibt die eigentliche Qualitätszahl, einen Wertmaßstab, der bei Null beginnt und bei 5,0 endet.

Bei der Qualitätsweinprüfung muß ein Wein mindestens 1,5 Punkte erreichen, um die Prüfnummer zu erhalten; bei der Bundesweinprämierung sind, wie bereits eingangs erwähnt, 3,5 Punkte für einen Bronzenen, 4,0 für einen Silbernen und 4,5 für einen Großen Preis notwendig.

Die Bewertung eines Weines ist stets das Durchschnittsergebnis einer Prüfergruppe, wenn es sich um eine Prämierung handelt. Vier erfahrene Prüfer bewerten zunächst jeden Wein für sich, erst dann geht jedes Einzelurteil in das Gesamturteil, welches das Endurteil ist, ein.

Mit diesem einfachen, aber sicheren Prüfschema ist auch der weininteressierte Laie in der Lage, die Arbeit der Prüfer nachzuvollziehen.

5 Flascheninhalt

Im Rahmen der Harmonisierung des europäischen Weinmarktes wird die herkömmliche 0,7-l-Flasche durch die 0,75-l-Flasche abgelöst. Für teure Weine oder Sonderfüllungen sind auch «halbe Flaschen» oder korrekt: Flaschen mit dem halben Inhalt einer Normalflasche üblich, damit Spitzengewächse auch für den schmalen Geldbeutel erschwinglich bleiben.

Weine unterer Qualitätsstufen werden oft in Literflaschen angeboten.

Der Flascheninhalt ist in jedem Fall auf das Etikett zu drucken. Hin und wieder erscheint dort noch das heute nicht mehr geforderte «e», das anzeigt, der Flascheninhalt entspricht der «Europa-Norm». Ab 1988 ist auch der vorhandene Alkoholgehalt des Weines in Vol.-% auf dem Etikett anzugeben.

Neben den vorgeschriebenen Angaben kann das Weinetikett noch eine Reihe weiterer Informationen enthalten:

Jahrgang

Der ist bei den deutschen und französischen Anbaugebieten am Gürtel des 50. Breitengrades, also an der nördlichen Weinbaugrenze, besonders wichtig. Jeder Jahrgang spiegelt Vegetation und Auf und Ab der Natur wider. Im Gegensatz zu Weinen aus dem Mittelmeerraum sind die Weine der nördlichen Anbaugebiete von Jahr zu Jahr verschieden. Als Faustregel eine Kurzcharakterisierung der letzten Jahrgänge:
1976 Jahrhundertwein
1977 vorwiegend geringere Qualitäten
1978 Durchschnitt, Weine mit kräftiger Säure
1979 wieder ein guter Jahrgang
1980 geringe Menge, befriedigende Qualitäten
1981 knapper Durchschnitt
1982 Mengenrekord, befriedigende Qualität
1983 reichliche Ernte, Spitzenqualität
1984 geringe Menge, säurebetont
1985 ein Jahrgang der mehr hielt, als er versprach
1986 gute Ernte, befriedigende Qualität

Rebsorte

Ist auf dem Etikett eine Rebsorte angegeben, so muß der Wein zu mindestens 85% aus dem Saft dieser Traube bestehen. Beim Aufdruck zweier Rebsorten muß 100% des Mostes aus diesen gewonnen sein, die erstgenannte hat den größeren Anteil.
Da die Rebsorte für Geschmack und Bukett des Weines von größter Bedeutung ist, hier einige Beurteilungsmerkmale:

Weißweine

Bacchus, Neuzüchtung (Silvaner × Riesling) × Müller-Thurgau, extraktreiche Weißweine mit eigenständigem Bukett;
Faberrebe, Neuzüchtung aus Weißem Burgunder und Müller-Thurgau, frische fruchtige Weine in Ausnahmefällen bis zur Auslese;
Gewürztraminer (Roter Traminer), würzige Weine voller Fülle und Bukett, soll nicht zu früh getrunken werden;
Gutedel (Weißer Gutedel), Hausrebe des badischen Markgräfler Landes, leichte süffige Schoppenweine, Tafeltraube;
Kerner, Neuzüchtung aus Trollinger und Riesling, frische runde Weine mit angenehmer Säure;
Morio-Muskat, Neuzüchtung mit kräftigem Bukett, auch zu Verschnittzwecken benutzt werden; gut ausgereifte Weine bilden eine gesuchte Spezialität;
Müller-Thurgau, älteste der «Neuzüchtungen» von 1882, duftig-blumige Weine von milder Säure mit ausgeglichenem Charakter, Kreuzung aus Riesling und Silvaner. Meistverbreitete deutsche Rebsorte;
Riesling, Königin der Weißweine; dieser Rebsorte verdankt der deutsche Wein seinen weltweiten Ruf. Fruchtig-frische Weine mit kräftiger Säure und viel Rasse, pfirsichartiges Bukett, gut lagerfähig; Schwerpunkte des Anbaus an Rhein und Mosel;
Ruländer (Grauer Burgunder), volle bis wuchtige, feurige Weine, oft goldgelb; bei geringer Säure nur beschränkt lagerfähig;
Scheurebe, Neuzüchtung aus Silvaner und Riesling, mit an schwarze Johannisbeeren erinnerndem Bukett; in guten Jahren rassige Spitzenweine mit ausgewogener Säure;
Silvaner, alte Rebsorte, auf die man sich verstärkt wieder besinnt; reife, angenehm-milde bis vollmundige Weine, kein hervorgehobenes Bukett, deshalb bevorzugt zum Essen;

Rotweine

Lemberger, oft im Verschnitt mit Trollinger, sortenrein in guten Jahren gehaltvoll und feurig, nur in Württemberg;

(Blauer) Portugieser, Weine mit dezent-feinfruchtigem Geschmack bei mild-zurückhaltender Säure; Bukett beinahe neutral; im allgemeinen nur untere Qualitätsstufen;
Schwarzriesling (Müllerrebe), württembergische Spezialität aus der Burgunderfamilie;
(Blauer) Spätburgunder, die besten deutschen Rotweine, vollfruchtig bis feurig-samtig mit wenig Gerbsäure. Vorwiegend von der Ahr und aus Baden und den «Rotweininseln» Assmannshausen (Rheingau) und Ingelheim (Rheinhessen);
(Blauer) Trollinger, fruchtige, leuchtend-hellrote Weine mit frischer Säure; Hauptrebsorte Württembergs.
Auch hier muß gesagt werden, daß die Rebsorten keine gleichartige Qualität verbürgen, sondern je nach Jahrgang und Anbaugebiet recht unterschiedliche Weine ergeben können; denken Sie nur an den Riesling von der Mosel, aus dem Rheingau und aus Württemberg.

Geschmacksangaben

Seit einiger Zeit ist auch die Angabe der Geschmacksrichtung, zum Beispiel «trocken» oder «halbtrocken», auf dem Etikett erlaubt. Die Weine müssen dazu ganz bestimmte Voraussetzungen erfüllen, Restzucker und Säure betreffend. Vereinfacht: Trockener Wein darf je nach der Säure bis zu 9 g/l Restzucker enthalten, für Diabetiker geeigneter Wein bis zu 4 g/l, halbtrocken bis zu 18 g/l. In Anlehnung an die Farbgebung des Deutschen Weinsiegels werden in zunehmendem Maße Weinflaschen mit den Signalfarben grün = halbtrocken und gelb = trocken ausgestattet.
Einzelne Betriebe gehen dazu über, Analysedaten wie Restzucker und Säure in Preislisten oder auf den Etiketten aufzuführen.
Schließlich gestattet der Gesetzgeber auf dem Etikett noch zweckdienliche Angaben zur Verwendung des Weines, also Hinweise zur Harmonie von Essen und Trinken oder zur Trinktemperatur.

Besondere Weintypen

Das Weingesetz enthält noch einige besondere Kennzeichnungen:

Affentaler Spätburgunder Rotwein, ein Qualitätswein oder Prädikatswein der genannten Rebsorte aus einigen badischen Gemarkungen im Raum Baden-Baden-Bühl;
Badisch Rotgold, Qualitätswein aus Grauburgunder und Spätburgunder, die in Baden gereift sind; sonst als «Rotling» bezeichnet;
Ehrentrudis Spätburgunder Weißherbst, Weißherbst aus der genannten Rebsorte aus dem Bereich Kaiserstuhl-Tuniberg;
Liebfrau(en)milch, mild-lieblicher Qualitätswein aus den Rebsorten Riesling, Silvaner, Müller-Thurgau oder Kerner (ohne Rebsortenangabe) aus den Anbaugebieten Rheinhessen, Rheinpfalz und Nahe;
Moseltaler, Qualitätswein der Rebsorten Riesling, Müller-Thurgau, Elbling oder Kerner (ohne Rebsortenangabe) mit einem Restzuckergehalt zwischen 15 und 30 g/l mit mindestens 7 g/l Säure;

Siegel und Prämierungsstreifen

Am weitesten verbreitet ist das **Deutsche Weinsiegel,** das in drei Farbstellungen verliehen wird (gelb = trocken, grün = halbtrocken, rot = für alle Weine, meist mild – lieblich). Es signalisiert einen Wein von gehobener Qualität, der nach dem DLG-Bewertungsschema einen Punkt über der geforderten Mindestqualität liegen muß. Ähnliche Funktionen und Anforderungen z. B. 1,5 Punkte über der Mindestqualität haben das **Gütezeichen für Badischen Qualitätswein** und das **Gütezeichen Franken.**
Wein mit dem gelben Weinsiegel wird oft als **Diabetikerwein** bezeichnet. Das ist nur bedingt richtig, denn nicht alle trockenen Weine erfüllen die gesetzlichen Voraussetzungen, nämlich nicht mehr als 4 g/l Zucker, weniger schwefelige Säure und maximal 12 Vol.-% Alkohol. Diese Weine können mit einem Rückenetikett versehen werden, das Analysedaten enthält und mit dem Aufdruck «Für Diabetiker geeignet – Nur nach Befragen des Arztes» Empfehlung und Möglichkeiten umreißt. Natürlich kann jeder Liebhaber trockenen Weines sich an einem solchen Tropfen laben.
Prämierungsstreifen – Schwarz, Silber, Gold – legen Zeugnis ab, daß der Wein bei einer Weinprämierung der Anbaugebiete oder der Bun-

desweinprämierung der DLG ausgezeichnet wurde. Doch darüber haben Sie in der Einleitung des Buches bereits gelesen.

Schaumwein und Sekt

Wie beim Wein ist auch beim Schaumwein das Bezeichnungsrecht durch Verordnungen der Europäischen Gemeinschaft und durch das Weingesetz geregelt.
Schaumwein, definiert als das durch erste oder zweite Gärung gewonnene Erzeugnis, das im geschlossenen Behältnis – im Gegensatz zu Perlwein – einen Überdruck von mindestens 3 bar und einen vorhandenen Alkoholgehalt von mindestens 9,5° aufweist, ist der Oberbegriff für verschiedene Erzeugnisse und für das Standarderzeugnis selbst.
Für **Qualitätsschaumwein,** landläufig **Sekt** genannt, gelten höhere Anforderungen hinsichtlich Herstellung und Lagerung. Er unterliegt, ebenso wie der aus engerer Herkunft stammende **Qualitätsschaumwein b. A.** bzw. **Sekt b. A.,** der aus Weinen bestimmter Anbaugebiete, z. B. aus dem Rheingau, hergestellt sein muß, der **amtlichen Prüfung.**
Auch bei der Schaumweinbezeichnung unterscheiden wir obligatorische, also vorgeschriebene, und fakultative, also wahlweise Angaben.
Zu den **obligatorischen Angaben gehören:**
- die Verkehrsbezeichnung, also Schaumwein, Qualitätsschaumwein bzw. Sekt und Qualitätsschaumwein b. A. bzw. Sekt b. A.
- das Nennvolumen, also der Flascheninhalt
- eine Geschmacksbezeichnung (siehe unten)
- der vorhandene Alkoholgehalt (ab 1. 5. 1988)
- die amtliche Prüfungsnummer
- bei Qualitätsschaumweinen b. A. die Herkunftsangabe wie bei Qualitätswein b. A.

Zu den **fakultativen Angaben** gehören:
- der Jahrgang
- die Rebsorte
- die Weinart, z. B. Rosee
- das Herstellungsverfahren (siehe unten)
- «Deutscher Sekt» für ausschließlich aus deutschen Grundweinen hergestellten Sekt

- Hinweise auf Prämierungen sowie Angaben über zweckdienliche Verwendung wie Essen und Trinken.

Geschmacksangaben

Die Geschmacksangaben bei Schaumwein unterscheiden sich merklich von denen für Wein, was besonders bei den Begriffen «trocken» und «halbtrocken» deutlich wird. Auch sie orientieren sich am Restzuckergehalt:
- extra brut oder extra herb; Restzuckergehalt zwischen 0 und 6 g/l;
- brut oder herb; Restzuckergehalt niedriger als 15 g/l;
- extra trocken oder extra dry; Restzuckergehalt zwischen 12 und 20 g/l;
- trocken; Restzuckergehalt zwischen 17 und 22 g/l;
- halbtrocken; Restzuckergehalt zwischen 33 und 50 g/l
- mild; Restzuckergehalt höher als 50 g/l.

Herstellungsverfahren

Das Herstellungsverfahren bei Schaumwein, insbesondere die Art der Enthefung bei der Zweitgärung, ist nach Ansicht eines Teiles der Hersteller von Interesse für den Verbraucher. Der Gesetzgeber hat deshalb die Angabe nachfolgender Verfahren auf dem Etikett gestattet:
- Flaschengärung = Hinweis auf die auf der Flasche erfolgte Zweitgärung;
- Methode Champenoise oder Traditionelles Gärverfahren = Hinweis auf Vergärung, Rütteln und Enthefung der einzelnen Flasche.

Herstellungsmethoden wie Tankgärung oder Transvasionsenthefung werden normalerweise nicht genannt.

Angaben über Farbe, Geruch und Geschmack

Diese sind beim Schaumwein zugelassen, wenn sie wertneutral und zutreffend sind. Dazu gehören die Fachausdrücke der Weinsprache ebenso wie Farbangaben. Wertende Angaben wie edel oder fein dürfen nur bei Qualitätsschaumwein verwendet werden.

Glossar

Abbeeren, s. Entrappen

Abfüllen, Einfüllen des im Faß oder Behälter ausgebauten Weines zur weiteren Lagerung, normalerweise in Glasflaschen.

Abstich, Trennung des klaren Weines durch Abziehen der Hefe oder des Trubes und Umfüllen in einen anderen Behälter.

Abstoppen, Gärungsunterbrechung durch Abstich des noch nicht vollständig durchgegorenen Weines und keimfreie Lagerung in einem anderen Behälter.

Adstringierend, herber Geschmack, hervorgerufen durch Bitterstoffe wie z. B. Tannin.

Äpfelsäure, eine der wesentlichen in der Traube vorhandenen Säuren, deren Menge mit zunehmender Reife abnimmt. Wird unter besonderen Bedingungen im fertigen Wein zu der milder schmeckenden Milchsäure bakteriell abgebaut (biologischer Säureabbau).

Anreicherung, Erhöhung des natürlichen Alkoholgehaltes (= Mostgewicht) durch Zugabe von Zucker oder Traubenmost zur weiteren Vergärung.
Gesetzlich durch EG-Verordnung geregelt.

Aroma, Gesamtheit der insbesondere aus der Traube stammenden Geruchseindrücke eines Weines.

Ascorbinsäure, im Wein vorhandenes natürliches Vitamin C. Als Zusatz zum Wein erlaubt, um Oxidationen zu verhindern; kann jedoch schwefelige Säure nicht ersetzen.

Ausbau, Maßnahmen, durch die der Wein haltbar und unempfindlich gegen äußere Einflüsse wird; generell alle Maßnahmen zur Entwicklung des Weines zwischen Abstich und Abfüllung.

Barrique, ursprünglich französisches Volumenmaß zwischen 214 und 304 l. Heute gebraucht für den Ausbau von Wein in neuen, ungebrauchten Eichenfässern.

Bentonit, quellfähiges Mineral (Kaolin) zur Entfernung von Eiweiß in Most oder Wein zur Verhinderung von Trübungen.

Besenwirtschaft, s. Straußwirtschaft

Biologischer Säureabbau, analytische und geschmackliche Minderung des Säurepotentials im Wein durch Umbildung von Äpfelsäure in Milchsäure und Kohlensäure auf bakteriellem Weg.

Botrytis, s. Edelfäule

Champagnermethode, Schaumweinbereitungsverfahren, bei dem Zweitgärung und Enthefung in der gleichen Flasche erfolgen, die später auch den Schaumwein aufnimmt (traditionelles Verfahren oder «methode champenoise»).

Chemische Entsäuerung, s. Entsäuerung

Clevner, Synonym für die Traubensorte Frühburgunder in Württemberg und für Traminer in Baden (Ortenau); auch Clävner geschrieben.

Dauerbegrünung, Begrünung der Rebgassen durch natürlichen Aufwuchs oder Einsaat von Klee-Gras-Gemischen zur Festigung des Bodens gegen Abschwemmung bzw. zur Minderung des Bodendruckes bei maschineller Bearbeitung (Traktoren, Erntemaschinen).

Deckwein, tiefgefärbter, überwiegend ausländischer Rotwein zur Farbverstärkung hellfarbiger Rotweine.

Dosage, Zusatz von in Wein gelöstem Zucker bei der Schaumweinbereitung; s. auch Süßung.

Durchgegoren, Wein ohne oder mit nicht mehr vergärbarem Zucker, z. B. bei sehr hohen Mostgewichten. Vgl. Stichwort Trocken.

Edelfäule, Traubenfäulnis infolge des Befalls reifer Beeren durch den Pilz Botrytis cinerea; dadurch Konzentrierung der Beereninhaltsstoffe.

Edelreis, fruchtbringender Teil der Pfropfrebe.

Edelsüß, Weine, die infolge hoher Reife einen spürbaren, natürlichen Zuckerrest aufweisen.

Entrappen, Trennen der Beeren vom Stielgerüst vor der Kelterung.

Entsäuern, Minderung des Weinsäurespiegels im Most oder Wein durch Zusatz von kohlensaurem Kalk.

Erzeugergemeinschaft, Zusammenschluß von Winzern zu rechtsfähigen Vereinigungen, z. B. Winzergenossenschaften, Weingärtnergenossenschaften, die als selbständige Erzeuger auftreten.

Erziehung, s. Rebenerziehung

Extrakt, nichtflüchtige Substanzen im Wein, z. B. Zucker, Säuren, Mineral- und Farbstoffe, Glycerin und sonstige höhere Alkohole.

Flachlage, Weinbergsgelände ohne Steigungen.

Filtration, Klärung des Mostes oder Weines mittels Filtern oder Membranen.

Flüchtige Säure, bei der Gärung und besonders durch Bakterien sich bildende unerwünschte Säuren, vor allem Essigsäure; die beim Überhandnehmen den Wein verderben.

Fuder, Mengenangabe für 1000 l Wein, aber auch für ein diese Menge fassendes Gebinde (Moselfuder).

Gärung, Umwandlung des im Most vorhandenen Zuckers in Äthylalkohol und Kohlensäure unter Wärmeentwicklung.

Gerbstoffe, Stoffgruppe, die einen herbbitteren Geschmack im Wein hervorruft. Vorkommen vor allem in der Beerenhaut, den Kernen und dem Stielgerüst.

Geschein, Blütenstand des Weinstokkes; botanisch Rispe.

Gründüngung, Einsaat massebildender Pflanzen in die Rebgassen zur Bildung von Humusstoffen nach dem Unterpflügen.

Hanglage, Weinbergsgelände mit bis zu 30% Steigung, die noch eine Bewirtschaftung im Direktzug erlaubt.

Herbsten, s. Lese

Hefen, einzellige Pilze, die aus Zukker Alkohol und Kohlensäure bilden.

Holzgeschmack, vom grünen, d. h. neuen Holzfaß herrührender Geschmacksfehler (Loheton).

Integrierter Pflanzenschutz, Teilgebiet des integrierten Weinbaus, der durch vorbeugende kulturtechnische Maßnahmen und Erkennung wirtschaftlicher Schadensschwellen eine höchstmögliche Reduzierung des chemischen Pflanzenschutzes erreichen will.

Jungfernwein, erste Weinernte aus einer Neuanlage; meist im dritten Standjahr. Infolge geringen Ertrages oft sehr hochwertige Weine.

Kellerschimmel, erwünschter, weil geruchsfreier Schimmelpilz, der das Kellerklima positiv beeinflußt.

Klärung, Ausscheidung von Trubstoffen – vor allem Hefe – im Wein. Dies geschieht sowohl auf natürliche Weise (Absitzen lassen) als auch durch mechanische (Separation, Filtration) oder physikalische Maßnahmen (Schönung).

Klingelberger, Synonym für Riesling in der Ortenau (Baden).

Klon, vegetativ vermehrte Nachkommenschaft eines Rebstockes mit dem Mutterstock gleichen Eigenschaften.

Korkgeschmack, Weinfehler, der auf der Berührung des abgefüllten Weines mit einem vermutlich durch Schimmelpilze verunreinigten Korken zurückzuführen ist.

Lage, bestimmte, abgegrenzte Rebfläche oder die Zusammenfassung solcher Flächen innerhalb eines Anbaugebietes, aus deren Lesegut gleichartige Weine gewonnen werden.

Lese, Ernte der reifen Weintrauben, auch Herbsten genannt.

Maische, durch Mahlen oder Quetschen aufgeschlossene Traubenbeeren.

Maischeerhitzung, durch Wärmeeinwirkung Übergang der Farbstoffe aus der Beerenhaut blauer und roter Trauben in den Traubenmost. Methode zur Farbgewinnung bei Rotweinen.

Maischegärung, Vergärung der Rotweinmaische vor der Kelterung, weil der Farbstoff aus der Beerenhaut die Farbe des Weines bringt.

Meßwein, früher naturreiner, heute deutscher Qualitätswein zur Verwendung als Meßopfer nach Autorisierung des Erzeugers durch die katholische Kirche.

Milchsäure, im Most nicht vorkommende, durch bakteriellen Säureabbau im Wein sich bildender Weininhaltsstoff.

Mostgewicht, spezifisches Gewicht des Traubenmostes, gemessen in Oechslegraden; bedingt durch den Zucker- und Säuregehalt des Mostes.

Nachgärung, Vergärung des restlichen Zuckers nach Abschluß der stürmischen Gärung, meist in Verbindung mit dem biologischen Säureabbau.

Naturrein, früher Bezeichnung für nicht angereicherte Weine. Heute nicht mehr erlaubt und von der Bezeichnung «Qualitätswein mit Prädikat» abgelöst.

Neuzüchtung, durch gezielte wissenschaftliche Kreuzung von Rebsorten entstandene neue Sorte, z. B. Kerner aus Trollinger × Riesling.

Oechslegrad, s. Mostgewicht

Offene Gärung, einfachste Art der Vergärung von Rotweinmaische in offenen Behältern (Bütten oder Ständer).

Oxidation, durch Sauerstoffeinwirkung hervorgerufene, meist unerwünschte chemische Veränderung von Most oder Wein; Oxidationsschutz durch Schwefeldioxid.

Pfropfrebe, durch Aufpfropfung eines europäischen Edelreises auf eine Unterlage – meist amerikanischer Abstammung – entstandene, reblausresistente Pflanze.

Probierglas, ungefärbtes, genormtes Stengelglas mit sich nach oben verjüngendem Kelch zur Weinbeurteilung.

Rahn, Hochfarbigkeit bis zum Braunwerden eines Weißweines durch Oxidation.

Rappen, Gesamtheit der Traubenstiele.

Rebenerziehung, Unterstützung des Rebenaufwuchses durch Drahtrahmen oder Pfahlgerüste.

Reduktiver Ausbau, Verhinderung des Luftsauerstoffeinflusses auf Most und Wein zur Erhaltung des Fruchtbukettes und der schützenden Wirkung der schwefeligen Säure.

Restsüße, der im Wein vorhandene unvergorene Zucker, der entweder als Rest einer unvollständigen Vergärung oder durch Zugabe von Süßreserve im Wein enthalten ist.

Restzucker, s. Restsüße

Säureabbau, s. biologischer Säureabbau

Säureminderung, s. Entsäuerung

Schönung, Klärung der Weine durch Zusatz z. B. von Bentonit und Gelatine zur Ausfällung von weinverderbenden Trubstoffen.

Schwefelung, s. Schwefeldioxid

Schwefeldioxid (SO_2), Weinbehandlungsmittel zur Erzeugung reintöniger und frischer Weine, Verhinderung des schädlichen Lufteinflusses und bakterieller Störungen. Auf Grund möglicher toxikologischer Nebenwirkungen in der Anwendungsmenge gesetzlich begrenzt.

Schwefelige Säure, s. Schwefeldioxid

Selektive Lese, gestaffelte Traubenernte mit Trennung unterschiedlich reifer Partien.

Stabilisierung, Maßnahmen zur Haltbarmachung des Weines wie Filtration, Schönung und Schwefelung.

Steillage, Weinbergsgelände mit über 30% Steigung, das im Direktzug nicht mehr zu bewirtschaften ist. Hier wird der Einsatz von Seilwinden nötig.

Sterilfüllung, keimfreie Abfüllung zur Verhinderung einer Nachgärung bzw. biologischer Veränderungen mittels Filtern; siehe auch Warmabfüllung.

Straußwirtschaft, auch Besenwirtschaft, ein zeitlich begrenzter Ausschank des selbsterzeugten Weines im eigenen Betrieb, angezeigt durch Aushängen eines Straußes oder Besens.

Stückfaß, Holzgebinde mit ca. 1200 l Fassungsvermögen. Bekannt auch als Viertel-, Halb- oder Doppelstück in rheinischen Anbaugebieten.

Süßung, Maßnahme, dem Wein eine harmonisierende Süße zu geben, z. B. durch Zugabe eines Traubenmostes (Süßreserve).

Süßreserve, s. Süßung

Tannin, in Trauben vor allem von Rotweinen vorkommender adstringierender Gerbstoff.

Terrassenweinbau, zur Arbeitserleichterung am Hang quer zum Gefälle angelegter Weinberg.

Traditionelle Rebsorten, seit langer Zeit angebaute Rebsorten meist unbekannter Herkunft; nicht durch wissenschaftliche Züchtung entstanden.

Transvasierverfahren, Schaumweinbereitungsverfahren, bei dem der Schaumwein nach der Vergärung auf der Flasche in einen Großbehälter umgefüllt und dann daraus abgefüllt wird.

Trester, nach dem Auspressen des Traubenmostes zurückbleibende Feststoffe wie Kämme, Kerne und Schalen.

Trocken, als «trocken» darf ein Wein mit einem Restzuckergehalt bis 4 g pro Liter bezeichnet werden, oder bei einem höheren Säureanteil bis 9 g pro Liter (Formal: Säure +2).
Für «halbtrocken» gilt entsprechend: Restzuckergehalt höchstens 18 g je Liter, jedoch nicht mehr als der Gesamtsäuregehalt plus 10 (hier Formel: Säure +10).

Trub, sich am Faßboden absetzende feste Bestandteile, insbesondere Hefe und Schönungstrub.

Unterlage, Wurzelstange einer Pfropfrebe.

Verschnitt, sachgemäße Vermischung verschiedener Weine mit dem Ziel der Harmonisierung und Qualitätsverbesserung; gesetzlich geregelt.

V. d. P., Verband Deutscher Prädikats- und Qualitätsweingüter e. V.

Vollernter, Lesemaschine zur vollmechanischen Traubenernte in Direktzuglagen.

Vorklärung, Absitzen lassen oder Separieren des von der Kelter laufenden Mostes zur Abscheidung von die Gärung negativ beeinflussender Trubstoffe.

Warmabfüllung, Erwärmung des Weines auf 45–60° C zur Abtötung von Mikroorganismen (Sterilfüllung).

Weinsäure, wesentlichste der im Most oder Wein vorkommenden Säuren, deren Menge mit steigender Reife der Beeren zunimmt. Wird unter bestimmten Umständen als Weinstein ausgeschieden.

Weinstein, Kaliumsalz der Weinsäure; bei jungen Weinen ein unerheblicher Mangel, bei älteren ein Qualitätsmerkmal.

Winzergenossenschaft, s. Erzeugergemeinschaft

Winzersekt, Sekt b. A. aus Erzeuger-Grundweinen.

Zuckerung, s. Anreicherung

Zuckerrest, s. Restzucker

Register der Prämierungsbetriebe

Abril, Albert, Weingut, Vogtsburg-Bischoffingen 86
Adelmann, Michael Graf, Weingut, Burg Schaubeck, Steinheim-Kleinbottwar 146
Affentaler Winzergenossenschaft Bühl eG 30
Aldinger, Gerhard, Weingut, Fellbach 114
Allendorf, Fritz, Weingut, Oestrich-Winkel 204
Amalienhof, Weingut, Heilbronn 124
Andre Söhne, Georg, Weingut, Ernst 232
Arnold, Johann, Weinbau – Winzerhof, Iphofen 166
Arnsteiner Gült, Weingut, Osthofen 311

Bähr & Sohn, Helmut, Weingut Bärenhof, Bad Dürkheim-Ungstein 327
Bärenhof, Bad Dürkheim-Ungstein 327
Bart, Gebrüder, Weingut, Bad Dürkheim 319
Basten, Hermann, Weingut Bastenhof, Trittenheim 246
Bastenhof, Trittenheim 246
Bauer, Emil, und Söhne, Weingut, Landau-Nußdorf 361
Baum-Storzum, Weingut, Obrigheim-Mühlheim 382
Beck, Reinhard, Weingut, Meddersheim 272
Behringer OHG, Ernst u. Adolf, Weingut – Weinkellerei, Müllheim-Britzingen 64
Bender, Familie Arthur, Weingut Benderhof, Kallstadt 356
Benderhof, Weingut, Kallstadt 356
Bergdolt, F. u. G., Klostergut St. Lamprecht, Neustadt-Duttweiler 376
Bergdolt-Reif u. Nett, Weingut, Neustadt-Duttweiler 378
Bergsträßer Gebietswinzergenossenschaft eG, Heppenheim 189
Bernhard, Ch. W., Weingut, Frei-Laubersheim 296
Bezirkskellerei Markgräflerland eG, Efringen-Kirchen 40
Bezirkswinzergenossenschaft «Rheinfront» eG, Nierstein 307
Bezner-Fischer, Weingut Sonnenhof, Vaihingen-Gündelbach 151
Binnig, Karl, Weinbau/Weinkellerei, Oedheim 142
Bischöfliche Weingüter, Trier 245
Bischof-Klein, Weingut, Bretzenheim 258
Blaufus-Keller, Weingut, Weisenheim am Berg 397
Bolanz, Fritz, Weingut, Auggen 17
Bottwarkellerei eG, Großbottwar 118
Breitling, Josef, Weingut, Neustadt-Duttweiler 375
Bürgermeister Willi Schweinhardt Nachf., Weingut, Langenlonsheim 266
Bürgerspital zum Hl. Geist, Weingut, Würzburg 180
Bürklin-Wolf, Dr., Weingut, Wachenheim 392

Burg Schaubeck 146
Buscher, Jean, Weingut, Bechtheim 282

Christmann, A., Weingut, Meerspinnkeller, Neustadt-Gimmeldingen 368

Dahm, Herbert, Weingut, Pünderich 240
Diehl-Blees, Weingut, Jugenheim 300
Dönnhoff, Hermann, Weingut, Oberhausen 276
Domdechant Werner'sches Weingut, Hochheim 198
Drautz-Able, Weingut, Heilbronn 119

Ehrmann, Wilhelm, Weinkellerei, Weinsberg 153
Ellwanger, Bernhard, Weingut, Weinstadt-Großheppach 158
Ellwanger, Jürgen, Weingut, Winterbach 159
Ernst, Hans-Josef, Weingut, Eltville 192
Erste Markgräfler Winzergenossenschaft, Schliengen 81

Fader, Karl-Heinz, Weingut Kastanienhof, Rhodt 383
Felsengartenkellerei Besigheim, Weingärtnergenossenschaft eG, Hessigheim
Fitz-Ritter, Weingut, Bad Dürkheim 320
Fluch-Gaul, Weingut, Grünstadt-Sausenheim 347
Forschungsanstalt Geisenheim, Institut für Kellerwirtschaft 196
Freudenberg, Carl, Weingut, Weinheim 94
Frey, Weinfried, und Söhne, Weingut, Essingen 334
Friedrich, Josef, Weingut, Zell-Kaimt 248
Fuhrmann-Eymael, Weingut Pfeffingen, Bad Dürkheim 322

Gabel, Wilhelm, Weingut, Herxheim am Berg 349
Gebhardt, Ernst, Weingut/Sektkellerei, Sommerhausen 174
Gebietswinzergenossenschaft Franken, Kitzingen 167
Gebietswinzergenossenschaft «Palmberg» eG, Laumersheim 362
Gebietswinzergenossenschaft «Rietburg» eG, Rhodt 384
Geil, Wilfried, Weingut, Eimsheim 290
Genossenschaftskellerei Heilbronn-Erlenbach-Weinsberg, Heilbronn 120
Gibbert-Pohl, Kurt, Weingut, Briedel 230
Glaser, Otto, und Sohn, Weingut Arnsteiner Gült, Osthofen 311
Glöckler, Hugo, Weinbau – Weinkellerei, Bad Krozingen 19
Göbel, Martin, Weinbau, Randersacker 170
Goeres, Alfons, Weingut, Briedel 229
Görres & Linden, Weingut Sonnenberg, Bad Neuenahr-Ahrweiler 208
Gräfl. Wolff Metternich'sches Weingut, Durbach 32
Großmann, Weingut, Oberndorf 277
Gutsverwaltung Otto Schill, Weingut Leckzapfen, Osthofen 312

Hagmaier, Christian, Weingut, Mölsheim 304
Haidle, Karl, Weinbau – Weinkellerei, Kernen-Stetten 128
Hart, Rudolf, Weingut/Winzerhof, Thüngersheim 175

Hartmann, Friedrich, Weingut, Horrweiler 298
Haub, Linus, Weingut, Bodenheim 286
Heinrich, G. A., Weingut, Heilbronn 122
Heinrich, Rolf, Weinbau, Heilbronn 123
Heintz, Hartmut, Weingut im Zwölberich, Langenlonsheim 264
Hemer, Adam, Weingut/Schloßkellerei, Worms-Herrnsheim 313
Heuchelbergkellerei eG, Schwaigern 145
Hinkel, Ernst-Edwin, Weingut, Framersheim 295
Hirsch, Herbert, Weinbau – Kellerei, Leingarten 131
Höfer, Maria, Weingut Dr. J. Höfer, Schloßmühle, Burg Layen 259
Huber, Paul, Weinbau – Weinkellerei, Bühl-Altschweier 29

Juliusspital, Weingut, Würzburg 182

Kaiserstühler Winzergenossenschaft Irhingen eG 53
Kaiserstühler Winzerverein Oberrotweil eG, Vogtsburg-Oberrotweil 92
Kaiserstuhl-Kellerei Friedrich Kiefer KG, Eichstätten 43
Karp-Schreiber, Christian, Weingut Brauneberg 226
Kastanienhof, Weingut, Rhodt 383
Keicher, Klaus, Weinbau – Weinkellerei, Erlenbach 112
Keicher, Paul, Weingut, Erlenbach 113
Keller, Weingut, Flörsheim-Dalsheim 291
Kiefer, Friedrich, KG, Kaiserstuhl-Kellerei, Eichstätten 43
Kirch, Franz, Weingut, Volkach-Fahr 178
Kissel & Sohn, Günter, Weingut, Freinsheim 339
Klein, Gerhard, Weingut, Hainfeld 348
Klein, Werner, Weingut Moßbacherhof, Forst 337
Klingel & Baum, Weingut, Bockenheim 329
Klören, Michael, Weingut, Laubenheim 263
Klostergut St. Lamprecht, Neustadt-Duttweiler 376
Kom.-Rat Georg Fr. Spieß, Weingut, Kleinkarlbach 360
Knaup, Otto, Weingut, Treis-Karden 242
Koch, Gerhard und Hugo, Weingut, Mettenheim 302
Kochems, Rudolf, Weingut, Mesenich 236
Kochertalkellerei eG, Ingelfingen 127
Köpfer, Gerd, Weingut, Staufen-Grunern 82
Köster-Wolf, Weingut, Albig 281
Kremer-Ettingshausen, Weingut, Eltville-Erbach 194
Künstler, Franz, Weingut, Hochheim 200
Kuhn, Philipp, Weingut, Laumersheim 363
Kurrle, Theodor, Weingut, Stuttgart-Rotenberg 149

Laible, Andreas, Weingut, Durbach 33
Landes-Lehr- und Versuchsanstalt, Staatsweingut Oppenheim 309
Landgräflich Hessisches Weingut Johannisberg, Geisenheim-Johannisberg 197
Leckzapfen, Weingut, Osthofen 312

Lindenhof, Weingut, Niederhausen 273
Lingenfelder, Karl und Hermann, Weingut, Großkarlbach 344
Lötzbeyer, Adolf, Weingut, Feilbingert 262
Lorenz, Karl-Ernst, Weingut, Niederhausen 273

Männle, Andreas, Weingut, Durbach 36
Männle, Heinrich, Weingut, Durbach 34
Margarethenhof, Monsheim 305
Marienfelderhof, Weingut, Siebeldingen 390
Markgräfler Winzergenossenschaft, Müllheim 62
Markgräflich Badische Landwirtschaftsverwaltung, Weingüter Max Markgraf von Baden, Salem 75
Markgräflich Badisches Weingut Schloß Staufenberg, Durbach 37
Mayer, Heinrich, Weingut, Zell 247
Meerspinnkeller, Neustadt-Gimmeldingen 368
Metzger, Willi, Weinkellerei, Kirchzarten 58
Mosbacher, Georg, Weingut Mosbacherhof, Forst 338
Mosbacherhof, Weingut, Forst 338
Moselland eG Winzergenossenschaft, Zentralkellerei M-S-R, Bernkastel-Kues 225
Moßbacherhof, Weingut, Forst 337
Mühlmichel, Karl-Heinz, Weingut Schloßhof, Kirchheim 359
Müller, Adam, Weingut/Weinkellerei, Leimen 61
Müller, Heinrich, Weingut, Spay 219
Müller, Karl Wilhelm, Weingut, Ockenheim 308
Müller-Catoir, Weingut, Neustadt-Haardt 364
Müller-Ruprecht, Weingut, Kallstadt 357

Neckauer, Klaus, Weingut, Weisenheim am Sand 400
Nelles, Toni, Weingut, Bad Neuenahr-Heimersheim 213
Nicklis, Klaus, Weingut, Gleisweiler 343
Niederkirchener Winzerverein eG 380

Oberstleutnant Liebrecht'sche Weingutsverwaltung, Bodenheim 288
Ochs, Karl und Margarethe und Sohn, Weingut Margarethenhof, Monsheim 305
Odenwälder Winzergenossenschaft eG, Groß-Umstadt 188
Ökonomierat Johann Geil I Erben, Weingut, Bechtheim 284
Ohnacker-Döß, Weingut, Flörsheim-Dalsheim 294

Perll, August, Weingut, Boppard 216
Perll, Walter, Weingut, Boppard 217
Peth, Helmut und Heinfr., Weingut, Bermersheim 285
Pfaffmann, Heinz, Weingut, Walsheim 394
Pfaffmann & Sohn, Karl, Weingut, Walsheim 396
Pfleger, Jakob, Weingut, Herxheim am Berg 350
Pfleger, Werner, Weingut, Herxheim am Berg 352

Pfleger-Karr, Weingut, Weisenheim am Berg 398
Pflüger & Sohn, Hans, Weingut, Bad Dürkheim 323
Pioth, Gerhard, Weingut, Roschbach 386
Popp KG, Ernst, Weingut, Iphofen 162
Porr, Alfred, Weingut, Duchroth 261
Probsthof, Weingut, Neustadt-Haardt 366
Prüm-Mertes, Oskar, Weingut, Brauneberg 228

Reichsgraf von Kesselstatt GmbH, Trier 243
Reichsgraf von Plettenberg, Weingut – Weinkellerei, Bad Kreuznach 255
Reif, Josef, Weingut, Koblenz-Moselweiß 234
Remstalkellerei, Weinstadt-Beutelsbach 156
Renchtäler Winzergenossenschaft, Oberkirch 66
Ress, Balthasar, Weingut, Eltville-Hattenheim 195
Rodensteinerhof, Ingelheim 299
Ruppertsberger Winzerverein «Hoheburg» e. V. 387

St. Andreas Hospital Fonds, Weingut Stadt Offenburg,
Ortenberg-Käfersberg 72
Schaefer, Karl, Weingut, Bad Dürkheim 326
Schäfer, Karl Ludwig, Weingut, Mettenheim 303
Schäfer, Michael, Weingut, Burg Layen 260
Schäfer-Fröhlich, Weingut, Bockenau 256
Schätzle, Leopold, Weingut, Endingen 44
Schales, Weingut, Flörsheim-Dalsheim 292
Schick, Adolf und Rainer, Weingut, Jugenheim 301
Schill, Otto, Gutsverwaltung, Weingut Leckzapfen, Osthofen 312
Schloßhof, Weingut, Kirchheim 359
Schloßkellerei Affaltrach, Dr. Reinhold Baumann KG,
Obersulm-Affaltrach 140
Schloßmühle, Burg Layen 259
Schloß Ortenberg 70
Schloß Staufenberg, Durbach 37
Schmidt, Herbert, Weingut, Obermoschel 274
Schmitt, Adam und Karl, Weingut Schmitt's Kinder, Randersacker 172
Schwartz & Sohn, Aloys, Weingut, Eschbach 336
Schwarz, Georg, Weingut Sonneneck, Müden 238
Schweinhardt, Willi, Weingut, Langenlonsheim 266
Schwörer, Franz, Weinbau – Weinkellerei, Durbach 38
Selbach-Oster, Geschw., Weingut, Zeltingen-Rachtig 250
Simon, Roman, Weingut, Pünderich 241
Sonnenberg, Weingut, Bad Neuenahr-Ahrweiler 208
Sonneneck, Weingut, Müden 238
Sonnenhof, Weingut, Vaihingen-Gündelbach 151
Spieß, Kom.-Rat Fr., Weingut, Kleinkarlbach 360
Staatliche Lehr- und Versuchsanstalt für Wein- und Obstbau,
Weinsberg 154

Staatliches Weinbauinstitut, Freiburg 48
desgl., Versuchsrebgut Durbach 49
Staatliches Weinbauversuchsgut Lauda, Lauda-Königshofen 59
Staatsweingut Assmannshausen, Rüdesheim-Assmannshausen 205
Staatsweingut Bergstraße, Bensheim 187
Stolleis KG, Peter, Weingut/Weinkellerei, Neustadt-Mußbach 370
Strecker, Gerhard, Weingut Amalienhof, Heilbronn 124
Strombergkellerei Bönnigheim eG 103

Terges, Peter, Weingut, Trier 244
Tesch, Weingut Erbhof, Langenlonsheim 268
Thielmann, Alfons und Josef, Weingut, Ernst 233

Velten, Peter, Weingut, Hochheim 202
Vereinigte Ahrwinzergenossenschaften eG Dernau, Neuenahr-Ahrweiler 208
Versuchsrebgut Durbach 49
Verwaltung der Bischöflichen Weingüter, Trier 245
Volk, Hermann, Weingut, Spay 220
Vollmer KG, Heinrich, Weinbau/Weinkellerei, Ellerstadt 332
Vorderes Kinzigtal, Winzergenossenschaft eG, Gengenbach 50

Wagner, Klaus, Weingut, Koblenz-Ehrenbreitstein 218
Wagner & Vetter, Weingut, Freinsheim 340
Walter Erben, E., Weingut, Briedel
Wangler, Heinrich, Weinkellerei, Abstatt 102
Wasem & Söhne, Julius, Weingut Rodensteinerhof, Ingelheim 299
Wehrheim, Eugen, Weingut, Nierstein 306
Weinbauversuchsgut Schloß Ortenberg des Ortenaukreises, Ortenberg 70
Weingärtnergenossenschaft Bad Cannstatt eG,
Stuttgart-Bad Cannstatt 147
Weingärtnergenossenschaft Brackenheim-Neipperg-Haberschlacht,
Brackenheim 104
Weingärtnergenossenschaft Cleebronn-Güglingen-Frauenzimmern eG,
Cleebronn 110
Weingärtnergenossenschaft Dürrenzimmern-Stockheim,
Brackenheim-Dürrenzimmern 106
Weingärtnergenossenschaft Eberstadt eG 111
Weingärtnergenossenschaft Fellbach eG 115
Weingärtnergenossenschaft Flein-Thalheim eG, Flein 116
Weingärtnergenossenschaft Grantschen eG 117
Weingärtnergenossenschaft Hausen a. d. Zaber, Brackenheim-Hausen 108
Weingärtnergenossenschaft Heuholz eG, Pfedelbach-Heuholz 144
Weingärtnergenossenschaft Lauffen 129
Weingärtnergenossenschaft Lehrensteinsfeld eG 130
Weingärtnergenossenschaft Mittleres Weinsberger Tal eG,
Obersulm-Willsbach 141

Weingärtnergenossenschaft Mundelsheim eG 133
Weingärtnergenossenschaft Neckarsulm eG 136
Weingärtnergenossenschaft Niedernhall eG 137
Weingärtnergenossenschaft Nordheim eG 138
Weingärtnergenossenschaft Roßwag-Mühlhausen eG, Vaihingen-Roßwag 152
Weingärtnergenossenschaft Uhlbach eG, Stuttgart-Uhlbach 150
Weingärtnergenossenschaft Untertürkheim eG, Stuttgart-Untertürkheim 148
Weingart, Adolf, Weingut, Spay 221
Weingüter Max Markgraf von Baden, Salem 75
Weingut Amalienhof, Heilbronn 124
Weingut Arnsteiner Gült, Osthofen 311
Weingut Bärenhof, Bad Dürkheim-Ungstein 327
Weingut Benderhof, Kallstadt 356
Weingut im Zwölberich, Langenlonsheim 264
Weingut Kastanienhof, Rhodt 383
Weingut Leckzapfen, Osthofen 312
Weingut Lindenhof, Niederhausen 273
Weingut Margarethenhof, Monsheim 305
Weingut Marienfelderhof, Siebeldingen 390
Weingut Mosbacherhof, Forst 338
Weingut Moßbacherhof, Forst 337
Weingut Pfeffingen, Bad Dürkheim 322
Weingut Probsthof, Neustadt-Haardt 366
Weingut Rodensteinerhof, Ingelheim 299
Weingut Schloßhof, Kirchheim 359
Weingut Schmitt's Kinder, Randersacker 172
Weingut Sonnenberg, Bad Neuenahr-Ahrweiler 208
Weingut Sonneneck, Müden 238
Weingut Sonnenhof, Vaihingen-Gündelbach 151
Weingut Stadt Offenburg, Ortenberg-Käfersberg 72
Weinkellerei Hohenlohe eG, Pfedelbach 143
Weiter, Reinhard, Weingut Marienfelderhof, Siebeldingen 390
Wilhelmshof, Wein- und Sektgut, Siebeldingen 388
Willy, Rolf, Weinbau-Kellerei, Nordheim 139
Winzergenossenschaft Achkarren am Kaiserstuhl eG, Vogtsburg-Achkarren 84
Winzergenossenschaft Auggen eG, Auggen 18
Winzergenossenschaft Badisches Frankenland eG, Wertheim-Reicholzheim 96
Winzergenossenschaft eG Ballrechten-Dottingen 24
Winzergenossenschaft Beckstein eG, Lauda-Königshofen-Beckstein 60
Winzergenossenschaft Bickensohl eG, Vogtsburg-Bickensohl 85
Winzergenossenschaft Bischoffingen am Kaiserstuhl eG, Vogtsburg-Bischoffingen 87
Winzergenossenschaft Bötzingen am Kaiserstuhl eG 28

Winzergenossenschaft Britzingen/Markgräflerland eG,
Müllheim-Britzingen 63
Winzergenossenschaft Burkheim am Kaiserstuhl eG,
Vogtsburg-Burkheim 89
Winzergenossenschaft Durbach eG 39
Winzergenossenschaft Ehrenstetten eG, Ehrenkirchen 41
Winzergenossenschaft eG, Erpolzheim 331
Winzergenossenschaft Fessenbach eG, Offenburg-Fessenbach 67
Winzergenossenschaft Friedelsheim eG, 342
Winzergenossenschaft Glottertal eG 51
Winzergenossenschaft Hambacher Schloß eG, Neustadt-Hambach 374
Winzergenossenschaft Herrenberg-Honigsäckel eG,
Bad Dürkheim-Ungstein 328
Winzergenossenschaft Herxheim am Berg eG 354
Winzergenossenschaft Hügelheim eG, Müllheim-Hügelheim 65
Winzergenossenschaft Jechtingen eG, Sasbach-Jechtingen 77
Winzergenossenschaft Kallstadt eG 358
Winzergenossenschaft eG, Kappelrodeck 55
Winzergenossenschaft Kiechlinsbergen eG, Endingen-Kiechlinsbergen 46
Winzergenossenschaft Kirchhofen eG, Ehrenkirchen-Kirchhofen 42
Winzergenossenschaft Königsbach-Neustadt eG, Neustadt-Königsbach 367
Winzergenossenschaft Königschaffhausen, Endingen-Königschaffhausen 47
Winzergenossenschaft Laufen eG, Sulzburg-Laufen 83
Winzergenossenschaft Löwenstein eG 132
Winzergenossenschaft Neuweier-Bühlertal eG, Baden-Baden-Neuweier 20
Winzergenossenschaft Nordheim eG 168
Winzergenossenschaft Oberbergen im Kaiserstuhl eG,
Vogtsburg-Oberbergen 90
Winzergenossenschaft Ortenberg eG 71
Winzergenossenschaft Pfaffenweiler eG 74
Winzergenossenschaft Rammersweier eG, Offenburg-Rammersweier 68
Winzergenossenschaft Randersacker eG 169
Winzergenossenschaft Rheingrafenberg eG, Meddersheim 270
Winzergenossenschaft Sasbach am Kaiserstuhl eG 76
Winzergenossenschaft Sasbachwalden eG 78
Winzergenossenschaft Sonnenberg, Weisenheim am Berg 399
Winzergenossenschaft Steinbach und Umweg eG,
Baden-Baden-Steinbach 22
Winzergenossenschaft Thüngersheim 176
Winzergenossenschaft Varnhalt eG, Baden-Baden-Varnhalt 23
Winzergenossenschaft Vier Jahreszeiten Kloster Limburg eG,
Bad Dürkheim 324
Winzergenossenschaft Vorderes Kinzigtal eG, Gengenbach 50
Winzergenossenschaft Waldulm/Baden eG, Kappelrodeck-Waldulm 56
Winzergenossenschaft Weinbiet Mußbach-Gimmeldingen eG, Neustadt-Mußbach 372
Winzergenossenschaft Weingarten eG 93

Winzergenossenschaft eG, Weisenheim, Weisenheim am Sand 402
Winzergenossenschaft Wolfenweiler eG, Schallstadt-Wolfenweiler 80
Winzergenossenschaft Zell-Weierbach eG, Offenburg-Zell-Weierbach 69
Winzerkeller Leiningerland eG, Grünstadt 346
Winzerkeller Südliche Bergstraße/Kraichgau eG, Wiesloch 95
Winzerverein Deidesheim eG 330
Winzerverein Hagnau eG 52
Winzerverein Liebfrauenberg eG, Freinsheim 341
Winzerverein Meckenheim eG, Neustadt-Mußbach 373
Winzerverein Reichenau eG 54
Winzerverein «Zum Ritter von Dalberg» eG, St. Martin 391
Wirsching, Hans, Weingut, Iphofen 164
Württembergische Weingärtner-Zentralgenossenschaft, Möglingen 134

Zentralkellerei Badischer Winzergenossenschaften eG, Breisach 26
Zentralkellerei Mosel-Saar-Ruwer, Bernkastel-Kues 225
Zentralkellerei Rheinischer Winzergenossenschaften eG, Gau-Bickelheim 297
Zimmermann, Emil, Weingut, Wachenheim 393
Zimmermann, Kurt, Weingut Probsthof, Neustadt-Haardt 366

Register der Weinorte

Abstatt 102
Achkarren 84
Affaltrach 140
Ahrweiler 208–210
Albig 281
Assmannshausen 205
Auggen 17–18

Bad Cannstatt 147
Bad Dürkheim 319–326
Bad Dürkheim-Ungstein 327–328
Baden-Baden-Neuweier 20
Baden-Baden-Steinach 22
Baden-Baden-Varnhalt 23
Bad Kreuznach 255
Bad Krozingen 19
Bad Neuenahr-Ahrweiler 208–210
Bad Neuenahr-Heimersheim 213
Ballrechten-Dottingen 24
Bechtheim 282–284
Beckstein 60
Bensheim 187
Bermersheim 285
Bernkastel-Kues 225
Beutelsbach 156
Bickensohl 85
Bischoffingen 86–87
Bockenau 256
Bockenheim 329
Bodenheim 286–288
Bönnigheim 103
Bötzingen 28
Boppard 216–217
Brackenheim 104
Brackenheim-Dürrenzimmern 106
Brackenheim-Hausen 108
Brauneberg 226–228
Breisach 26
Bretzenheim 258
Briedel 229–231
Britzingen 64–65
Bühl-Altschweier 29
Bühl-Eisental 30
Bühlertal 20
Burg Layen 259–260
Burkheim 89

Cleebronn 110

Deidesheim 330
Dernau 210
Duchroth 261
Dürrenzimmern 106
Durbach 32–39, 49
Duttweiler 375–378
Eberstadt 111
Efringen-Kirchen 40
Ehrenbreitstein 218
Ehrenkirchen-Ehrenstetten 41
Ehrenkirchen-Kirchhofen 42
Ehrenstetten 41
Eichstätten 43
Eimsheim 290
Ellerstadt 332
Eltville 192
Eltville-Erbach 194
Eltville-Hattenheim 195
Endingen 44
Endingen-Kiechlinsbergen 46
Endingen-Königschaffhausen 47
Erbach 194
Erlenbach 112–113, 120
Ernst 232–233
Erpolzheim 331
Eschbach 336
Essingen 334

Feilbingert 262
Fellbach 114–115
Fessenbach 67
Flein 116
Flörsheim-Dalsheim 291–294
Forst an der Weinstraße 337–338
Framersheim 295
Frauenzimmern 110
Freiburg/Breisgau 48–49
Frei-Laubersheim 296
Freinsheim 339–341
Friedelsheim 342

Gau-Bickelheim 297
Geisenheim 196
Geisenheim-Johannisberg 197
Gengenbach 50
Gimmeldingen 368
Gleisweiler 343
Glottertal 51
Grantschen 117

Großbottwar 118
Großheppach 158
Großkarlbach 344
Groß-Umstadt 188
Grünstadt 346
Grünstadt-Sausenheim 347
Güglingen 110
Gündelbach 151

Haardt an der Weinstraße 364–366
Haberschlacht 104
Hagnau am Bodensee 52
Hainfeld 348
Hambach 374
Hattenheim 195
Hausen 108
Heilbronn 119–124
Heimersheim 213
Heppenheim 189
Herxheim am Berg 349–354
Hessigheim 126
Heuholz 144
Hochheim 198–202
Horrweiler 298
Hügelheim 65

Ihringen 53
Ingelfingen 127
Ingelheim 299
Insel Reichenau 54
Iphofen 162–166

Jechtingen 77
Johannisberg 197
Jugenheim/Rheinhessen 300–301

Käfersberg 72
Kallstadt 356–358
Kappelrodeck 5
Kappelrodeck-Waldulm 56
Kernen-Stetten 128
Kiechlinsbergen 46
Kirchheim/Rheinpfalz 359
Kirchhofen 42
Kirchzarten 58
Kitzingen 167
Kleinbottwar 146
Kleinkarlbach 360
Koblenz-Ehrenbreitstein 218
Koblenz-Moselweiß 234
Königsbach 367
Königschaffhausen 47
Kues 225

Landau-Nußdorf 361
Langenlonsheim 264–268
Laubenheim 263
Lauda-Königshofen 59
Lauda-Königshofen-Beckstein 60
Laufen 83
Lauffen 129
Laumersheim 362–363
Lehrensteinsfeld 130
Leimen 61
Leingarten 131
Löwenstein 132

Meddersheim 270–272
Mesenich 236
Mettenheim 302–303
Möglingen 134
Mölsheim 304
Monsheim 305
Moselweiß 234
Müden/Mosel 238
Mühlhausen/Württemberg 152
Müllheim/Baden 62
Müllheim-Britzingen 63–64
Müllheim-Hügelheim 65
Mundelsheim 133
Mußbach 370–373

Neckarsulm 136
Neipperg 104
Neustadt/Weinstr.-Duttweiler 375–378
Neustadt/Weinstr.-Gimmeldingen 368
Neustadt/Weinstr.-Haardt 364–366
Neustadt/Weinstr.-Hambach 374
Neustadt/Weinstr.-Königsbach 369
Neustadt/Weinstr.-Mußbach 370–373
Neuweier 20
Niederhausen 273
Niederkirchen 380
Niedernhall 137
Nierstein 306–307
Nordheim/Franken 168
Nordheim/Württemberg 138–139

Oberbergen 90
Oberhausen/Nahe 276
Oberkirch 66
Obermoschel 274
Oberndorf 277
Oberrotweil 92
Obersulm-Affaltrach 140
Obersulm-Willsbach 141
Obrigheim-Mühlheim 382
Ockenheim 308
Oedheim 142
Oestrich-Winkel 204
Offenburg-Fessenbach 67
Offenburg-Rammersweier 68

Offenburg-Zell-Weierbach 69
Oppenheim 309
Ortenberg 70–71
Ortenberg-Käfersberg 72
Osthofen 311–312

Pfaffenweiler 74
Pfedelbach 143
Pfedelbach-Heuholz 144
Pünderich 240–241

Rammersweier 68
Randersacker 169–172
Reichenau 54
Reicholzheim 96
Rhodt unter Rietburg 383–384
Roschbach 386
Roßwag 152
Rotenberg 149
Rüdesheim-Assmannshausen 205
Ruppertsberg 387

Salem 75
St. Martin 391
Sasbach am Kaiserstuhl 76
Sasbach-Jechtingen 77
Sasbachwalden 78
Sausenheim 347
Schallstadt-Wolfenweiler 80
Schliengen 81
Schwaigern 145
Siebeldingen 388–390
Sommerhausen 174
Spay 219–221
Staufen-Grunern 82
Steinbach 22
Steinheim-Kleinbottwar 146
Stockheim 106
Stuttgart-Bad Cannstatt 147
Stuttgart-Rotenberg 149
Stuttgart-Uhlbach 150
Stuttgart-Untertürkheim 148
Sulzburg-Laufen 93

Uhlbach 150
Umweg 22
Ungstein 327–328
Untertürkheim 148

Vaihingen-Gündelbach 151
Vaihingen-Roßwag 152
Varnhalt 23
Vogtsburg-Achkarren 84
Vogtsburg-Bickensohl 85
Vogtsburg-Bischoffingen 86–87
Vogtsburg-Burkheim 89
Vogtsburg-Oberbergen 90
Vogtsburg-Oberrotweil 92
Volkach-Fahr 178

Wachenheim 392–393
Waldulm 56
Walsheim 394–396
Weingarten 93
Weinheim 94
Weinsberg 120, 153–154
Weinstadt-Beutelsbach 156
Weinstadt-Großheppach 158
Weisenheim am Berg 397–399
Weisenheim am Sand 400–402
Wertheim-Reicholzheim 96
Wiesloch 95
Willsbach 141
Winterbach 159
Wolfenweiler 80
Worms-Herrnsheim 313
Würzburg 180–182

Zell 247
Zell-Kaimt 248
Zell-Weierbach 69
Zeltingen-Rachtig 250

Dieses Buch erschien unter Mitarbeit der Deutschen Landwirtschafts-Gesellschaft, Frankfurt a. M., und des Deutschen Weininstituts, Mainz.
Die Beschreibungen der Weinbaubetriebe verfaßte Winfrid Heinen, Trittenheim;
fachliche Beratung Horst-Ulrich Großer, Neustadt/Weinstraße;
die Fotos wurden in der Mehrzahl von den besprochenen Betrieben zur Verfügung gestellt, 18 kamen vom Verlag Heinen, 5 von Rolf L. Temming, Weinolsheim;
die Karten zeichnete Joachim Zwick, Gießen;
Produktion: Rolf L. Temming, Weinolsheim;
Satz: Systemsatz, Dortmund;
Reproduktion: City-Repro, Mainz, Repro-Service Pees, Essen; Walfort GmbH, Vreden;
Druck und Einband: Druckerei Hitzegrad, Dortmund.

Essen, Trinken und andere Genüsse

Band Nr. 12
J. M. Erich Weber
Praktische Konditoreikunst
Nach der Ausgabe von 1916. 242 Seiten, 111 Farbtafeln, 16,80 DM

Band Nr. 54
Friedrich Sternberg
Knasterkopfs Annehmlichkeiten und Freuden
Nach der Ausgabe von 1834. 204 S., 16 Abb., 9,80 DM

Band Nr. 56
Johann Rottenhöfer
Anweisung in der feinern Kochkunst
Nach der Ausgabe von 1898. 1055 Seiten, zahlreiche Abbildungen, 29,80 DM

Band Nr. 58
Moritz von Schwind/ Ernst Freiherr von Feuchtersleben
Album vom Rauchen und vom Trinken
Nach der Ausgabe von 1875. 42 Radierungen von Moritz von Schwind. Nachwort von Marianne Bernhard. 122 Seiten, 6,80 DM

Band Nr. 63
Der curieus- und offenhertzige Weinartzt
Nach der Ausgabe von 1753. 410 Seiten, 9,80 DM

Band Nr. 72
Alfred Richard Meyer
Des Herrn Munkepunke Cocktail- und Bowlenbuch
Nach der Ausgabe von 1929. Nachwort von Herbert Günther. 137 S., 62 Abb. von Erika Plehn, 6,80 DM

Band Nr. 138
Johann Wilhelm Petersen
Geschichte der deutschen National-Neigung zum Trunke
Nach der Ausgabe von 1782. Nachwort von Arno Kappler. 181 Seiten, 6,80 DM

Band Nr. 203
Ernst Birsner
Königliche Tafelfreuden
Menükarten europäischer Höfe. 168 Seiten, 70 farbige Abbildungen, 16,80 DM

Band Nr. 263
Johann Rasch
Das Weinbuch
Nachdruck der Ausgabe um 1580. Nachwort von Renate Schoene. 147 Seiten, mehrere Abbildungen, 14,80 DM

Band Nr. 342
Rolf L. Temming (Hrsg.)
Aus dem Stammbuch des Weines
132 Seiten, 89 farbige Abbildungen, 16,80 DM

Band Nr. 363
Jürgen Spohn
Vom Kochen
Wege & Umwege eines kreativen Dilettanten – Ein Küchentagebuch mit farbigen Aquarellen. 12 farbige Abbildungen, 71 Seiten, 14,80 DM

Band Nr. 370
Rolf L. Temming (Hrsg.)
Vom Geheimnis des Tees
Bilder und Texte um den exotischen Trank. 102 meist farbige Abbildungen, 152 Seiten, 16,80 DM

Band Nr. 381
Vom Glück des Rauchens
Mit einem Nachwort von Ingo Groth. 173 Abbildungen, 316 Seiten, 16,80 DM

Band Nr. 486
Werner F. J. Schmitt
Tea
Unkonventionelles zum optimalen Teegenuß. Mit einem Nachwort des Hrsg. 14 Farbtafeln, 96 S., 12,80 DM

Band Nr. 489
Rolf L. Temming
Wein-Chronik
104 vorwiegend farbige Abb., 149 Seiten, 19,80 DM

Varia und Ratgeber

Band Nr. 22
Alte Bilderrätsel
Aus dem 19. Jh. Nachwort von Ulrike Bessler. 151 S., 69 Tafeln, 6,80 DM

Band Nr. 63
Der curieus- und offenhertzige Weinartzt
Nach der Ausgabe von 1753. 410 Seiten, 9,80 DM

Band Nr. 160
J. M. F. v. Endter (Hrsg.)
Das Tagebuch des Meister Franz, Scharfrichter zu Nürnberg
Nach der Buchausgabe von 1801. Erläuterungen und Nachwort von Jürgen Carl Jacobs und Heinz Rölleke. 240 Seiten, 12,80 DM

Band Nr. 186
Marianne Bernhard (Hrsg.)
Künstler-Autographen
Dichter, Maler und Musiker in ihrer Handschrift. 266 Seiten, 14.80 DM

Band Nr. 207
Rudolph Zacharias Becker
Noth- und Hülfsbüchlein für Bauersleute
Nachdruck der Erstausgabe von 1788. Hrsg. und Nachwort von Reinhart Siegert. 499 S., zahlreiche Holzschnittillustrationen, 14,80 DM

Band Nr. 268
Johannes Bayer
Sternzeichen und Sternbilder
Nach der ersten Ausgabe aus dem Jahre 1603. Erläuterungen und Nachwort von Karl Helmer. 216 Seiten, 103 Abbildungen, 14,80 DM

Band Nr. 297
Beste Hausarzneimittel gegen alle Krankheiten der Menschen
Nachdruck der Ausgabe von 1844. 202 Seiten, 9,80 DM

Sport, Spiel, Hobby

Band Nr. 106
Wilhelm Wolf
Fahrrad und Radfahrer
Nach der Ausgabe von 1890. Nachwort von Hans-Erhard Lessing. 270 Seiten, 342 Abbildungen, 9,80 DM

Band Nr. 166
Robert Lebeck (Hrsg.)
Frisch, fromm, fröhlich, frei
Alte Postkarten. Nachwort von Hermann Heckmann. 169 Seiten, 80 meist farbige Abbildungen, 16,80 DM

Band Nr. 211
F. L. Wilder
Sport für Gentlemen
Alte Druckgraphik aus England. 231 Seiten, 95 farbige Abbildungen, 19,80 DM

Band Nr. 242
Robert Lebeck (Hrsg.)
Das Zweirad
Alte Postkarten. Nachwort von Jost Pietsch. 144 Seiten, 64, meist farbige Abbildungen, 16,80 DM

Band Nr. 243
Detlef Hoffmann/
Margot Dietrich
Die Dondorf'schen Luxus-Spielkarten
248 Seiten, 80 Farbtafeln, 19,80 DM

Band Nr. 318
Robert Lebeck (Hrsg.)
Auf- und Rückschläge
Aus den Kindertagen des Tennis. Nachwort von Roderich Menzel.
130 Seiten, 80 farbige Abbildungen, 16,80 DM

Band Nr. 323
Margot Dietrich/
Detlef Hoffmann
Pikante Blätter
Erotische Spielkarten von gestern und heute. 123 Seiten, 99 farbige Abbildungen, 19,80 DM

Karikatur, Satire, Parodie

Band Nr. 3
Kladderadatsch
1. Jahrgang – 1848. 136 Seiten, 82 Abbildungen, 6,80 DM

Band Nr. 8
Pater Hilarion
alias Joseph Richter
Bildergalerie weltlicher Misbräuche
Nach der Ausgabe von 1785. 270 Seiten, 20 Tafeln, 9,80 DM

Band Nr. 19
Grandville
Die Seele der Blumen – Les Fleurs Animées
Nach der Ausgabe von 1847. Nachwort von Marianne Bernhard. 116 Seiten, 5 Farbtafeln, 14,80 DM

Band Nr. 51
Abraham a Sancta Clara
Hundert Ausbündige Narren
Nach der Ausgabe von 1709. Nachwort von Wilfried Deufert. 101 Tafeln von Johann Christoph Weigel, 532 Seiten, 16,80 DM

Band Nr. 53
Oscar Ludwig
Bernhard Wolff
Naturgeschichte des Deutschen Studenten
Nach der Ausgabe von 1847. 232 Seiten, 29 Abbildungen, 9,80 DM

Band Nr. 68
August Friedrich Cranz
Charlatanerien
Nach der Ausgabe von 1781. Nachwort von Horst Möller. 410 Seiten, 12,80 DM

Band Nr. 74
Fliegende Blätter
1844–1854. Eine Auswahl. Herausgegeben von Marianne Bernhard.
217 Seiten, zahlreiche Abbildungen, 14,80 DM

Band Nr. 97
Albert Robida
Luftschlösser der Belle Époque
100 utopische Zeichnungen. Herausgegeben von Winfried Petri. 213 S., 100 teilweise farbige Abb., 12,80 DM

Band Nr. 109
Grandville
Verwandlungen von heute
Nach der Ausgabe von 1854. Nachwort von Marianne Bernhard. 155 S., 70 farbige Abbildungen, 14,80 DM

Band Nr. 113
Honoré Daumier
Caricaturiana
Nach der Ausgabe von 1839. Bilddialoge von Charles Philipon. Nachwort von Margot Berthold und Theodor W. Gaehtgens. 220 Seiten, 101 Abbildungen, 9,80 DM

Band Nr. 118
Johann Hermann Detmold/
Adolf Schrödter
Thaten und Meinungen des Abgeordneten Piepmeyer
Nach der Ausgabe von 1849. Nachwort von Rudolf Theilmann. 139 Seiten, 50 Abbildungen, 6,80 DM

Band Nr. 126
Franz von Pocci
Der Staatshämorrhoidarius
Nach der Buchausgabe von 1857. Nachwort von Marianne Bernhard. 138 Seiten, 123 Holzschnitte, 6,80 DM

Band Nr. 132
Karl Arnold
Drunter, drüber, mittenmang
Karikaturen aus dem Simplicissimus. Vorwort von Hermann Kesten. 151 Seiten, 109 Abbildungen, 8,80 DM

Band Nr. 137
Paul Gavarni
Paris am Tag und bei Nacht
Karikaturenfolgen. Nach den Ausgaben von 1846/47. Nachwort von Rudolf Kimmig. 181 Seiten, 167 Abbildungen, 9,80 DM

Band Nr. 192
Ernst Stern
Cafe Größenwahn
Karikaturenfolge. Erläuterungen von Richard Lemp. Nachwort von Henriette Hoffmann. 52 S., 17 farbige Abbildungen, 9,80 DM

Band Nr. 194
Ruth Malhotra
Horror-Galerie
Ein Bestiarium der Dritten Französischen Republik. 180 Seiten, 51 farbige Abbildungen, 16,80 DM

Band Nr. 202
Aus besten Kreisen
Satirische Bilder aus dem Empire. Nach der Ausgabe des «Bon Genre» von 1827. Nachwort von Gretel Wagner. 139 Seiten, 110 farbige Abbildungen, 19,80 DM

Band Nr. 249
Benedikt Fred Dolbin
Zeitgenossen
150 Porträts aus der Weimarer Republik. Herausgegeben von A. Kutsch.
352 Seiten, 150 Abbildungen, 14,80 DM

Band Nr. 256
Honoré Daumier
Badefreuden mit Daumier
Nach der Bildfolge «Les Baigneurs» aus den Jahren 1839–1842. Nachwort von Gerd Unverfehrt. 75 Seiten, 14,80 DM

Band Nr. 262
Neueingerichtetes Zwergenkabinett
Nach der Ausgabe um 1720. Nachwort von Curt Grützmacher.
115 Seiten, 50 Farbtafeln, 16,80 DM

Band Nr. 327
Punch
Das Beste aus der berühmten satirischen Zeitschrift. Nachwort von Wilhelm Richard Berger.
199 Seiten, 155 Abbildungen, 14,80 DM

Große Graphiker, Stecher und Illustratoren

Band Nr. 14
Johann Elias Ridinger
Vorstellung und Beschreibung derer Schul und Campagne Pferden nach ihren Lectionen
Nach der Ausgabe von 1760. 118 Seiten, 46 Kupferstiche, 9,80 DM

Band Nr. 19
Grandville
Die Seele der Blumen – Les Fleurs Animées
Nach der Ausgabe von 1847. Nachwort von Marianne Bernhard. 116 Seiten, 5 Farbtafeln, 14,80 DM

Band Nr. 43
Hans Burgkmair d. J.
Turnier-Buch
Nach der Ausgabe von 1853. Nachwort von Reinhard Bentmann. 86 Seiten, 27 Farbtafeln nach H. Burgkmair, 9,80 DM

Band Nr. 85
Oscar Wilde
Salome
Mit den Illustrationen von Aubrey Beardsley. Nachwort von Gabriele Sterner. 76 Seiten, 16 Abbildungen, 7,80 DM

Band Nr. 109
Grandville
Verwandlungen von heute
Nach der Ausgabe von 1854. Nachwort von Marianne Bernhard. 155 Seiten, 70 farbige Abb., 14,80 DM

Band Nr. 113
Honoré Daumier
Caricaturiana
Nach der Ausgabe von 1839. Bilddialoge von Charles Philipon. Nachwort von Margot Berthold und Theodor W. Gaehtgens. 220 Seiten, 101 Abbildungen, 9,80 DM

Band Nr. 136
James Bateman
Hundert Orchideen
Lithographien von Walter Hood Fitch. Nach der Buchausgabe von 1867. Nachwort von Edmund Launert. 216 Seiten, 100 farbige Abbildungen, 19,80 DM

Band Nr. 169
Pierre-Joseph Redouté
Die Rosen
Nach der Ausgabe von 1817 bis 1824. Nachwort von Edmund Launert. 366 Seiten, 167 farbige Abbildungen, 29,80 DM

Band Nr. 177
William Smellie
Anatomische Tafeln zur Hebammenkunst
Kupferstiche von Johann M. Seeligmann. Nach der Ausgabe von 1758. Nachwort von Armin Geus. 142 Seiten, 37 Abbildungen, 14,80 DM

Band Nr. 190
Thomas Rowlandson
Allerlei Liebe
Erotische Graphik. Nachwort von Gerd Unverfehrt. 124 Seiten, 50 farbige Abbildungen, 14,80 DM

Band Nr. 200
HAP Grieshaber (Hrsg.)
Der Engel der Geschichte
Nachdruck der Folge 1–13 aus den Jahren 1964–1969. 264 Seiten, zahlreiche, teilweise farbige Abbildungen, 29,80 DM

Band Nr. 232
Pierre-Joseph Redouté
Kakteen und andere Sukkulenten
Eine Auswahl aus den Tafeln zu den «Plantes grasses» des A.-P. de Candolle. Nachwort von Edmund Launert. 177 Seiten, 78 Farbtafeln, 19,80 DM

Band Nr. 249
Benedikt Fred Dolbin
Zeitgenossen
150 Porträts aus der Weima-

rer Republik. Herausgegeben von A. Kutsch. 352 Seiten, 150 Abbildungen, 14,80 DM

Band Nr. 261
Thomas Rowlandson/ August Pugin
Weltstadt London
Eine Auswahl aus dem Ansichtenwerk von 1808—1810. Erläuterungen und Nachwort von Edmund Launert. 144 Seiten, 66 Farbtafeln, 16,80 DM

Band Nr. 273
C. J. Cela / P. Picasso
Geschichten ohne Liebe
Farbillustrationen von Pablo Picasso. 151 Seiten, 32 farbige Abbildungen, 14,80 DM

Band Nr. 298
Frans Masereel
Mein Stundenbuch
Ein Bilderroman in 165 Holzschnitten. Nachdruck der deutschen Erstausgabe von 1926. Einführung von Thomas Mann. Nachwort von Rudolf Hagelstange. 223 Seiten, 165 Abbildungen, 14,80 DM

Band Nr. 314
HAP Grieshaber/ Margarete Hannsmann
Grob, fein & göttlich
150 Seiten, 50 farbige Abbildungen, 16,80 DM

Band Nr. 331
Maria Sybilla Merian
Der Raupen wunderbare Verwandelung
Herausgegeben von Armin Geus. 151 Seiten, 80 farbige Abbildungen, 19,80 DM

Band Nr. 332
Jacques Callot
Kleine und große Schrecken des Krieges
Nachwort von Franz Winzinger. 110 Seiten, 40 Abbildungen, 9,80 DM

Band Nr. 348
Herwig Guratzsch/ Gerd Unverfehrt (Hrsg.)
Gustave Doré
356 Abbildungen, 692 Seiten (zwei Bände), zusammen 29,60 DM

Band Nr. 355
Peter Paul Rubens
Palazzi di Genova
Herausgegeben und mit einem Nachwort von Heinz Schomann. 145 Abbildungen, 217 Seiten, 14,80 DM

Band Nr. 386
Hendrik Goltzius
Eros und Gewalt
Stiche aus der Werkstatt von Hendrik Goltzius. Mit einem Vorwort von Eva Magnaguagno-Korazija. 73 Abbildungen, 207 Seiten, 14,80 DM

Band Nr. 420
Erté
Nachwort von Ursula Harbrecht. 50 farbige Abbildungen, 91 Seiten, 16,80 DM

Band Nr. 469
HAP Grieshaber
Totentanz von Basel
Mit den Farbabbildungen aller 40 Holzschnitte sowie zahlreichen Abbildungen in einem umfangreichen Anhang. 311 Seiten, 29,80 DM

Band Nr. 493
Fritz Janschka
Vom Denken der Dichter
Mit 100 literarischen Selbstzeugnissen, zusammengestellt von Rainer Landvogt. 100 Radierungen, 283 Seiten, 29,80 DM

Band Nr. 499
Gian Domenico Tiepolo
Die Flucht nach Ägypten
Mit einem Nachwort von Harald Keller.
27 Radierungen, 87 Seiten, 14,80 DM

Band Nr. 513
HAP Grieshaber
Die Josefslegende
Kommentiert von Thomas Gädeke und mit einem Nachwort versehen von Heinz Spielmann. 55 Abbildungen, 116 Seiten, 19,80 DM

Plakate

Band Nr. 215
Dieter Amman
Polnische Plakatkunst
153 Seiten, 70 farbige Abbildungen, 16,80 DM

Band Nr. 320
Peter von Wedel
Die Reise ins Bad
Kur- und Badeplakate von gestern. 139 Seiten, 81 farbige Abbildungen, 19,80 DM

Band Nr. 334
Seht her, Genossen!
Plakate aus der Sowjetunion. Nachwort von Klaus Waschik. 204 Seiten, 83 farbige Abbildungen, 19,80 DM

Band Nr. 347
Herbert Fleissner (Hrsg.)
Kauft Bücher!
Verlagsplakate um die Jahrhundertwende. Nachwort von Frieder Mellinghoff. 97, meist farbige Abbildungen, 120 Seiten, 19,80 DM

Band Nr. 387
Magdalena M. Moeller (Hrsg.)
Plakate für den blauen Dunst
Reklame für Zigarren und Zigaretten. 86 meist farbige Abb., 156 S., 19,80 DM

Band Nr. 430
Lotte Maier
Reklame-Schau
Plakatkunst en miniature. 100 farbige Abbildungen, 108 Seiten, 19,80 DM

Band Nr. 435
Hans Bohrmann (Hrsg.)
Politische Plakate
Mit ausführlichen Kommentaren des Herausgebers. 468 Abbildungen, 695 Seiten, 34,– DM

Band Nr. 447
Magdalena M. Moeller
Kommt, sehet die Kunst
Frühe Kunstausstellungen. 60 farbige Abbildungen, 144 Seiten, 19,80 DM

Alte Fotografien

Band Nr. 120
Ludwig A. C. Martin (Hrsg.)
Hundert Jahre Weltsensationen in Pressefotos
365 Seiten, 351 Abbildungen, 14,80 DM

Band Nr. 170
Hermann Rückwardt
Das kaiserliche Berlin
Photographien aus dem Jahre 1886. Erläuterungen und Nachwort von Hans Schiller. 128 Seiten, 53 Abbildungen, 14,80 DM

Band Nr. 181
Friedrich Seidenstücker
Von Weimar bis zum Ende
Fotografien aus bewegter Zeit. Herausgegeben von Ann und Jürgen Wilde. 512 Seiten, 463 Abbildungen, 29,80 DM

Band Nr. 189
Elke Dröscher
Kinder-Photo-Album
Nachwort von Fritz Kempe. 196 Seiten, 80 Abbildungen, 16,80 DM

Band Nr. 199
Werner Bokelberg (Hrsg.)
Sisis Familienalbum
Private Photographien der Kaiserin Elisabeth. Erläuterungen und Einführung von Brigitte Hamann. 153 Seiten, 119 Abbildungen, 19,80 DM

Band Nr. 206
Werner Bokelberg (Hrsg.)
Sisis Schönheitenalbum
Private Photographien der Kaiserin Elisabeth. Erläuterungen und Einführung von Brigitte Hamann. 168 Seiten, 129 Abbildungen, 19,80 DM

Band Nr. 209
Robert Lebeck (Hrsg.)
Kehrseiten
Erotische Postkarten, 113 Seiten, 80 Abbildungen, 16,80 DM

Band Nr. 217
John Thomson
Street-life in London
Eine Fotoreportage aus dem Jahre 1876. Mit Nachdruck der englischen Kommentare von John Thomson und Adolphe Smith. 181 Seiten, 36 Abbildungen, 14,80 DM

Band Nr. 227
Leopold Reutlinger
Die Schönen von Paris
140 Photographien aus der Belle Époque. Herausgegeben von Robert Lebeck. Nachwort von Nikolaus Neumann. 279 Seiten, 24,80 DM

Band Nr. 246
Pudelnakerd
Erotische Szenen aus der Gründerzeit. Nachwort von Christian Bamlach. 155 S., 100 Abbildungen, 14,80 DM

Band Nr. 266
Werner Bokelberg (Hrsg.)
Sisis Künstleralbum
Private Photographien aus dem Besitz der Kaiserin Elisabeth. Erläuterungen und Einleitung von Brigitte Hamann. 154 Seiten, 128 Abbildungen, 19,80 DM

Band Nr. 281
Werner Bokelberg (Hrsg.)
Sisis Fürstenalbum
Private Photographien aus dem Besitz der Kaiserin Elisabeth. Erläuterungen und Einführung von Brigitte Hamann. 145 Seiten, 120 Abbildungen, 19,80 DM

Band Nr. 293
Robert Lebeck (Hrsg.)
Busen, Strapse, Spitzenhöschen
Alte Postkarten. Nachwort von Wolfgang Bühl. 167 Seiten, 79 teils farbige Abbildungen, 16,80 DM

Band Nr. 379
Uwe Scheid
Als Photographieren noch ein Abenteuer war
Aus den Kindertagen der Photographie. 192 meist farbige Abbildungen, 235 Seiten, 19,80 DM

Band Nr. 403
Elke Dröscher (Hrsg.)
Kindheit im Silberspiegel
Daguerreotypien aus der Sammlung Elke Dröscher. 80 Abbildungen, 186 Seiten, 19,80 DM

Band Nr. 449
Uwe Scheid
Das erotische Imago I
Der Akt in frühen Photographien. 105 meist farbige Abbildungen, 208 Seiten, 24,80 DM

Band Nr. 455
Ludwig Hoerner
Eine Fotoreise durch das alte Japan
Mit einem Nachwort von Ingrid Siegmund-Rux. 74 farbige Abbildungen, 174 Seiten, 24,80 DM

Band Nr. 474
Hans Christian Adam
Reiseerinnerungen von damals
103 Abbildungen, 236 Seiten, 19,80 DM

Band Nr. 485
Uwe Scheid (Hrsg.)
Das erotische Imago II
Das Aktphoto von 1900 bis heute. Mit einem Nachwort des Herausgebers. 136 Abbildungen, 190 Seiten, 24,80 DM

Band Nr. 506
Wilhelm von Gloeden
Akte in Arkadien
Mit einem Nachwort von Hans-Joachim Schickedanz und Texten zur Rezeptionsgeschichte Gloedens. 80 Fotos, 167 Seiten, 24,80 DM

Band Nr. 515
Norbert Fischer (Hrsg.)
Hauptstädte um 1900
Mit einem Nachwort von Norbert Fischer und Texten von Kracauer, Hiller, Werfel u. a. 72 Fotos, 176 Seiten, 19,80 DM